21세기에 철저히 해부한

요한계시록의
비밀들

21세기에 철저히 해부한

요한계시록의
비밀들

김성호 지음

The Book
of Revelation

좋은땅

머리말

요한계시록은 이 세상의 수많은 책들 가운데 가장 읽기 힘들고 또한 그 뜻을 알기 어려운 책이라 할 수 있다. 분명히 그 안에는 미래의 세상에 관한 심오한 비밀들이 숨겨져 있을 텐데 그토록 오랜 세월 수많은 신학자들과 주석가들이 파헤쳐도 알아내지 못한 유일한 책이기도 하다.

그 이유는 요한계시록은 일반 책들과 달리 용어와 문장들이 특이하고 마치 난수표 같은 숫자들과 각종 어지러운 비유들이 뒤섞여 있어서 아무리 컴퓨터로 분석을 해도 그 뜻을 정확히 알아내지 못하는 데에 있다. 하나님의 계시를 인간의 지식으로 파악하는 데에 한계가 있기 때문이다.

그러면 성경 66권 중에 65권은 누구라도 쉽게 알 수 있도록 평탄하게 쓰인 성경이 왜 유독 요한계시록만은 그토록 알 수 없는 비밀의 언어들로 기록된 것일까? 또한 요한계시록 첫 서두부터 "이 예언의 말씀을 읽는 자와 듣는 자와 그 가운데에 기록한 것을 지키는 자는 복이 있나니"라고 했으면서도 읽어도 모르고 분석해도 깨닫지 못할 것을 왜 애써서 써 놓은 것일까? 본고의 대답은 다음과 같다.

요한계시록이 어렵게 쓰여진 이유는 이 예언 및 계시는 아군들만 읽는 것이 아니고 적들도 읽는 것이기 때문이다. 그렇기에 이곳에 기록된 예언들인 마지막 날의 전쟁과 심판에 관한 내용들은 수천 년의 시공간을 지나 마지막 때까지 적이 알아내지 못하도록 그 비밀을 유지하기 위해서이다. 다시 말하면, 계시록이 어려운 이유는 아군과 적군 구별 없이 모두가 모르도록 했기 때문이다. 그러나 모든 예언은 각각의 때가 이르면 하나씩 풀리도록 되어 있다.

요한계시록의 전체 구도를 간단히 그려 보면, 제1장에서 3장까지 일곱 교회에 관한 계시들로 시작한 것은 예수의 죽음 이후부터 마지막 시대까지의 모든 교회들이 겪을 내부의 변화와 외부의 침투에 대응하는 길들을 가르쳐 주기 위해서였다.

그다음 6장부터 시작하는 일곱인과 일곱 나팔 그리고 일곱 대접의 예언들은 세상에 임할 큰 재앙 및 전쟁의 상황과 발전 과정을 점진적으로 사실화 및 구체화시켜 놓음으로써 인류에게 세계 멸망에 대한 경고를 한다.

정작 요한계시록의 핵심 비밀은 12장부터 20장까지이다. 계시록에 예언된 모든 비밀들 가운데에서도 가장 큰 비밀은 두 짐승, 십사만 사천, 음녀와 바벨론, 그리고 곡과 마곡의 정체이기 때문이다. 아무리 요한계시록을 많이 읽었어도 두 짐승과 십사만 사천, 음녀와 바벨론, 그리고 인류의 마지막 전쟁인 곡과 마곡을 모르면 아직도 요한계시록을 모르고 있는 것이다. 맨 끝장인 21장과 22장은 도래하는 하나님의 나라를 묘사하는 부분이다.

처음에서부터 11장까지는 계시록의 전개부이므로 내용상 지루하게 나가는 것 같아도 본고는 뒤이어 12장부터 20장까지 예리하고 심도 있고 흥미진진하게 모든 예언들과 계시들의 본질을 피하거나 둘러대거나 우회하지 않고 계시록에 기록되어 있는 사실 그대로 파헤친다.

그러므로 요한계시록을 연구하려는 학자들부터 성경을 읽은 적이 없는 일반 독자들에게까지 본고는 요한계시록이 어떤 책이며 어떤 내용들이 들어 있는 것인지 다른 그 어떤 책이나 자료에서도 얻지 못한 하나님의 깊은 계시와 진리들을 명확하게 알게 해 줄 것이다.

성미 급한 독자들은 제6장의 일곱 인과 9장의 일곱 나팔들, 13장의 두 짐승, 17장과 18장의 음녀와 바벨론, 그리고 19장과 20장의 마지막 전쟁과 천년왕국의 순서로 읽어도 된다. 그러나 순서만 바뀌어질 뿐 결국 본 책이 밝힌 모든 계시의 해석들은 처음부터 끝까지 다 읽어 보아야 요한계시록 전체를 이해하게 된다는 점을 알아야 한다.

필자가 요한계시록을 해석하면서 감탄을 금치 못한 것은 이 예언의 계시가 2천 년 전에 쓰여진 것이었는데도 그토록 긴 세월 후에 일어날 일들이 어찌 이처럼 세밀하고 정확하게 묘사되어 있었던가 하는 점이었다. 이것은 분명히 온 세상의 역사를 주관하시는 하나님의 계획과 섭리에 따른 것이라는 말 외에는 표현할 방법이 없다.

본고는 기존의 여러 주석들 및 해석 이론들을 참고하였지만, 그보다는 주로 필자 자신의 연구 내용을 토대로 하여 가능한 이해하기 쉽도록 객관적, 조직적, 그리고 평이한 문체로 쓰고자 노력했다.

또한 본고는 모든 독자들에게 요한계시록이 어떤 책인지, 무엇에 대해 예언한 것인지에 대한 이해뿐 아니라, 마지막 시대의 성도들은 어떻게 그 예언들에 대비할 것인지에 대한 방향도 결론에서 제시한다.

소위 비주류 교단들의 요한계시록 주석에서의 아전인수 및 자기 독선적 해석에 식상한 독자들이나, 주류 교단들의 두리뭉실하고 초점 없는 해석 또는 사지선다 형식으로 독자들이 알아서 선택하라는 내용에 실증이 난 사람들에게 이 책을 적극 추천한다. 왜냐하면 이 책은 예리하고 세밀한 성경적인 분석에 입각해서 객관적이고도 합리적인 분명한 해답들을 제시했기 때문이다.

　때가 가까이 왔다. 이제 마지막 시대에 살고 있는 사람들은 기독교인이든 아니든 오랫동안 먼지에 쌓여 있던 요한계시록을 다시 펴서 읽어야 할 때다.

　요한계시록은 이렇게 시작한다.

"예수 그리스도의 계시라 이는 하나님이 그에게 주사 반드시 속히 될 일을 그 종들에게 보이시려고 그 천사를 그 종 요한에게 보내어 지시하신 것이라, 요한은 하나님의 말씀과 예수 그리스도의 증거 곧 자기의 본 것을 다 증거하였느니라, 이 예언의 말씀을 읽는 자와 듣는 자들과 그 가운데 기록한 것을 지키는 자들이 복이 있나니 때가 가까움이라"(요한계시록 1장 1-3절)

　세상은 요한계시록의 권고에 귀를 기울여야 한다. 그리고 오랜 세속 잠에서 깨어나 마지막 시대의 계시들을 볼 줄 알아야 한다. 온 세상을 만드신 창조주가 인류 멸망을 염려하며 보내는 사랑과 해결 방법 제시의 메시지이기 때문이다.

Nov. 2023

본고의 해석 방법

▶ 기존의 해석 방법

요한계시록을 해석하는 기존의 방법에는 주로 네 가지가 있는데 신학을 공부하지 않은 독자들의 이해를 돕기 위해 Cory M. Marsh(「Kingdom Hermeneutics and the Apocalypse」, 2016: San Diego Christian College)가 잘 설명해 놓은 것을 다음과 같이 요약한다.

1. 과거론적 해석법(Preterism): 계시록에 기록된 것들은 마지막 장들 외에는 저자의 시대에 이미 이루어진 과거의 사건들이라는 개념에 입각한 해석법이다. 그러나 요한계시록은 저자인 요한이 스스로 초두에 밝혔듯이 미래에 일어날 일이라는 점을 염두에 둔다면 요한계시록의 모든 기록들이 과거에 모두 완성되었다고는 말하기 어렵다.

2. 역사적 해석법(Historicism): 계시록에 기록된 것들은 각 시대와 상황에 따라 발전해 나가는 구속사적 예언이라는 개념에 입각한 해석법이다. 계시록의 예언의 연대들을 구속사적인 역사로 보고 풀이하는 것은 가능하지만 모든 계시의 순서가 역사적인 순서와 반드시 일치하는 것은 아니라는 점이 단점으로 남는다.

3. 이상적 해석법(Idealism): 계시록에 기록된 것들은 미래에 있을 예언

이라기보다는 시대에 따른 세상적 변화와 인류 구원에 관한 교훈들을 제시한 것이라는 개념에 입각한 해석법이다. 그러므로 이 방법은 미래에 대한 준비나 대비가 아닌 주로 윤리적 교훈을 중시하지만 하나님의 세상 주관의 역사는 소홀이 여기게 된다.

4. 미래 지향적 해석법(Futurism): 계시록에 기록된 것들은 미래에 성취될 예언이라는 개념에 입각한 해석법이다. 그러나 요한 당시에 발생한 것들도 기록이 되어 있으므로 모든 기록들이 다 미래에 있을 것이라고 볼 수도 없다.

▶ 성경 특히 요한계시록을 문자적만으로는 해석할 수 없는 이유

1. 예수께서는 설교 시에 비유들을 사용하셨다. 비유는 문자대로 해석할 수 없는 것들을 가리킨다(마태복음 13장 참고).

2. 신약의 저자들은 구약을 해석할 때 모든 것들을 문자적으로만 해석하지 않았다.

3. 바울도 때로는 알레고리를 사용했다(갈라디아서 4장 24절 참고). 알레고리는 더욱 문자대로 해석할 수 없는 것들이다.

4. 구약의 예언서들의 기록이 전부 비유적인 것도 아니고 전부 문자적인 것도 아니다. 어느 것은 비유적이고 어느 것은 문자적이다.

5. 요한계시록에 나오는 표현들이나 숫자들도 모두 상징적인 것이거나 모두 문자적인 것도 아니다. 어느 것은 상징적이고 어느 것은 문자적이기에 모든 것을 상징적 또는 문자적 하나로만 해석해서는 안 된다.

6. 그러므로 요한계시록은 어느 하나의 특정 방법에 따라 해석할 것이

아니고 여러 가지 방법들을 제시된 상황과 문맥에 따라 의미를 파악할 수 있는 지식과 지혜가 있어야 한다.

▶ 본고의 해석 방법

1. 본고는 기존의 네 가지 해석 방법 중에 어느 하나만을 정해서 사용하지 않고 앞뒤 문맥에 따라 그리고 역사의 흐름을 따라 그때 그때 다른 해석법들을 적용시킨다. 좀 더 자세히 말하자면, 과거의 일은 과거 사실로, 역사는 역사로, 영적인 것은 영적 해석으로, 미래의 예언은 미래의 일로 해석하는 것이다. 왜냐하면 요한계시록은 과거의 이야기만도 아니고, 역사적인 기록만도 아니고, 영적인 교훈만도 아니고, 미래의 예언만도 아니고, 과거와 미래, 역사와 교훈 들이 모두 총망라해서 섞여 있기 때문에 어느 하나의 해석 방법으로는 풀 수 없다. 이러한 여러 가지 방법들을 적시에 활용하는 해석은 현대적인 방법으로서 일종의 종합적 해석법이라고 불리운다.

2. 본고는 어느 사건의 기간 또는 날과 때를 표시하는 1260일, 삼 년 반, 7년 등의 숫자로 예수 재림이나 마지막 때의 날짜들을 계산하지 않는다. 예수께서 그 시와 연한은 아버지의 손에 있으므로 아들도 모르고 오직 아버지만 아신다고 말씀하셨기 때문에 예수 재림의 날자 계산은 배제한다. 요한계시록의 목적이 성도들로 하여금 마지막 시대에 일어날 일들을 예견케 함으로써 그 날이 가까이 올수록 깨어 준비하라는 메시지이기 때문에 그런 숫자들은 어느 기간의 존재를 표현한 것이지 어느 날을 계산해서 꼭 그날에 이루어진다는 것을 말

하려고 쓴 것은 아니라고 생각하기 때문이다. 그렇다고 본고는 그날들의 계산을 소홀히 하지는 않는다. 다만 성경이 밝히는 것은 밝히고 감추면 감추는 것을 원리로 삼는 것이다.

3. 본고는 상징을 나타내는 3, 4, 6, 7, 12 등의 숫자들도 특별한 의미를 부여하지 않고 다만 저자가 말하려는 각 계시마다의 핵심 주제와 또한 앞뒤에 주어진 문맥에 따라 단순하게 해석한다. 많은 주석들이 그러한 숫자의 의미를 파악하려고 많은 노력을 해 왔지만 사실 비밀은 숫자들보다 요한계시록이 사용하고 있는 용어들 속에 더 많이 들어 있기 때문이다.

4. 본고는 일곱 인, 일곱 나팔, 일곱 대접에서 나타나는 사건들은 여러 각도에서 그 예언들이 사실이라는 것과 또한 때가 이를수록 현실감이 고조되도록 점진적인 반복의 방식으로 전쟁 및 재앙들의 실상을 표현했다고 해석한다. 이것에 대한 것은 제16장에서 자세히 설명한다.

5. 본고는 요한이 비밀의 계시를 마지막 때까지 보존하기 위해 일부러 내용을 산만하게 흩뜨려 놓은 것들에 현혹되지 않고 정확히 그 주제와 의도를 파악해 내는 데 주력했다.[1]

---

1 본고는 요한계시록이 무질서하게 쓰이지 않았고 오히려 곳곳을 치밀한 구성과 특히 교차대구법(chiasm)이라는 과학적 방법을 사용해서 전체 구도를 잡을 정도로 잘 만든 것으로 본다. 그러나 그러한 과학적 구도들에 대한 이해가 요한계시록의 비밀을 밝히는 열쇠가 되는 것은 아니다. 사건의 순서 없이 기록된 부분들도 있기 때문이다. 그러므로 요한계시록의 전모를 알기 위해서는 본고의 해석 방법에 따라 모든 구절들을 하나씩 세밀하게 분석해 나가는 길 외에는 없다.

▶ 이 책을 읽는 요령

1. 요한계시록 가운데 가장 호기심이 많았고 또한 알고 싶었던 것들의 답만을 얻고자 하는 분들은 해당 부분만 읽어도 된다.
2. 이 책을 다 읽을 시간이 없는 분들은 저자가 만들어 놓은 테이블이나 차트들에서 집약된 내용을 스스로 파악해도 된다.
3. 시간이 있는 분들은 처음부터 끝까지 읽어 보실 것을 권한다.
4. 특히 요한계시록을 연구하려는 분들은 논란의 대상이 되는 부분들까지 세밀하게 분석하면서 읽으시기를 바란다.

21세기에 철저히 해부한 요한계시록의 비밀들

Introduction

1. 기록 목적: 성령이 교회들에게 각 시대들에 따라 당면할 일들 및 세계의 종말에 관한 예언들과 그 메시지(요한계시록 1장 4절, 10-11절, 19-20절; 22장 16절, etc.)를 보냄으로써 성도들로 하여금 장차 겪을 일들에 대비하도록 하기 위하여 기록했다.

2. 저자: 계시록의 저자에는 가능한 후보들이 여럿이 있는데 사도요한, 장로 요한, 그리고 요한의 이름을 빌린 사도요한의 제자 또는 익명의 사람들 등이다. 요한계시록의 저자의 후보들이 여러 명인 이유는 계시록의 필체와 문법이 다른 두 책들, 즉 요한복음 및 요한 서신서들과 다르기 때문이다.

   그러나 보편적으로는 예수 그리스도의 열두 제자들 중에 하나였던 사도요한을 요한계시록뿐 아니라 요한복음과 요한서신서들의 저자로 본다. 초기교회 교부들의 증언과 현대 신학자들의 주류가 사도요한을 계시록의 저자로 인정하고 있는데 필체나 문법을 제외하면 요한복음과 요한서신서들의 신학적 개념이나 용어들이 요한계시록과 서로 공유되는 부분들이 많이 있는 것이다.

3. 기록 장소: 요한계시록의 기록 장소에는 이견이 없다. 왜냐하면 저자 자신이 계시록을 밧모섬에서 기록했다고 증언하고 있기 때문이

다. 그러면 왜 요한이 밧모섬에서 이 계시록을 쓰게 된 것일까?

만일 이 계시록을 쓴 요한이 사도요한이라면 그는 서기 90년경에 에베소 교회의 감독으로 있었고 로마 황제 도미티안의 박해 기간(AD 81-96)에 예수의 증거로 인해 밧모섬으로 귀양 갔을 것이다. 따라서 사도요한이 저자일 가능성이 많은 이유는 에베소 교회와의 관계, 박해 시기, 사역의 성격 등에서 가장 일치하므로 저자의 증언대로 귀양지인 밧모섬에서 본 계시를 받아 기록을 했다고 보는 것이다.

4. 기록 연대: 다수의 학자들은 계시록의 기록 연대를 사도요한이 죽기 전인 서기 100년 이전에 기록한 것이라고 보고 가능한 연대를 90년에서 100년 사이로 잡는다. 비평주의 학자들 중에 사도요한이 계시록을 기록한 것이 아니고 사도요한의 이름을 빌려 기록한 사도요한의 제자들 중 또는 익명의 저자라고 보는 경우도 있지만 그래도 100년경에는 이미 기록이 되었다고 본다. 왜냐하면 저스틴 마터(AD 100-165)와 이레네우스(AD 115-202) 등이 요한계시록을 정경으로 본 기록이 있기 때문이다.

5. 주제: 요한계시록의 주제는 한마디로 말하면 전쟁이다. 계시록은 시작부터 끝까지 전쟁의 용어들과 묘사 그리고 각종 전쟁에 대한 예언들로 점철되어 있는 것으로 미루어 알 수 있다.

그런데 이 전쟁은 영과 육의 전쟁을 총망라한다. 왜냐하면 사탄과의 마지막 전쟁은 영적전쟁만이 아닌 육적, 물리적, 그리고 우주적 영역의 총체적인 싸움으로서 하나님의 나라를 파괴하려는 세력과 하나님의 나라를 완성시키려는 세력인 그 두 진영 간의 피할 수 없는 결전이기 때문이다(요한계시록 12장 7-12절).

6. 특징: 요한계시록은 신·구약 성경 전체의 마지막 책이자 예언서답게 모든 성경의 총체적 특징들을 다 갖고 있다. 그러므로 계시록의 해석 방법은 어느 한두 가지의 특정적 해석법으로 일관해서는 안 되고 문맥이나 사건에 따라 각각 다른 해석법을 적용해야 한다. 왜냐하면 이 요한계시록은 그 어떤 비유들보다도 더 깊이 감추어진 다양한 표현들로 기록되어 있기 때문이다.

앞에서 언급했듯이, 요한계시록은 마지막 시대를 예언하는 책이므로 아무나 쉽게 알 수 있는 평범한 언어들로 표현되었다면 그 오랜 세월을 거쳐 마지막 시대의 성도들에게까지 비밀을 전달할 수 없었을 것이다. 따라서 수천 년의 시공간의 갭을 뛰어넘어 마지막 시대의 성도들에게 그 비밀의 예언이 전달되려면 가장 난해한 언어들로 써야 했을 것이다.

7. 요한계시록을 풀지 못했던 이유들과 푸는 방법:

첫째, 대부분의 요한계시록의 주석들이 요한계시록을 풀지 못했던 것은 전체적 개관을 이해하지 못했기 때문이다. 이제까지 많은 주석들은 작은 지엽적인 부분들의 풀이에 너무 많이 할애하다가 전체를 보지 못한 사례가 많았고, 그와는 반대로 지엽적인 것들은 대충 지나가면서 전체만을 다룬 것들도 많았다. 그러므로 먼저 전체의 예언들이 말하고자 하는 큰 틀의 의도를 파악한 후에 그 각각의 계시들에 표현된 단어들이나 묘사들을 하나씩 하나씩 세밀하게 분석해야 한다.

둘째, 요한계시록은 다른 성경과는 달리 저자 자신의 독특한 용어를 사용하고 있기 때문에 계시록 저자 특유의 용어를 모르면 당연히 계시록을 풀 수 없다. 따라서 요한계시록을 이해하려면 요한이 사용하고 있는 그 용어들을 먼저 이해해야 한다.

셋째, 요한계시록은 독특한 용어 외에 여러 묘사들로 혼합해 놓은 암호(codes)들도 사용하고 있어서 어느 한두 가지 해석법을 획일적으로 사용할 경우 한 곳에서는 맞는 것 같아도 다른 곳에서 충돌이 생긴다. 따라서 요한계시록의 주석은 각 장 또는 각 단락마다 그 문맥적 의미에 따른 다양한 해석법들을 적용해야 한다.

넷째, 계시록은 아무 때나 아무에게나 열리지 않는다(다니엘서 12장 4절, 9절; 요한계시록 5장 1-3절). 계시록은 각 시대에 따라 그 시대에 해당되는 예언들만 부분적으로 열리게 되어 있기 때문에 모든 예언들은 해당 예언의 시대에 그것을 푸는 사람들에 의해 열려지도록 만들어졌다.

다섯째, 계시록은 결국에 다 풀린다(요한계시록 5장 4-5절). 계시록은 결코 모든 예언들이 끝까지 풀리지 않도록 비밀로 하려고 쓰여진 책이 아니다. 모든 예언은 반드시 풀려야 하고 풀리는 때가 있어야 하는 것이다. 그렇지 않으면 그 예언은 의미도 가치도 없게 된다. 그렇기에 요한계시록은 모든 닫혀 있던 예언들이 결국 열릴 것이라고 스스로 증언하고 있다. 그러므로 하나씩 부분적으로 펼쳐지던 예언들이 다 열렸을 때에는 모든 것의 끝인 종말의 때가 되었음을 알아야 하는 것이다.

8. 요한계시록의 용어들의 소개: 독자들의 이해를 돕기 위해 본 주석을 시작하기에 앞서 먼저 계시록의 중요한 핵심 용어들을 이곳에 요약해서 정리해 놓았다.

· **계시록:**

혹자는 요한계시록을 묵시문학으로 분류하여 마치 이곳의 예언들이 교훈을 위해 창안해 낸 하나의 문학적 작품으로 여기게 한다. 그런 관점은 계시록에 기록된 예언들의 중요성을 희석시키게 만들 수 있다. 어차피 그 뜻을 모를 바에는 차라리 교훈이라도 얻자는 의미인지 모른다.

그러나 계시록은 사람의 작품이 아니고 하나님의 성령에 의해 장차 일어날(요한계시록 1장 1절의 "반드시"라는 강조어에 주목) 일들을 미리 기록해 놓은 것이라는 점을 잊어서는 안 된다. 물론 이 예언들에는 성도들이 얻어야 할 교훈들이 많이 있다 해도 계시록 저작의 가장 큰 목적은 미래의 일들이 이루어지기 전에 그러한 일들에 미리 대비하라고 하는 경고의 메시지인 것이다.

· **일곱 교회:**

계시록에 나오는 이 일곱 교회도 많은 논란을 일으켜 온 용어 중 하나이다. 그 논란은 크게 셋으로 나누어진다.

첫째, 일곱 교회들은 각각의 고유한 이름을 갖고 있던 하나의 개체 교회들을 일컫는다고 보는 것이다. 즉, 에베소 교회는 정말로 에베소라는 이름을 갖고 있는 그 한 교회를 가리키고 버가모 교회도 서머나 교회도 그리고 나머지 교회들도 모두 그런 이름을 갖고 있던 하나의 교회들을 의미한다는 것이다. 그 이유로서 그 교회들이 모두 단수로 표시되었다는 것이다.

둘째, 일곱 교회들은 하나의 개체 교회들을 가리키는 것이 아니고 한 지역에 있는 교회들의 총칭으로서 그 메시지는 그 지역의 특징적으로 당면하는 문제들에 대한 예언이라는 주장이다. 그 이유로 모든 교회들의 이름이 전부 한 지역들의 도시명이라는 것이다.

셋째, 일곱 교회들은 하나의 개체 교회들도 아니고 한 지역의 교회들도 아닌 각 시대에 따라 모든 교회들이 겪을 일들에 대한 시대별 예언이라는 주장이다. 그 이유로서 그 예언들이 기독교 역사 속에서 각 시대들의 정황 및 그 교회들이 겪었던 일들과 잘 어울리고 또한 교회들의 이름이 그러한 시대적 예언들을 잘 대변해 주고 있다는 것이다.

그런데 일곱 교회를 잘 이해하기 위해서는 일곱이라는 숫자에 먼저 호기심을 가지면 안 된다. 일곱이라는 숫자 자체가 무엇을 상징하든 정작 중요한 것은 그 편지들이 한둘이 아닌 여러 교회들에 보내졌다는 사실에 있기 때문이다.

만일 그 교회가 한두 교회였다면 그것은 그 교회에 해당한 어떤 교훈을 전달한 것일 수 있다. 그러나 일곱이란 숫자는 무엇인가 분류하고 나눌 수 있는 충분한 숫자가 된다. 그렇기에 이 일곱 교회는 어느 특정한 때의 교회들에 관한 것이 아니고 세계 역사 속에 발생할 여러 시대의 교회들에 대한 특성들로 구분해 놓은 것이라고 보게 되는 것이다.

그러나 요한계시록에 기록된 일곱 교회에 대한 메시지가 꼭 시대에 따른 교회들의 상황에만 적용된다고 보아서도 안 된다. 그 어느 시대를 초월해서 이같이 분류될 수 있는 교회들이 언제나 존재할 수 있기 때문이다. 그러므로 이 계시에 해당되는 교회들은 언제라도 어느 시대라도 이 예언의 메시지를 들을 수 있어야 한다.

· 일곱 교회의 사자:

이곳에서의 사자라는 표현에 대해서는 거의 모든 성경의 번역본들이 서로 다른 번역을 하고 있다.

개역한글본은 사자로, 새번역본은 심부름꾼으로, 공동번역본은 천사로 번역하고 있다. 한편 영어번역본들의 경우 KJV, ASV, BBE, ANT, DR, NWB, WEB는 angel로, WNT는 minister로, YLT는 messenger로 번역했다.

그런데 헬라어 원어는 *angelos*(angel) 하나이다. 그러면 왜 번역본들이 이처럼 다르게 번역을 했느냐 하면 angel에 여러 의미가 있기 때문이기도 하지만 모든 번역본들이 서로 다른 해석학적 관점을 갖고 있다는 반증이기도 하다.

그러면 이 *angelos*는 어떤 번역이 가장 성경적이고도 올바른 것일까? 이 편지들을 일곱 교회에 보낸 분은 요한계시록 1장 18절과 2장 1절에서 보듯이 예수 그리스도이다. 그런데 이때 예수께서 각 교회의 천사들에게 교회 현황 및 운영에 대해 칭찬하고 책망했다는 것은 이상하다.

각각의 교회에 그 교회를 담당하는 천사가 있다는 것도 이상하고 하나님의 정부에서 일하고 있는 영적 존재인 천사들에게 인간 세상의 교회들의 문제들 때문에 이러한 예언의 말씀으로 그들을 경고하고 있다는 점도 어색하기 때문이다.

그러므로 이곳에서의 angel들이란 각 교회의 목회자들을 표현했다는 것이 가장 적합하다. 왜냐하면 헬라어 angel에는 천사 외에 메신저라는 뜻도 있기 때문에 angel들에게 편지했다는 의미는 각 교회의 목회자들에게 이 예언들은 영적으로라야 알게 된다는 것을 암시한 것으로 여겨진다.[2] 이러한 관점에서 WNT의 minister라는 번역이 가장 적합했다고 본다.

· 네 생물(four living creatures):

네 생물은 신약의 요한계시록 외에는 구약의 에스겔서 1장에만 나타나는 존재이다. 이 네 생물은 언제나 하나님의 보좌 곁에 있는 신령한 존재로 묘사되어 있다.

그런데 요한계시록 4장의 네 생물은 13장에 나타나는 짐승들과는 다르다. 따라서 비록 에스겔서 1장에 이와 유사한 표현이 있다 해도 계시록에서의 짐승은 주로 사탄의 하수인들을 의미하기 때문에 혼동하지 말아야 한다.

그러면 계시록이나 에스겔서의 네 생물은 어떤 의미였을까? 먼저 계시록의 네 생물은 보좌 앞의 일곱 등불로도 나타나고(요한계시록 4장 5-6절), 다른 곳에서는 일곱 영으로도 나타난다(요한계시록 5장 6절). 또한 네 생물은 눈이 가득하고 그 눈은 온 땅에 보내심을 입은 하나님의 일곱 영으로서 사자, 송아지, 사람, 독수리의 얼굴을 가졌고 각각 여섯 날개를 가졌다고 설명한다.

그런데 에스겔서의 네 생물은 날개가 각각 넷으로서 날개가 각각 여섯인 계시록의 생물과 그 묘사가 조금 다르다. 에스겔서의 네 생물은 눈에 대한 묘사가 없었는데 계시록의 생물은 눈이 많았다고 했다. 또한 에스겔서의 생물들은 영을 따라다녔지만 계시록의 생물들은 그 자체가 하나님이 보내신 일곱 영이라고 했다.

---

2 고전 2:13b, "영의 일은 영으로라야 분별하느니라".

그러나 비록 에스겔서와 계시록에 나타난 생물들의 자세한 묘사는 이 렇듯 조금씩 차이가 있다 해도 전체적인 표현은 동일한 것임을 나타내고 있고, 그들의 임무는 하나님의 제일 가까운 곳에서 하나님을 호위하는 어전 장수들 또는 하나님의 명령을 하달하는 여러 비서관들로 보인다.

그러면 왜 성경은 하나님의 보좌 바로 옆에서 하나님을 호위하고 있는 이러한 존재들에 대해 다른 존재들처럼 즉, 천사장 미카엘 또는 천사 가브리엘 아니면 그냥 여호와의 군대장관 같은 그 어떤 호칭이나 지칭 없이 단지 네 생물이라고만 했을까?

그것은 아무리 피조물이 높은 지위에 있다 해도 창조주와 비교될 수 없기에, 그리고 빛의 근원이신 하나님 앞에 자신들의 조명 빛이 아무런 의미가 없기에, 그 호칭조차도 그냥 생물이라고 하지 않았을까? 이것은 조금만 높은 자리에 있어도 다른 사람들 위에 군림하고 남을 무시하는 인간 세계가 아닌 서로가 스스로 낮추려는 천사들의 세계를 표현한 것은 아닐까?

· 이십사 장로:

하늘에 네 생물과는 별도로 하나님의 보좌를 방패형으로 둘러서 이십사 장로와 그들의 보좌가 있다는 사실은 참으로 놀라운 것이다. 그런데 요한계시록 4장과 5장에 걸쳐 함께 등장하는 네 생물들과 비교되는 이 이십사 장로에 대한 묘사는 하늘의 천사보다 높은 지위에 있음을 시사한다.

좀 더 자세히 설명하자면, 네 생물이 천사들 중에 가장 높은 지위로서 하나님의 호위 장수 또는 명령 하달 비서관들로 보이는 반면, 이십사 장로는 하나님의 보좌 가장 가까이에서 섬기는 하나님의 정부의 참모들(또는 중앙 정부 부처장들)로 보이는데 왜냐하면 그 네 생물들에게는 보좌가 없으나 이 이십사 장로들에게는 각각의 보좌가 있기 때문이다.

그런데 그 이십사 존재들에게는 장로라는 호칭이 주어졌다는 점에서 천사들 중에서가 아닌 구원받은 백성들 중에서 하나님으로부터 가장 높게 쓰임을 받을 자들을 표현한 것으로 여겨진다.[3] 이것은 우리 인간들에게 하나님의 나라에 대한 큰 희망을 갖게 한다. 왜냐하면 하나님의 나라는 천사들이 아닌 구원받은 백성들이 영원히 하나님을 섬기며 살아가는 곳이 될 것이기 때문이다.[4]

· 어린 양:

어린 양은 구약에 94회 나오는데 전부 속죄 제단에 바칠 희생양을 나타냈다. 성경에서의 어린 양은 아무 흠도 없는 순수한 상태를 의미하는 것이지 나이가 어리다는 그 자체를 말하는 것은 아니다.

개역한글본은 요한계시록 13장 11절에 나오는 두 번째 짐승을 어린 양(예수 그리스도)과의 혼동을 피하기 위해 "새끼 양 같이"라고 번역했고, 다른 번역본들은 13장 11절에 "어린 양 같이"로 번역했지만 그 어린 양은 예수 그리스도를 의미하지 않았고 아무런 관계도 없다.

한편, 로마 가톨릭이나 러시아 정교회 그리고 그리스 정교회 등에서는 예수 그리스도가 마리아의 품에 안겨 있는 아기 예수의 모습으로서 많은 동상이나 사진들에 표현되어 있는데 그것은 예수 그리스도의 메시아임을 나타낸다기보다는 오히려 마리아가 예수 그리스도의 어머니임을 나

---

3 이 장로라는 호칭은 구약이나 신약에서의 장로들이라기보다는 장차 하나님의 나라에서 가장 높이 쓰임 받는 자들이라는 의미로 보인다.

4 히 1:14.

타내려는 어떤 의도가 엿보인다. 왜냐하면 아기 예수는 구원 사역과는 관계없고, 오히려 마리아가 더 큰 권세와 능력이 있는 것으로 비춰질 수 있기 때문이다.

성경에서의 어린 양은 철저하게 속죄제물의 의미 하나만을 갖는다. 구원에 관한 한 이 세상 누구도 아니고 그 어떤 것도 아닌 오직 예수 그리스도의 십자가의 보혈만이 유효한 것이기 때문이다.

· 인(Seals):

인이란 무엇인가 안에 있는 내용물을 드러내지 않게 하거나 남이 손대지 못하게 봉하는 것을 말하고 인을 뗀다는 것은 그 봉인된 것을 드러내는 것을 말한다. 그러므로 계시록의 일곱 인과 일곱 인을 뗀다라는 것은 감추어진 또는 숨겨져 있던 그 어떤 비밀을 드러내는 것을 뜻한다.

· 나팔(Trumpets):

나팔은 전쟁의 발발 또는 군대에서 병사들의 소집을 의미하는 것으로서 계시록의 나팔도 전쟁의 발발이나 예수의 군사들의 소집을 상징한다. 그러므로 나팔을 불었다는 것은 전쟁이 일어났다는 소식이거나 예수의 군사들은 소집에 대비하라는 권고를 뜻한다.

· 대접(Bawls):

대접이란 무엇인가를 그 안에 담아 두는 도구를 말한다. 계시록에서는 하나님의 심판을 의미하는데 그것은 그 대접 안에 하나님의 진노를 담았기 때문이다. 그러므로 대접을 쏟았다는 것은 하나님의 진노를 결행한 것을 뜻한다.

· 짐승(Beasts):

이 짐승(beasts)들은 앞에서 잠시 언급한 하나님의 보좌를 모시고 있던 네 생물(four living creatures)들과 다르며 요한계시록 9장에 이어 13장에는 두 짐승이 등장한다. 그런데 이 두 짐승의 정체가 요한계시록의 비밀의 많은 부분을 차지한다. 그만큼 이 두 짐승의 정체는 너무도 중요한 것이다. 이 짐승에 대해서는 각 주석의 해당 본문에서 자세히 다룬다.

· 음녀(Prostitute):

이 음녀는 요한계시록 12장에 나오는 여자와는 다른 것으로서 음녀에 대해서도 해당 본문에서 자세히 다룬다.

* 이 외의 전문 용어들은 각각 해당 구절의 주석에서 자세히 다룬다.

9. 요한계시록의 주제별 분류:
- 프롤로그(제1장): 계시록의 기록 목적과 그 이유
- 일곱 교회(제2-3장): 미래에 대한 교회의 시대별 예언
- 일곱 인(제4-6장): 재난과 전쟁(1)의 시작 '세계 1/4 부분 재앙과 희미한 종말'
- 일곱 나팔(제7-11장): 재난과 전쟁(2)의 점진적 발전 '세계 1/3 큰 재앙과 임박한 종말'
- 일곱 대접(제12-20장): 재난과 전쟁(3)의 실체와 결과 '총제적 멸망과 실현된 종말'
- 에필로그(제21-22장): 하나님의 나라의 완성과 새로운 세상

* 본고는 주교재로써 개역개정(4판) 한글본과 NIV 영문본을 각각 본문으로 채택한다. 참고자료로서 헬라어는 1904년도 Nestle판을, 고대 사본으로는 Alexandrian Codex와 Byzantine Majority를 사용한다. 그리고 본문에서 로만 소문자 이탤릭체는 헬라어를, 로만 대문자 이 탤릭체는 히브리어를 나타낸다.

목차

주석

주석

본문(1:1-3)

"1 예수 그리스도의 계시라 이는 하나님이 그에게 주사 반드시 속히 일어날 일들을 그 종들에게 보이시려고 그의 천사를 그 종 요한에게 보내어 알게 하신 것이라 2 요한은 하나님의 말씀과 예수 그리스도의 증거 곧 자기가 본 것을 다 증언하였느니라 3 이 예언의 말씀을 읽는 자와 듣는 자와 그 가운데에 기록한 것을 지키는 자는 복이 있나니 때가 가까움이라"

✦ 해설

1:1절, "1 예수 그리스도의 계시라 이는 하나님이 그에게 주사 반드시 속히 일어날 일들을 그 종들에게 보이시려고 그의 천사를 그 종 요한에게 보내어 알게 하신 것이라"

이 계시는 하나님이 예수 그리스도에게 주신 것이다. 이곳에서의 계시(revelation)란 헬라어로 *apokalupsis*인데 *apo*(un)와 *kalupsis*(cover)의 합성어로서 uncover 즉, 감추어진 것들을 벗긴다, 드러낸다, 또는 알게 한다는 뜻이다.

그런데 계시는 예언과는 다른 의미를 갖고 있다. 예언(prophecy)이란 미래에 일어날 일을 미리 말하는 것이지만 계시(revelation)는 그 일어날 일을 말로 전하는 것이 아니고 눈으로 보여 주는 것이기 때문이다. 그러므로 계시란 미래에 일어날 일들에 대해 더 정확하고 확실한 증언인 것이다.

다시 말하면, 원래 마지막 시대의 일들이 감추어진 것이었는데 하나님이 앞으로 일어날 일들에 대한 계시를 예수 그리스도에게 주셨고 예수 그리스도는 그 계시를 천사들을 통해 요한에게 전하셨으며 요한은 그 계시들을 후대에 전한 것이라는 뜻이다.

1:2절, "2 요한은 하나님의 말씀과 예수 그리스도의 증거 곧 자기가 본 것을 다 증언하였느니라"

요한은 지금 이 계시의 처음 시작부터 끝까지 그가 듣고 보았던 하나님의 말씀과 예수 그리스도의 증거를 기록하고 있다.

요한은 이 첫 두 구절에서 무엇을 말하고자 한 것일까? 이 계시의 확실성이다. 이 계시는 하나님이 주신 것이므로 거짓이 없는 참이며, "반드시", "속히", "때가 가까움"이라는 수식어들을 첨가 반복함으로써 꼭 일어날 일들이라는 점을 강조하고 있다.

1:3절, "3 이 예언의 말씀을 읽는 자와 듣는 자와 그 가운데에 기록한 것을 지키는 자는 복이 있나니 때가 가까움이라"

그런데 왜 여기에 그 예언들에 대한 믿음을 지키는 자들뿐 아니라 예언의 말씀을 읽는 자와 듣는 자들까지도 다 복되다고 했을까?

이 구절에서 복되다고 한 자들을 예언을 믿고 따르는 자들, 이 계시록을 읽는 자들, 그리고 이 계시에 관해 듣는 자들, 이렇게 세 부류로 나누어 놓고 있는 데에 주목해야 한다. 거기에는 이 세 부류들에 대한 각각의 의미가 다르기 때문이다.

첫째, 이 예언의 말씀을 읽는 자들이 복되다고 한 것은 그들은 마지막 때에 세상이 겪게 될 여러 가지 환난들을 예상하고 자신의 신앙의 길과 미래에 대한 준비를 할 수 있기 때문이다. 따라서 이들은 앞으로 세상에 일어날 일들과 환난들을 미리 대비하고 이겨 냄으로써 끝까지 믿음을 지키는 영원한 영광과 승리로 가게 된다.

둘째, 이 예언을 듣기만 한 자들도 복되다고 한 것은 이 엄청난 예언들을 모르거나 무시하는 자들이 겪게 될 환난이 크기 때문이다.

셋째, 이 예언의 말씀을 지키는 자들이란 이 계시록에 기록된 예언들을 그대로 믿고 따르는 자들을 말한다. 이 예언의 말씀을 지키는 자들도 두 부류의 사람들로 나눌 수 있다. 한 부류는 어떤 환난에도 자신들의 믿음을 지키는 자들이고(요한계시록 7장 14절 참고), 또 한 부류는 성령과의 교류를 통해 각자 그 지시를 받게 되는 자들로서 순교자급의 선택을 받은 자들이다(요한계시록 7장 4절 참고). 이들이 누구인지 무엇을 하도록 되어 있는 자들인지에 대한 예언이 계시록 여러 곳에 등장한다.

성경의 마지막 책인 계시록은 이 예언의 말씀을 지키는 자들뿐 아니라 읽거나 최소한 듣는 자들이라도 복되다고 칭찬한다. 마지막 시대의 예언들이 거의 다 이루어져 가고 있는 것이다.

본문(1:4-6)

"4 요한은 아시아에 있는 일곱 교회에 편지하노니 이제도 계시고 전에도 계셨고 장차 오실 이시며 그의 보좌 앞에 있는 일곱 영과 5 또 충성된 증인으로 죽은 자들 가운데에서 먼저 나시고 땅의 임금들의 머리가 되신 예수 그리스도로 말미암아 은혜와 평강이 너희에게 있기를 원하노라 우리를 사랑하사 그의 피로 우리 죄에서 우리를 해방하시고 6 그의 아버지 하나님을 위하여 우리를 나라와 제사장으로 삼으신 그에게 영광과 능력이 세세토록 있기를 원하노라 아멘"

✦ 해설

1:4절 상, "4 요한은 아시아에 있는 일곱 교회에 편지하노니"

요한은 천사를 통해서 받은 그 예언의 말씀을 지금 일곱 교회에 전하고 있다. 이 일곱 교회에 대해서는 앞에서 잠시 언급한 바 있고 다음에 나오는 여러 관련 구절들을 통해 더 자세히 다루어 볼 것이다.

1:4절 하-5절 상, "4 이제도 계시고 전에도 계셨고 장차 오실 이시며 그의 보좌 앞에 있는 일곱 영과 5 또 충성된 증인으로 죽은 자들 가운데에서 먼저 나시고 땅의 임금들의 머리가 되신 예수 그리스도로 말미암아 은혜와 평강이 너희에게 있기를 원하노라"

이곳에서 요한은 예수 그리스도에 대해 "이제도 계시고 전에도 계셨고 장차 오실 이시며 그의 보좌 앞에 있는 일곱 영과 또 충성된 증인으로 죽은 자들 가운데에서 먼저 나시고 땅의 임금들의 머리가 되신"이라는 길고 긴 호칭을 사용한다. 그리고 요한은 예수 그리스도로 말미암아 믿는 자들에게 은혜와 평강이 있기를 기원한다.

1:5절 하-6절, "5 우리를 사랑하사 그의 피로 우리 죄에서 우리를 해방하시고 6 그의 아버지 하나님을 위하여 우리를 나라와 제사장으로 삼으신 그에게 영광과 능력이 세세토록 있기를 원하노라 아멘"

이어서 요한은 "우리를 사랑하사 그의 피로 우리 죄에서 우리를 해방하시고 그의 아버지 하나님을 위하여 우리를 나라와 제사장으로 삼으신"이라는 또 하나의 긴 호칭을 첨부한다. 그리고 요한은 또 다른 긴 호칭의 주인공이신 예수 그리스도에게 영광과 능력이 세세토록 있기를 기원한다.

첫 부분의 호칭은 예수 그리스도의 신적 및 왕적 위치로서 그를 믿고 따르는 자들에게 은혜와 평강을 기원한 것이고, 뒷부분은 자신을 희생하여 하나님의 백성들을 구원하신 구세주에게 영광과 능력이 있기를 기원한 것이다.

여기에서 요한은 더럽고 추악한 죄를 지어서 이미 죽었어야 할 인간들을 죄에서 해방시키시기 위해 십자가에서 대신 피 흘려 죽으신 예수 그리스도의 그 크신 희생뿐 아니라, 더욱이 그들을 사랑하시고 나라와 제사장으로 삼으신 예수 그리스도의 은혜를 찬양하고 있다.

본문(1:7-8)

"7 볼지어다 그가 구름을 타고 오시리라 각 사람의 눈이 그를 보겠고 그를 찌른 자들도 볼 것이요 땅에 있는 모든 족속이 그로 말미암아 애곡하리니 그러하리라 아멘, 8 주 하나님이 이르시되 나는 알파와 오메가라 이제도 있고 전에도 있었고 장차 올 자요 전능한 자라 하시더라"

✦ 해설

1:7절, "7 볼지어다 그가 구름을 타고 오시리라 각 사람의 눈이 그를 보겠고 그를 찌른 자들도 볼 것이요 땅에 있는 모든 족속이 그로 말미암아 애곡하리니 그러하리라 아멘"

이 구절은 요한이 사도행전 1장 9-11절에 기록되어 있는 예수의 부활 승천 장면을 회상하면서 그때에 많은 사람들이 보는 앞에서 구름 속으로 승천하시던 그 모습 그대로 또다시 모든 사람들이 보는 앞에서 구름을 타고 돌아오실 것임을 증언한다.[5]

그런데 이 예언은 모든 사람에게 유쾌한 것은 아니다. 다시 오실 예수는 더 이상 구세주요 메시야가 아닌 심판주로 오실 것임을 나타내 주고

---

5   행 1:9-11, "9 이 말씀을 마치시고 그들이 보는데 올려져 가시니 구름이 그를 가리어 보이지 않게 하더라 10 올라가실 때에 제자들이 자세히 하늘을 쳐다보고 있는데 흰 옷 입은 두 사람이 그들 곁에 서서 11 이르되 갈릴리 사람들아 어찌하여 서서 하늘을 쳐다보느냐 너희 가운데서 하늘로 올려지신 이 예수는 하늘로 가심을 본 그대로 오시리라 하였느니라".

있기 때문이다. 따라서 예수의 재림의 때에는 기쁨과 고통이 교차될 것이다. 구원을 받은 자들과 은혜를 입은 자들은 기뻐할 것이고 예수를 찌른 자(대적한 자)들과 구원받지 못한 자들은 애곡할 것이다.

1:8절, "8 주 하나님이 이르시되 나는 알파와 오메가라 이제도 있고 전에도 있었고 장차 올 자요 전능한 자라 하시더라"

요한은 하나님을 알파와 오메가, 이제도 있고 전에도 있었고, 장차 올 것이며 시간을 초월한 존재로서 전능한 자라고 표현함으로서 이 예언이 인간의 시간과 관계없이 언제가 될지라도 반드시 이루어질 것임을 다시 확인한다.

본문(1:9-10)

"9 나 요한은 너희 형제요 예수의 환난과 나라와 참음에 동참하는 자라 하나님의 말씀과 예수를 증언하였음으로 말미암아 밧모라 하는 섬에 있었더니 10 주의 날에 내가 성령에 감동되어 내 뒤에서 나는 나팔 소리 같은 큰 음성을 들으니"

✦ 해설

1:9절, "9 나 요한은 너희 형제요 예수의 환난과 나라와 참음에 동참하는 자라 하나님의 말씀과 예수를 증언하였음으로 말미암아 밧모라 하는 섬에

있었더니"

요한은 자신이 밧모라는 섬에 있게 된 이유를 하나님의 말씀과 예수를 증언하였기 때문이라고 했는데 대다수의 주석들은 이 구절을 요한이 하나님의 말씀과 예수를 전파하다 체포되어 외딴 밧모섬에 갇히게 된 것이라고 해석해 왔다.

그러면, 여기에서 "하나님의 말씀과 예수의 증거"란 무슨 의미인가? 이곳에서의 "하나님의 말씀과 예수 그리스도의 증거"라는 문구에는 두 가지 해석이 가능하다.

1. 한 해석은 요한이 하나님의 말씀과 예수의 증거를 전하다가 밧모섬에 유배되었다는 것이다. 이것은 계시를 받기 전이므로 이때의 하나님의 말씀과 예수의 증거란 제자들이 전하던 복음을 의미하게 된다.

2. 다른 해석은 요한은 당시에 심화되었던 기독교 박해로 인해 밧모섬에 유배되었는데 그곳에서 하나님의 말씀과 예수의 증거를 받았다는 것이다. 이 해석은 하나님의 말씀과 예수의 증거란 요한이 받은 계시를 가리키게 된다.

이렇듯 이 구절이 애매모호한 해석이 된 이유는 하나님의 말씀과 예수의 증거 앞에 사용된 *dia*라는 전치사에 대한 해석의 차이에 기인한다. 이 구절의 헬라어 사본은 다음과 같다.

*"ego yoannes o adelfos umon kai sugkoinonos en te thlipsei kai basileia kai upomone en yesou egenomen en te neso te kaloumene patmo **dia** ton logon tou theou kai ten marturian yesou."*

이 *dia*라는 전치사는 대부분 "통하여(gen.)", 또는 "때문에, 위하여(acc.)"라는 뜻을 갖고 있는데 이곳에서는 하나님의 말씀과 예수의 증거가 목적격(accusative)으로 사용이 되었기 때문에 기존의 주석들이 이 구절을 요한이 하나님의 말씀과 예수의 증거로 인해 밧모섬에 유배가 되었다는 의미로 해석할 수 있는 것이다.

문제는 이렇게 요한계시록 1장 9절을 번역하면 1장 2절에서의 의미와 충돌을 일으킬 수 있다는 데 있다. 즉, 요한이 1장 2절에서 하나님의 말씀과 예수의 증거를 자기가 받은 계시라고 표현했는데, 1장 9절에서는 하나님의 말씀과 예수의 증거를 복음이라고 표현했다는 뜻이 되기 때문이다.

그런데 거의 모든 번역본들처럼 이 구절의 앞뒤 정황상 요한이 에베소에서 복음을 전하다가 심화되는 박해로 인해 체포되어 밧모섬으로 유배되었다고 해석하는 게 편하고 쉬운 의역일 수 있다.

그러나 요한이 말하고자 하는 뜻에 비추어 볼 때 그것은 올바른 번역이 아니라고 본다. 이 문장에서 요한이 복음을 전하다가 잡혀서 밧모섬에 유배되었다는 의미가 들어 있지 않기 때문이다. 앞에서 제시된 헬라어 원문을 직역하면 "나 요한은 하나님의 말씀과 예수의 증거를 위해서 밧모섬에 있었다"인 것이다. 이 직역은 요한 자신이 말한 1장 2절, "요한은 하나님의 말씀과 예수 그리스도의 증거 곧 자기가 본 것을 다 증언하였느니라"의 의미와 동일하게 된다. 따라서 하나님의 말씀과 예수 그리스도의 증거란 하나님이 이 계시에서 말씀하셨던 것과 예수께서 보이셨던 것들 즉, 요한계시록을 말한다. 이것은 문맥상 매우 분명하다.

그러므로 이곳에서 표현된 "하나님의 말씀과 예수 그리스도의 증거"는 포괄적인 의미로서의 복음이나 성경 전체를 말하는 것이 아니고, 계시록

1장 2절에서와 같은 제한적이고도 구체적인 의미인 "요한이 받은 그 계시"를 말하는 것으로 보게 된다.

> **1:10절,** "10 주의 날에 내가 성령에 감동되어 내 뒤에서 나는 나팔 소리 같은 큰 음성을 들으니"

이곳에서 요한이 사용한 "주의 날"에 대해서도 오랜 기간 논란이 많았는데 크게 세 그룹으로 나누어져서 각각 주일(일요일), 안식일(토요일), 그리고 마지막 날(최후의 심판일)이라고 주장해 왔다. 이 세 가지 주장들을 조사해 보면, 첫째, 로마 가톨릭과 대부분의 기독교 교단들은 요한이 말한 주의 날이 주일(일요일)을 의미한 것이라고 주장하는데 그 이유는 예수의 부활의 날이(안식일 다음 날인) 일요일이었고, 예수께서 부활 후에 제자들과 함께 모였던 날이 일요일(안식 후 첫날)이었으며, 그 후에 또다시 제자들이 일요일에 떡을 떼려 모였으므로 일요일을 주의 날(Lord's Day, 주일)이라고 보는 것이다.

기독교 내에서는 구약의 안식일(토요일)과 신약의 주일(일요일) 문제에 혼동을 일으키는 경우가 많은데 대개는 구약의 안식일(토요일)이 신약에서 주일(일요일)로 변경된 것이라고 간단히 대답해서 이해가 잘 안 되기도 한다.

이제 일요일이 주일이라는 주장에 대해 조금 더 자세히 조사해 볼 필요가 있다. 요한계시록과 거의 동시대의 저작인 디다케 14장 1절에 "주의 날에 너희가 함께 모여 떡을 떼며 감사드리고, 죄를 고백하니 너희의 희생이 순수하다(But on the Lord's day, after that ye have assembled together, break bread and give thanks, having in addition confessed your sins, that your sacrifice may be pure)."라고 기록되어 있고, 또한 바나바서 15장 8-9절에는 "내가 또 다른 세상의 출발인 제8일을 시작할 것이다. 그리하여 우리가 예수가 죽음에서 부활한 날 그리고 하늘로 승천한 것이 입증된 그 제8일을 즐거워하며 지키고(I will make the beginning of the eighth day which is the beginning of another world. Wherefore also we keep the eighth day for rejoicing, in the which also Jesus rose from the dead, and having been manifested ascended into the heavens)."라고 분명히 일요일 예배에 대한 기록이 있으므로 최소한 요한의 기록에서도 일요일을 주의 날이라고 지칭했을 것이라고 추측해 볼 수는 있다.

다만 기독교가 외경으로 분류한 디다케와 바나바서를 얼마나 신뢰할 수 있는가 하는 점이 남아 있다. 따라서 이 중요한 논쟁의 해답을 외경이 아닌 정경 내에서 좀 더 자세히 조사해 보는 것이 나을 것이다.

우선 예수 그리스도의 십자가 처형 다음 날에 대해 누가복음 23장 56절에 "계명을 좇아 안식일에 쉬더라"라고 기록되어 있어서 십자가 사건 이전까지 유대교이든 기독교이든 모두 안식일을 지켰음을 볼 수 있다. 이때는 서기 약 33년경이다.

문제는 예수의 십자가 죽음 후, 다시 말하면 예수의 부활 이후 기독교에 어떤 변화가 있었는지 살펴봐야 한다. 주의 날이 일요일을 가리킨다고 주장하는 그룹들이 제시하는 관련 성경 구절들은 전부 예수 그리스도의 부활 직후거나 바울의 회심 전의 일들이므로 서기 50년 이전에 있었던 경우들이다.

사도행전 16장 13절, 17장 2절, 18장 4절에는 바울이 그의 동역자들과 안식일에 기도처가 있는지 찾아다니던 모습이 기록이 되어 있고 또한 안식일마다 성경을 가지고 유대인들과 강론하던 기록이 있다. 이때는 서기 약 53년경이고 아직 주일이라는 개념을 성경 어디서든 찾아볼 수 없다.

그런데 골로새서 2장 16절에는 "너희가 지키는 안식일로 인하여 훼방을 받지 못하게 하라"고 기록되어 있는 것을 보면 그때까지 기독교는 안식일을 지켰던 것으로 보인다. 이때가 서기 약 62년경이다.

그리고 요한이 요한계시록 1장 10절에서 말한 "주의 날"이 등장한 것이다. 이때는 서기 약 90년경이다. 이 여러 가지 정황으로 본다면 요한계시록이 기록될 당시에 또는 그 전후에 기독교가 안식일을 버리고 일요일을 주일이라고 불렀다고 생각하기 어렵다. 왜냐하면 골로새서와 에베소서는 그 기록 연대와 지역이 거의 같고 또한 그 두 서신의 신학이 같은 것으로 미루어 주의 날이 일요일을 의미한다고 보이지 않기 때문이다.

그러나 디다케나 바나바서 그리고 당시의 교부들의 증언들도 무시할 수 없는 것이므로 주의 날이 일요일을 의미한 것이라는 주장을 절대 부정도 절대 긍정도 할 수 없게 한다.

둘째, 유대교와 기독교 내의 소수파인 안식교 등은 주의 날이 토요일을 의미한 것이라고 주장한다. 아무리 예수의 부활이 일요일에 있었고, 예수께서 부활 후에 제자들과 모인 날이 일요일이었고, 또한 제자들이 떡을 떼려 모인 날이 일요일이었다 해도 하나님이 한 번 정하신 십계명에서의 안식일(토요일)은 변개 하라고 지시된 적도 없고, 변개될 수도 없는 영원하신 하나님의 변치 않는 계명이므로 요한이 말한 주의 날은 안식일 즉, 토요일을 뜻한다고 보는 것이다.

이처럼 주의 날이 토요일이라고 지지하는 측은 기독교에 있어서 원래의 안식일 계명인 토요일이 일요일로 바뀌게 된 이유가 로마 황제 콘스탄

틴이 십계명의 토요일을 태양 숭배의 이교도들의 축일로 대체했던 것으로써 그것은 불신앙의 결과였으므로 기독교는 일요일이 아닌 원래의 토요일 안식일 계명으로 다시 돌아가야 한다는 것이다.

그러나 기독교가 비록 유대교에서 나왔지만 기독교가 새로운 시대 새로운 가르침이라는 것을 이해한다면 구약과 신약의 예배일이 서로 다른 것에 대해 필요 이상의 큰 의미를 부여하는 논쟁도 바람직하지 않다고 본다.

셋째, 세대주의자들 및 소수의 종말론자들 중에는 주의 날을 한 주일 중의 어느 특정한 날이 아닌 마지막 심판날을 의미한다고 본다. 이 세상의 모든 죄악과 불법을 종식시키는 날 즉, 하나님의 권세와 능력이 살아 있음을 나타내는 최후의 심판일이 바로 주의 날이라고 보는 것이다. 예수의 재림 시에는 초림 때와 달리 더 이상 구원주가 아닌 심판주로 오실 것이고 요한에게 이 계시가 나타난 날이 바로 미래 시점의 그 심판의 날이었다는 것이다. 이 계시들의 궁극적인 초점은 마지막 날에 맞추어져 있었으므로 요한이 말한 주의 날은 마지막 심판의 날이었을 가능성이 높다.

그런데 매우 중요한 단서 중 하나로서 아람어 Peshitta 신약성서에는 헬라어 사본들에 나오는 *"egenomen en pneumati en te kuriake emera"*의 문장 가운데 *"kuriake emera"*가 *BAIOMA* (in the day) *DHDBSBA* (first of the week)라고 쓰여 있다. 즉, 일주일의 첫날이라고 되어 있는 것이다. 이것은 아람어 Peshitta 신약성서의 연대와 관계없이 일요일 주일설을 강력히 지지하는 단서로 작용한다.

따라서 앞에서 조사해 본 여러 관점들을 종합해 보고 또한 신약성서 헬라어 사본과 아람어 사본을 함께 견주어 볼 때 요한계시록 1장 10절의 주의 날이란 한 주간의 첫날 즉, 일요일을 의미했다고 결론을 내리게 된다.

"11 이르되 네가 보는 것을 두루마리에 써서 에베소, 서머나, 버가모, 두아
디라, 사데, 빌라델비아, 라오디게아 등 일곱 교회에 보내라 하시기로"

✦ 해설

1:11절, "11 이르되 네가 보는 것을 두루마리에 써서 에베소, 서머나, 버가모,
두아디라, 사데, 빌라델비아, 라오디게아 등 일곱 교회에 보내라 하시기로"

요한이 이 편지를 쓸 당시에는 오늘날의 책의 형태가 아닌 두루마리를
사용했다. 이제 요한은 자신의 뒤에서 들린 큰 소리의 지시에 따라 에베
소, 서머나, 버가모, 두아디라, 사데, 빌라델비아, 라오디게아 등 일곱 교
회에 보내는 편지를 쓰려고 한다.

이곳에 기록된 일곱 교회는 당시의 소아시아인 오늘날의 터키의 서쪽
지방에 있었는데 일곱 교회는 그 기록 순서대로 하나의 원을 그리며 위치
한다. 이 일곱 교회에 관한 것은 계시록 2장과 3장의 각 개 교회들의 주석
에서 전체적으로 다룬다.

본문(1:12-16)

"12 몸을 돌이켜 나에게 말한 음성을 알아보려고 돌이킬 때에 일곱 금 촛대
를 보았는데 13 촛대 사이에 인자 같은 이가 발에 끌리는 옷을 입고 가슴에

금띠를 띠고 14 그의 머리와 털의 희기가 흰 양털 같고 눈 같으며 그의 눈은 불꽃 같고 15 그의 발은 풀무불에 단련한 빛난 주석 같고 그의 음성은 많은 물 소리와 같으며 16 그의 오른손에 일곱 별이 있고 그의 입에서 좌우에 날 선 검이 나오고 그 얼굴은 해가 힘있게 비치는 것 같더라"

♦ 해설

1:12-13절, "12 몸을 돌이켜 나에게 말한 음성을 알아보려고 돌이킬 때에 일곱 금 촛대를 보았는데 13 촛대 사이에 인자 같은 이가 발에 끌리는 옷을 입고 가슴에 금띠를 띠고"

요한이 뒤에서 들린 음성에 대해 알아보기 위해 몸을 돌이켰을 때에 일곱 금 촛대를 보았다고 했는데 그 촛대 사이에 계셨던 인자 같은 분이 예수 그리스도임은 재론의 여지가 없다. 특히 가슴에 금띠를 띠고 좌우에 날선 검을 갖고 있는 표현은 예수 그리스도 한 분에게만 해당되는 것이다.

1:14-16절, "14 그의 머리와 털의 희기가 흰 양털 같고 눈 같으며 그의 눈은 불꽃 같고 15 그의 발은 풀무불에 단련한 빛난 주석 같고 그의 음성은 많은 물 소리와 같으며 16 그의 오른손에 일곱 별이 있고 그의 입에서 좌우에 날 선 검이 나오고 그 얼굴은 해가 힘있게 비치는 것 같더라"

이 문단 전체를 살펴보면 첫째, 불과 관련된 많은 단어들이 나타난다. 촛대 사이에 계셨던 예수 그리스도에 대한 묘사로서 불꽃, 풀무 불, 빛난 주석, 일곱 별, 빛난 해 등 무엇인가 자체가 밝거나 또는 주위를 밝게 비추는 것들을 나열한 것을 보게 된다.

둘째는 옷이나 용모에 관한 표현이다. 발에 끌리는 옷이나 가슴에 입는 금띠, 머리털 및 눈, 그리고 손발, 얼굴과 음성 등이다.

셋째는 날선 검이다. 이 세 가지의 표현들을 다시 정리해 보면 예수 그리스도의 빛 되심과, 권능과, 날선 검으로 요약된다.

그런데 이 일곱 금 촛대는 일곱 교회를 가리키는 것이라고 바로 뒤인 요한계시록 1장 20절에서 요한이 스스로 밝힌다. 그러면 그냥 일곱 교회를 보았다고 하지 구태여 일곱 금 촛대라고 한 이유는 무엇일까?

그것은 교회의 주인이신 예수 그리스도의 빛 되심을 묘사함으로써 교회의 역할이 마지막까지 세상에 빛을 드러내는 것임을 암시하고 있는 것이 아닐까? 한편 금띠와 날선 검은 에베소서 6장 10-17절에 기록되어 있는 것처럼 마지막 시대의 큰 영적 싸움을 위한 무장이 교회에 필요하다는 것을 미리 말해 주려는 의도가 아니었을까? 그러므로 요한이 이제 바야흐로 그 영적 싸움에 대해 본격적으로 예언하려는 시점으로서 교회의 빛 됨과 예수의 권능을 옷으로 입는 영적 무장을 우선적으로 강력히 촉구하고 있다고 보여진다.

본문(1:17-18)

"17 내가 볼 때에 그의 발 앞에 엎드러져 죽은 자 같이 되매 그가 오른손을 내게 얹고 이르시되 두려워하지 말라 나는 처음이요 마지막이니 18 곧 살아 있는 자라 내가 전에 죽었었노라 볼지어다 이제 세세토록 살아 있어 사망과 음부의 열쇠를 가졌노니"

✦ 해설

1:17절, "17 내가 볼 때에 그의 발 앞에 엎드러져 죽은 자 같이 되매 그가 오른손을 내게 얹고 이르시되 두려워하지 말라 나는 처음이요 마지막이니"

요한은 예수 그리스도의 찬란한 영광과 위엄의 모습을 보는 순간 그 앞에 엎드러져 숨도 쉬지 못할 정도가 되었다. 그때 예수는 다정하게 손을 요한에게 대시면서 두려워 말라고 하신다.

1:18절, "18 곧 살아 있는 자라 내가 전에 죽었었노라 볼지어다 이제 세세토록 살아 있어 사망과 음부의 열쇠를 가졌노니"

촛대 사이, 즉 교회들 사이에 계셨던 예수 그리스도는 "나는 처음이요 마지막이며 곧 살아 있는 자라 내가 전에 죽었었노라 볼지어다 이제 세세토록 살아 있어 사망과 음부의 열쇠를 가졌노니"라고 자신을 소개한다.

예수의 가장 큰 영광과 위엄은 죽었다가 살아났다는 데에 있다. 예수의 부활이 없었다면 처음이고 나중이고, 세세에 살아 있고, 그리고 사망과 음부의 열쇠를 가졌다는 이 말들은 아무런 의미가 없게 된다. 죽음을 이긴 부활의 승리자이기에 예수 그리스도만이 세세토록 살아 있고 사망과 음부의 열쇠를 가졌다고 하는 영광과 위엄을 가지실 수 있으며 또한 죽음을 두려워하는 모든 자들에게 영원한 생명에 대한 믿음과 소망을 주실 수 있는 것이다.

본문(1:19-20)

"19 그러므로 네가 본 것과 지금 있는 일과 장차 될 일을 기록하라 20 네가 본 것은 내 오른손의 일곱 별의 비밀과 또 일곱 금 촛대라 일곱 별은 일곱 교회의 사자요 일곱 촛대는 일곱 교회니라"

◆ 해설

1:19절, "19 그러므로 네가 본 것과 지금 있는 일과 장차 될 일을 기록하라"

요한은 예수의 명령에 따라 1장 1-2절에 자신이 보았던 모든 것을 다 기록했음을 증언했다. 다시 요약하자면 요한이 본 것은 지금 있는 일과 장차 될 일이었다. 그러므로 요한계시록에 기록된 것은 이 두 가지, 지금 있는 일과 장차 될 일이라는 점을 늘 염두에 두어야 한다. 왜냐하면 앞으로의 예언들은 주로 현재와 미래 이 두 가지를 원리로 해석해야 하는 것이기 때문이다.

1:20절, "20 네가 본 것은 내 오른손의 일곱 별의 비밀과 또 일곱 금 촛대라 일곱 별은 일곱 교회의 사자요 일곱 촛대는 일곱 교회니라"

요한이 처음으로 본 것은 1장 16절에서 기록된 일곱 별과 1장 12절에 나타난 일곱 금 촛대인데 예수께서는 친절하게도 일곱 별은 일곱 교회의 사자이고 일곱 금 촛대는 일곱 교회를 가리키는 것이라고 친히 설명해 주신다.

일곱 교회의 사자를 일곱 별이라고 표현한 것은 다니엘서 12장 3절에서 "많은 사람을 옳은 데로 돌아오게 한 자는 별과 같이 영원토록 빛나리라"고 한 것에서 그 의미를 찾을 수 있겠고, 일곱 교회를 일곱 금 촛대라고 한 것은 마태복음 5장 14절에서 예수께서 "너희는 세상의 빛이라 산 위에 있는 동네가 숨겨지지 못할 것이요"라고 하신 것에서 그 의미를 찾을 수 있을 것이다.

예수께서 피로 값 주고 세우신 교회와 목회자들의 목적과 이유와 임무와 기능이 이 땅에 하나님의 나라를 세우기 위해 얼마나 가치 있고 의미 있고 영광스러운 것이었나?

그런데 성경은 이것들이 비밀이라는 것을 명시함으로써 일곱 별과 일곱 금 촛대에 대한 단서만 제공했을 뿐 나머지는 더 이상 언급이 없다. 이곳에서 사용된 비밀이라는 단어는 헬라어 *musterion*으로 영어로는 mystery라고 번역되었는데 이 말의 의미는 단지 "감추인, 비밀의"란 뜻만이 아니라 "신비로운"이라는 뜻도 가지고 있다.

다시 말하면 예수께서는 일곱 교회와 일곱 교회의 사자들 안에 단순한 비밀만이 아니고 그 어떤 신비로운 비밀이 담겨 있음을 암시하신 것이다. 과연 오늘날, 특히 마지막 시대의 교회와 목회자들의 현 상태는 어떠한가? 이 일곱 교회와 일곱 교회의 사자들에 대해서는 계시록 2장과 3장에 걸쳐서 기록된다.

제2장

본문(2:1-7): 에베소 교회

"1 에베소 교회의 사자에게 편지하라 오른손에 있는 일곱 별을 붙잡고 일곱 금 촛대 사이를 거니시는 이가 이르시되 2 내가 네 행위와 수고와 네 인내를 알고 또 악한 자들을 용납하지 아니한 것과 자칭 사도라 하되 아닌 자들을 시험하여 그의 거짓된 것을 네가 드러낸 것과 3 또 네가 참고 내 이름을 위하여 견디고 게으르지 아니한 것을 아노라 4 그러나 너를 책망할 것이 있나니 너의 처음 사랑을 버렸느니라 5 그러므로 어디서 떨어졌는지를 생각하고 회개하여 처음 행위를 가지라 만일 그리하지 아니하고 회개하지 아니하면 내가 네게 가서 네 촛대를 그 자리에서 옮기리라 6 오직 네게 이것이 있으니 네가 니골라 당의 행위를 미워하는도다 나도 이것을 미워하노라 7 귀 있는 자는 성령이 교회들에게 하시는 말씀을 들을지어다 이기는 그에게는 내가 하나님의 낙원에 있는 생명나무의 열매를 주어 먹게 하리라"

♦ 해설

2:1절, "1 에베소 교회의 사자에게 편지하라 오른손에 있는 일곱 별을 붙잡

고 일곱 금 촛대 사이를 거니시는 이가 이르시되"

예수께서 요한에게 에베소 교회의 사자에게 편지하라고 명령하신다. 요한은 예수 그리스도에 대한 표현으로서 이미 1장 16절에 묘사했듯이 이곳에서도 오른손에 있는 일곱 별을 붙잡고 일곱 금 촛대 사이를 거니시는 분이라고 했다. 이 표현의 의미는 1장 20절에서 밝혔듯이 예수 그리스도가 교회의 주인이심을 나타낸 것이다.

그런데 이 일곱 교회 중 에베소 교회가 첫 번째로 등장한다. 에베소 교회가 일곱 교회들 중에서 첫 번째로 등장한 데에는 이유가 있다. 에베소 교회는 그 일곱 교회 중에서 바울이 세운 것이 분명하나 나머지 교회들은 바울이 세웠다는 기록이 없어서 바울이 세웠을 수도 있고, 아니면 그의 제자들이 세웠을 가능성도 있다. 따라서 그 일곱 교회 중에 에베소 교회가 제일 먼저 설립되었다는 것과 그 교회의 설립자가 바울이고 그 후 요한이 밧모섬에 유배되기 전에 에베소 교회의 감독으로 있었다는 점으로 인해 에베소 교회를 첫 번째로 소개했을 수 있다.

그러한 특수한 이유 때문에 소아시아에 있었던 일곱 교회 가운데 에베소 교회는 유일하게 "사도들의 교회"라는 명예로운 별명을 갖게 된다. 본고는 에베소 교회가 일곱 교회들 중에서 첫째로 등장한 이유를 일곱 교회에 대한 일괄적 설명과 결론 부분에서 명확하게 밝힌다.

2:2-3절, "2 내가 네 행위와 수고와 네 인내를 알고 또 악한 자들을 용납하지 아니한 것과 자칭 사도라 하되 아닌 자들을 시험하여 그의 거짓된 것을 네가 드러낸 것과 3 또 네가 참고 내 이름을 위하여 견디고 게으르지 아니

한 것을 아노라"

에베소 교회가 사도들의 교회답게 사도의 의무를 잘해 왔음을 칭찬하고 있다. "내가 네 행위와 수고와 인내를 알고 또 악한 자들을 용납하지 아니한 것과 자칭 사도라 하되 아닌 자들을 시험하여 그의 거짓된 것을 네가 드러낸 것과 또 네가 참고 내 이름을 위하여 견디고 게으르지 아니한 것"을 안다라는 표현들이 모두 사도로서의 의무를 말하는 것이다.

따라서 이 에베소 교회에 보내는 편지에서의 키포인트는 사도이다. 요한은 일곱 교회 중 첫 교회에 대한 계시답게 친절하게도 사도라는 단어의 반복을 통해 의도적으로 사도직을 강조하고 있고 또한 무엇인가를 암시하고 있는 것을 볼 수 있다.

2:4절, "4 그러나 너를 책망할 것이 있나니 너의 처음 사랑을 버렸느니라"

그러나 에베소 교회에는 칭찬만이 아닌 책망할 것도 있음을 지적해 준다. 그것은 한마디로 처음 사랑을 버렸다는 점이다. 이곳에서 사도들의 교회라는 것과 처음 사랑을 버렸다는 커다란 두 강조점들이 교차 대비되고 있다.

교회는 어떤 이유에서든 works(업적 또는 규모 등의 외적 요소)가 love(사랑이라는 내적이고 영적인 요소)를 대체할 수 없다.

2:5절, "5 그러므로 어디서 떨어졌는지를 생각하고 회개하여 처음 행위를 가지라 만일 그리하지 아니하고 회개하지 아니하면 내가 네게 가서 네 촛

대를 그 자리에서 옮기리라"

예수께서는 에베소 교회에 첫사랑을 버렸으니 이제 회개하고 첫 사랑을 회복하라고 명령하신다. 그렇지 않으면 네 촛대를 옮기겠다고 하신다. 이곳에서의 촛대는 앞에서 살펴보았듯이 교회를 가리키므로 촛대를 옮기시겠다는 뜻은 교회를 그들에게서 옮기시겠다는 의미가 된다. 이것은 매우 두려운 명령이자 경고이다.

첫사랑에서 멀어진 교회와 성도들은 자신들의 믿음이 첫사랑에서 식어지지 않도록 처음의 그 뜨거웠던 주님과의 관계를 계속 유지해야 한다.

2:6절, "6 오직 네게 이것이 있으니 네가 니골라 당의 행위를 미워하는도다 나도 이것을 미워하노라"

그런데 예수께서는 네가 니골라 당의 행위를 미워하는 것을 내가 아는데 사실 나도 그들의 행위를 미워한다고 하신다.

이 니골라 당의 행위에 대해서 논란이 있는 것은 니골라라는 사람에 관한 자료가 성경에서 이곳 계시록 2장 6절 외에는 오직 사도행전 6장 1-5절 한 군데뿐이라서 이곳의 니골라가 사도행전의 그 니골라와 동일한 인물인지 아니면 동명이인인지조차 판단하기 어렵기 때문이다.

만일 그 두 사람이 동일한 사람이라면 그 단서는 니골라가 안디옥 사람으로서 유대교에 입교했다는 점에 있다. 그래서 니골라 당의 행위라는 말이 무슨 뜻인가를 추측할 수 있는 것은 만일 그 니골라가 기독교로 개종하기 이전에 믿었던 유대교로 다시 돌아갔다면 그의 가르침은 율법주의로서 믿음이 아닌 행위로 구원을 얻음을 강조했을 것이라고 보게 된다.

그런데 대부분의 주석들은 니골라 당을 헬라의 미신적 교리(Hellenistic mythologies)를 교회에 들여온 자들이라고 해석한다.

그 이유는 첫째, 사도행전 6장 1-5절에서 니골라에 대한 설명으로서 안디옥의 유대교 입교자(*nikolaon proseluton antiochea*, an Antiochian converter to Judaism)라고 했기 때문에 원래 헬라 문화에 접해 있던 자로서 유대교에 입교한 후에 배교를 했다면 헬라의 미신적 교리들로 돌아간 것이라고 보는 것이다.

그러나 그것은 올바른 해석이 아니다. 왜냐하면 니골라가 헬라 문화에 접해 있다가 유대교로 입교한 것은 맞지만 사도행전 6장은 유대교인으로서의 니골라가 아닌 기독교인으로서의 니골라를 말한 것이다. 즉, 그는 헬라 미신에서 유대교로 개종한 후에 다시 기독교로 입교한 사람이었다. 따라서 그가 과거의 종교로 돌아갔다는 것이 꼭 헬라 미신만이 아닌 유대교로 돌아갔다고도 볼 수 있는 것이기 때문이다.

둘째, 혹자는 니골라가 헬라파 사람으로서 일곱 중에 하나로 선출된 것이므로 그의 본질은 헬라적 신앙인이었다고 보는 것이다. 그러나 성경은 그렇게 말하고 있지 않다. 당시 사도들은 헬라파 제자들만이 아니라 온 무리를 다 부른 것이었고 또한 그 일곱을 헬라파에서만 뽑은 것이 아니고 온 회중에서 뽑은 것이었다.

따라서 니골라가 비록 헬라어를 사용했던 헬라파에 속했다 해도 헬라파의 대표로 뽑힌 것이 아니라 전체 교회의 봉사를 위한 교회 대표의 한 사람으로 뽑힌 것이므로 니골라가 과거에 헬라 문화에 젖어 있었다 해서 후에 반드시 헬라 미신을 교회로 가지고 왔다고 해석할 수만은 없는 것이다.

셋째, 다른 혹자는 이레네우스가 자신의 "이단에 대항하여"라는 책에서 니골라 당을 그 안디옥의 니골라의 추종자들이라고 기록한 것을 인용한다. 또한 클레멘트의 기록에서 니골라 당을 헬라적 영지주의로 묘사된 것을 인용한다. 그래서 그들은 니골라 당을 헬라 미신과 영지주의를 따르던 자들로 규정한다. 그러나 그 두 교부들의 기록도 자신들의 추측일 뿐 사실에 입각한 것은 아닐 수 있다.

왜냐하면 이레네우스와 클레멘트는 둘 다 서기 150년경 이후에 활동한 사람들이기 때문에 요한계시록에 등장하는 서기 90년경의 니골라 당에 대한 실제적 증언이라고 보기 어렵기 때문이다.

가장 확실한 성경적 증거는 요한이 2장 6절에 니골라 당의 행위를 미워한다고 했고 처음 사랑인 예수 그리스도의 대속의 은혜로 돌아가라는 것이었기 때문에 니골라 당이란 초기 교회에 분란이 되어진 율법주의를 의미한 것으로 보는 것이다. 그러므로 에베소 교회는 사도들의 교회로서 그 처음의 본연의 의무에 충실했으나 한편에서는 행위 구원을 주장하는 유대인들의 율법주의와 싸워야 했음을 말해 준다.

2:7절, "7 귀 있는 자는 성령이 교회들에게 하시는 말씀을 들을지어다 이기는 그에게는 내가 하나님의 낙원에 있는 생명나무의 열매를 주어 먹게 하리라"

이 마지막 절의 "귀 있는 자는 성령이 교회들에게 하시는 말씀을 들을지어다 이기는 그에게는"이라는 문구는 에베소 교회뿐 아니라 일곱 교회 모두에게 공통적으로 표현된 문구이다. 그런데 에베소 교회에서 이긴 자들에게 주는 상급은 하나님의 낙원에 있는 생명나무의 열매이므로 하나님의 나라에서의 영원한 영생을 얻게 됨을 말하고 있다.

이 구절로부터 우리는 두 가지 힌트를 얻을 수 있다. 즉, 요한계시록 2장 1절에서의 편지의 수신자는 문자적인 천사가 아니라 교회의 목회자를 가리킨다는 것과, 이 예언의 말씀을 듣고 첫사랑으로 돌아가라는 메시지임을 알 수 있는 것이다. 그러므로 요한이 에베소 교회를 묘사했던 키워드는 초기 교회 즉, 사도의 교회이다.

† 에베소 교회에 대한 예언의 정리

에베소 교회의 이름은 *efeso*로서 *"ef+exousia"*의 합성어인데 그 뜻은 on authority 즉, 사도들의 권위 위에 세운 교회라는 뜻으로서 에베소 교회가 당시에 사도들의 교회였다는 별명과 잘 어울리는 이름이다. 또한 첫사랑과 자칭 사도라는 용어들도 초기 교회 시절의 교회들을 특징 짓는 표현이라는 단서를 제공하고 있다.

이와 같이 요한이 에베소 교회에 보낸 편지의 내용을 자세히 조사해 볼 때 여러 가지 면에서 초기 교회 즉 사도 시대의 교회들에 대한 계시로 적합했던 것으로 여겨진다.

본문(2:8-11): 서머나 교회

"8 서머나 교회의 사자에게 편지하라 처음이며 마지막이요 죽었다가 살아나신 이가 이르시되 9 내가 네 환난과 궁핍을 알거니와 실상은 네가 부요한 자니라 자칭 유대인이라 하는 자들의 비방도 알거니와 실상은 유대인이 아니요 사탄의 회당이라 10 너는 장차 받을 고난을 두려워하지 말라 볼지어다 마귀가 장차 너희 가운데에서 몇 사람을 옥에 던져 시험을 받게 하리니 너희가 십 일 동안 환난을 받으리라 네가 죽도록 충성하라 그리하면 내가 생명의 관을 네게 주리라 11 귀 있는 자는 성령이 교회들에게 하시는 말씀을 들을지어다 이기는 자는 둘째 사망의 해를 받지 아니하리라"

✦ 해설

2:8절, "8 서머나 교회의 사자에게 편지하라 처음이며 마지막이요 죽었다가 살아나신 이가 이르시되"

예수께서 요한에게 서머나 교회의 사자에게 편지하라고 명령하신다. 요한은 이 편지에서 예수 그리스도에 대한 표현으로서 이미 1장 17-18절에 묘사했듯이 처음이고 마지막이며 죽었다가 살아나신 분이라고 했다. 예수를 처음과 마지막이고 죽었다가 살아나신 분이라는 표현을 부연함으로써 핍박과 고난을 받은 분이라는 암시를 강하게 하고 있다.

2:9절, "9 내가 네 환난과 궁핍을 알거니와 실상은 네가 부요한 자니라 자칭 유대인이라 하는 자들의 비방도 알거니와 실상은 유대인이 아니요 사탄의 회당이라"

서머나 교회는 환난과 궁핍을 많이 겪었다. 그러나 비록 환난과 궁핍으

로 어려움은 있었지만 내면에는 영적 부요함이 있다고 했다. 자칭 유대
인이라고 하는 자들로부터 비방도 받았는데 저들은 유대인이 아닌 사탄
의 무리들이었다.

2:10절, "10 너는 장차 받을 고난을 두려워하지 말라 볼지어다 마귀가 장차
너희 가운데에서 몇 사람을 옥에 던져 시험을 받게 하리니 너희가 십 일 동
안 환난을 받으리라 네가 죽도록 충성하라 그리하면 내가 생명의 관을 네
게 주리라"

요한은 서머나 교회가 오랫동안 환난과 궁핍을 겪어 왔으나 또한 앞으
로도 더 겪게 될 일들을 예언하고 있다. 마귀가 교회 중 몇을 옥에 보내고
거기에 십 일 동안 환난을 받게 된다는 것이다. 그러나 그 고난들을 두려
워하지 않고 오히려 죽도록 충성하면 생명의 관을 주실 것이라고 격려하
신다.

이곳에서의 십 일 동안이란 길지는 않으나 쉽지도 않은 고난의 기간이
있음을 의미한다고 이해하는 것으로 충분하다. 왜냐하면 십 일이란 문자
적으로 보아도 길지 않고 하루를 일 년으로 계산해도 장구한 기독교 역사
속에 십 년이라는 기간이 그리 긴 기간은 아니기 때문이다.

2:11절, "11 귀 있는 자는 성령이 교회들에게 하시는 말씀을 들을지어다 이
기는 자는 둘째 사망의 해를 받지 아니하리라"

이 서머나 교회에 보낸 편지의 내용에서 가장 두드러진 단어들은 핍

박, 환난, 궁핍, 비방, 투옥 등 길지 않지만 쉽지도 않은 고난과 핍박에 관한 것들이다. 그리고 예수 자신의 소개도 죽었다가 살아난 십자가의 고난과, 이기는 자들에게 주시는 상급도 생명의 면류관을 주어 둘째 사망의 해를 면하게 해 주겠다는 것으로 볼 때 서머나 교회는 박해를 많이 받은 교회라고 생각된다. 그러므로 요한이 서머나 교회를 묘사했던 키워드는 박해이다.

† 서머나 교회에 대한 예언의 정리

서머나 교회의 이름은 *smurna*로서 "*s+murrh*"의 합성어이고 그 뜻은 Bitter resin(쓴 송진)이다. Myrrh란 몰약이라고 하는 것으로서 향료로 사용되나 특히 죽은 자들의 시체를 썩지 않게 하는 약품이었다. 이집트 왕들의 미이라가 myrrh로부터 나왔고 예수께서 십자가에서 죽으신 후 니고데모가 무덤에 가지고 왔던 향료가 몰약 즉 myrrh였다.[6] 그런데 그 맛은 매우 써서 핍박과 박해의 쓴맛을 잘 묘사했다.

그러므로 교회가 핍박과 고난의 시대를 거친다는 예언은 이곳 계시록에서의 요한뿐 아니라 초기 교회 시절부터 바울 등에 의해 예고된 것이었다.[7] 실제로 사도들의 시대 이후부터 313년 콘스탄틴의 밀라노 칙령에 의해 로마제국이 기독교를 국교로 공인할 때까지 기독교에 순교자들이 수없이 많이 나왔던 시기이기도 했다.

---

6 요 19:39.
7 행 20:29-30.

본문(2:12-17): 버가모 교회

"12 버가모 교회의 사자에게 편지하라 좌우에 날선 검을 가지신 이가 이르시되 13 네가 어디에 사는지를 내가 아노니 거기는 사탄의 권좌가 있는 데라 네가 내 이름을 굳게 잡아서 내 충성된 증인 안디바가 너희 가운데 곧 사탄이 사는 곳에서 죽임을 당할 때에도 나를 믿는 믿음을 저버리지 아니하였도다 14 그러나 네게 두어 가지 책망할 것이 있나니 거기 네게 발람의 교훈을 지키는 자들이 있도다 발람이 발락을 가르쳐 이스라엘 자손 앞에 걸림돌을 놓아 우상의 제물을 먹게 하였고 또 행음하게 하였느니라 15 이와 같이 네게도 니골라 당의 교훈을 지키는 자들이 있도다 16 그러므로 회개하라 그리하지 아니하면 내가 네게 속히 가서 내 입의 검으로 그들과 싸우리라 17 귀 있는 자는 성령이 교회들에게 하시는 말씀을 들을지어다 이기는 그에게는 내가 감추었던 만나를 주고 또 흰 돌을 줄 터인데 그 돌 위에 새 이름을 기록한 것이 있나니 받는 자 밖에는 그 이름을 알 사람이 없느니라"

✦ 해설

2:12절, "12 버가모 교회의 사자에게 편지하라 좌우에 날선 검을 가지신 이가 이르시되"

예수께서 요한에게 버가모 교회의 사자에게 편지하라고 명령하신다. 이곳에서 요한은 예수 그리스도에 대한 표현으로서 이미 1장 16절에 묘사했듯이 좌우에 날선 검을 가지신 분이라고 했다. 영적 싸움의 무기는

좌우에 날선 검인 하나님의 말씀임을 강조한 것이다. [8]

2:13절, "13 네가 어디에 사는지를 내가 아노니 거기는 사탄의 권좌가 있는
데라 네가 내 이름을 굳게 잡아서 내 충성된 증인 안디바가 너희 가운데 곧
사탄이 사는 곳에서 죽임을 당할 때에도 나를 믿는 믿음을 저버리지 아니
하였도다"

그런데 버가모에는 사탄의 권좌가 있었고 충성된 증인인 안디바가 죽
임을 당한 곳이라고 했는데 우리는 그 사탄의 권좌가 무엇을 말하며 안디
바가 왜 죽임을 당했는지 알지 못한다.

또한 그 안디바가 그 교회에 실제로 존재했던 인물인지도 알 수 없다.
다만 그 당시 안디바라는 이름은 흔한 이름 중 하나였는데, 일 예로 세례
요한을 죽인 유대왕의 이름이 헤롯 안디바였다. 그러나 그 악인이었던
헤롯 안디바는 본문의 문맥상 버가모 교회와는 아무런 관계가 없고, 소수
의 견해로서 음역상으로 antipas가 anti-pa 즉 "교황(papa or pope)에 대
항하는 자"라는 의미를 들어 당시 교황권의 출현에 저항했던 인물이었다
고 해석하기도 한다.

그러나 여기에서 요한이 말하려는 포인트는 안디바가 누구였든 그 충
성된 증인 안디바가 죽임을 당할 때에도 예수를 배반하지 아니했다는 사
실에 있다.

2:14절, "14 그러나 네게 두어 가지 책망할 것이 있나니 거기 네게 발람의

---

8 엡 6:17, 히 4:12.

교훈을 지키는 자들이 있도다 발람이 발락을 가르쳐 이스라엘 자손 앞에 걸림돌을 놓아 우상의 제물을 먹게 하였고 또 행음하게 하였느니라"

요한이 버가모 교회에는 발람의 교훈을 따르는 자들이 있어서 성도들에게 우상의 제물을 먹게 했고 또 행음하게 했다고 한 것을 단서로 보면 예수의 가르침을 배반한 자들이 있었음을 증언한 것이라고 볼 수 있다. 왜냐하면 발람은 이스라엘을 등지고 적국의 왕 발락의 보물을 따라갔으며 그 후에 이스라엘을 행음으로 타락하게 만든 자였기 때문이다. [9]

2:15절, "15 이와 같이 네게도 니골라 당의 교훈을 지키는 자들이 있도다"

그뿐 아니라 버가모 교회에도 니골라 당의 교훈을 따르는 자들이 있었다. (니골라 당에 관해서는 2장 6절의 해설을 참고할 것.)

2:16절, "16 그러므로 회개하라 그리하지 아니하면 내가 네게 속히 가서 내 입의 검으로 그들과 싸우리라"

이제 요한은 버가모 교회가 회개하기를 촉구한다. 그렇지 않으면 예수께서 자신의 입의 검으로 그들과 싸우겠다고 하신다.

2:17절, "17 귀 있는 자는 성령이 교회들에게 하시는 말씀을 들을지어다 이기는 그에게는 내가 감추었던 만나를 주고 또 흰 돌을 줄 터인데 그 돌 위에 새

---

9 벧후 2:15, 유 1:11, 계 2:14.

이름을 기록한 것이 있나니 받는 자 밖에는 그 이름을 알 사람이 없느니라"

버가모 교회에서 이기는 자들에게 주어질 상급은 만나와 흰 돌로서 그 돌에는 자신들의 이름이 적혀 있는데 본인들 외에는 아무도 그 비밀을 알 사람이 없을 것이라고 했다. 그러므로 요한이 버가모 교회를 묘사했던 키워드는 배교이다.

† 버가모 교회에 대한 예언의 정리

버가모 교회의 이름은 *pergamo*로서 "*per+gamos*"의 합성어인데 그 뜻은 perverted marriage 또는 double marriage이다. 다시 말하면 타락한 결혼 또는 이중 결혼이라는 뜻으로 교회가 신랑 되신 예수와의 결혼을 떠나 타락하여 우상들과 이중 결혼을 한 것을 말한다.

이같이 버가모 교회에 대한 예언의 주제는 배교로서 예수의 신부인 교회의 이중 결혼 또는 타락한 결혼을 뜻하는 버가모라는 이름과 잘 어울린다. 그렇기에 예수 그리스도의 가르침을 입의 검인 말씀과 만나로 표현한 것은 배교자들과 우상숭배자들을 이길 무기가 2장 12절의 하나님의 말씀, 즉 2장 17절에서의 만나인 성경임을 의미했다.

본문(2:18-29): 두아디라 교회

"18 두아디라 교회의 사자에게 편지하라 그 눈이 불꽃 같고 그 발이 빛난 주석과 같은 하나님의 아들이 이르시되 19 내가 네 사업과 사랑과 믿음과 섬김과 인내를 아노니 네 나중 행위가 처음 것보다 많도다 20 그러나 네게 책망할 일이 있노라 자칭 선지자라 하는 여자 이세벨을 네가 용납함이니 그가 내 종들을 가르쳐 꾀어 행음하게 하고 우상의 제물을 먹게 하는도다 21 또 내가 그에게 회개할 기회를 주었으되 자기의 음행을 회개하고자 하지 아니하는도다 22 볼지어다 내가 그를 침상에 던질 터이요 또 그와 더불어 간음하는 자들도 만일 그의 행위를 회개하지 아니하면 큰 환난 가운데에 던지고 23 또 내가 사망으로 그의 자녀를 죽이리니 모든 교회가 나는 사람의 뜻과 마음을 살피는 자인 줄 알지라 내가 너희 각 사람의 행위대로 갚아 주리라 24 두아디라에 남아 있어 이 교훈을 받지 아니하고 소위 사탄의 깊은 것을 알지 못하는 너희에게 말하노니 다른 짐으로 너희에게 지울 것은 없노라 25 다만 너희에게 있는 것을 내가 올 때까지 굳게 잡으라 26 이기는 자와 끝까지 내 일을 지키는 그에게 만국을 다스리는 권세를 주리니 27 그가 철장을 가지고 그들을 다스려 질그릇 깨뜨리는 것과 같이 하리라 나도 내 아버지께 받은 것이 그러하니라 28 내가 또 그에게 새벽 별을 주리라 29 귀 있는 자는 성령이 교회들에게 하시는 말씀을 들을지어다"

✦ 해설

2:18절, "18 두아디라 교회의 사자에게 편지하라 그 눈이 불꽃 같고 그 발이 빛난 주석과 같은 하나님의 아들이 이르시되"

예수께서 요한에게 두아디라 교회의 사자에게 편지하라고 명령하신다. 요한은 이 편지에서 예수 그리스도에 대한 표현으로서 1장 14-15절에 묘사했듯이 눈이 불꽃 같고 그 발이 빛난 주석과 같은 하나님의 아들이라고 했다. 예수를 눈이 불꽃 같고 그 발이 빛난 주석과 같은 하나님의 아들이라고 표현함으로써 세상의 모든 죄악과 어두운 것들을 밝히는 분이라는 것과 특히 눈이 불꽃 같다고 표현함으로써 그러한 죄악과 어두움에 대해 밝히 알고 계시는 분이라는 암시를 강하게 하고 있다.

2:19절, "19 내가 네 사업과 사랑과 믿음과 섬김과 인내를 아노니 네 나중 행위가 처음 것보다 많도다"

두아디라 교회는 발전하는 교회였다. 이곳에서 사용된 사업이라는 단어는 *erga*(works)로서 모든 행한 일들 또는 하는 일들에 대한 총체적인 것을 의미한다. 따라서 두아디라 교회는 사역에서 사랑에서 믿음에서 섬김에서 인내에서 많은 면들이 처음보다 더 나아진 것이다.

2:20-21절, "20 그러나 네게 책망할 일이 있노라 자칭 선지자라 하는 여자 이세벨을 네가 용납함이니 그가 내 종들을 가르쳐 꾀어 행음하게 하고 우상의 제물을 먹게 하는도다 21 또 내가 그에게 회개할 기회를 주었으되 자기의 음행을 회개하고자 하지 아니하는도다"

그러나 책망을 받아야 할 것은 놀라운 것이었다. 두아디라 교회는 자칭 선지자인 여자 이세벨을 교회 안에 들여서 성도들에게 그녀와 행음하도록 하고 우상의 제물을 먹게 한 것이다. 그래서 이세벨에게 회개할 기회를 주었건만 그녀는 그것을 거절했다. 이게 무슨 말인가? 어떻게 교회 안에서 이런 일들이 일어날 수 있을까?

이세벨은 열왕기서에 등장하는 악한 왕의 대명사인 이스라엘의 아합이 이방인의 딸을 자신의 왕비로 삼았던 그 여인이다. 이 이세벨이 이스라엘왕 아합의 권력을 등에 업고 자신의 이방 신들과 그 우상들을 이스라엘로 가지고 와서 나라를 우상으로 물들게 했던 것이다. 그때 나타나서 이세벨과 그 이방 선지자들과 싸워 이긴 사람이 엘리야 선지자였다.

그런데 두아디라 교회에 왜 이러한 이세벨의 이야기가 기록된 것일까? 그것은 교회의 타락을 예언하고 경고한 것이다. 세상의 부정과 부패는 교회 밖만이 아니라 바로 교회 안으로 들어올 것에 대한 메시지였던 것이다.

2:22-23절, "22 볼지어다 내가 그를 침상에 던질 터이요 또 그와 더불어 간음하는 자들도 만일 그의 행위를 회개하지 아니하면 큰 환난 가운데에 던지고 23 또 내가 사망으로 그의 자녀를 죽이리니 모든 교회가 나는 사람의 뜻과 마음을 살피는 자인 줄 알지라 내가 너희 각 사람의 행위대로 갚아 주리라"

예수께서는 이세벨과 간음한 자들 중에 회개하지 않는 자들을 벌주겠다고 경고하신다. 그런데 23절에 예수는 사람의 뜻과 마음을 살피는 자라고 표현함으로써 1장 14절의 불꽃 같은 눈을 가지고 있다는 묘사를 보완해 준다.

2:24-25절, "24 두아디라에 남아 있어 이 교훈을 받지 아니하고 소위 사탄의 깊은 것을 알지 못하는 너희에게 말하노니 다른 짐으로 너희에게 지울

것은 없노라 25 다만 너희에게 있는 것을 내가 올 때까지 굳게 잡으라"

두아디라 교회의 남은 자들 중에 행음을 하지 않았거나 사탄의 깊은 것을 알지 못하는 자들에게는 다른 요구를 하지 않겠으나 다만 본인들이 가지고 있었던 그 믿음을 굳게 지키고 있으라고 당부하신다.

그러면 여기에서 사탄의 깊은 것이란 무엇을 말하는 것일까?

이것에 대한 해석도 주석가들마다 다르다. 그러나 우리가 알 수 있는 한 가지 분명한 것은 본문인 두아디라 교회에 보낸 편지의 내용에서 강조한 것이 교회 내에서의 우상숭배였으므로 우상을 교회 내부에 침투시키는 것이 사탄의 깊은 전략이라고 추정할 수 있다. 문제는 교회 깊숙이 침투시킬 우상이 무엇을 말하는 것인지 알아내는 것인데 이것에 대해 앞으로 관련 구절에서 심도 있게 파헤치게 된다. 어쨌든 이러한 현상에 대한 예언은 이 세상에서 교회라고 해서 더 이상 안전한 곳이 아니고 오히려 교회 자체가 영적 전투장이 된다는 의미가 되는 것이다.

그러나 중요한 메시지는 성도들이 이러한 영적 비밀을 알지 못하거나 또는 이해하지 못한다고 해서 교회 밖으로 뛰쳐나갈 것이 아니고 오히려 끝까지 자신들의 믿음을 지키며 교회를 섬기는 것이 더 안전한 길이라는 사실이다.

2:26-29절, "26 이기는 자와 끝까지 내 일을 지키는 그에게 만국을 다스리는 권세를 주리니 27 그가 철장을 가지고 그들을 다스려 질그릇 깨뜨리는 것과 같이 하리라 나도 아버지께 받은 것이 그러하니라 28 내가 또 그에게 새벽 별을 주리라 29 귀 있는 자는 성령이 교회들에게 하시는 말씀을 들을

지어다"

두아디라 교회에서 승리한 자들에게 주시는 상급은 특별하다. 만국을 다스리는 권세를 주신다는 것인데 그것은 예수께서 하나님으로부터 받은 철장으로 질그릇을 깨뜨리는 것 같은 큰 능력이 있는 권세라는 것이다.

그런데 두아디라 교회에 제시된 상급은 이것뿐 아니고 새벽 별도 주시겠다는 것이다. 이러한 특별한 상급의 제시는 오직 두아디라 교회에만 약속하신 것으로서 두아디라 교회의 영적 싸움에서 이기는 것이 얼마나 힘들고 어려운 것인지 암시하는 것으로 보인다. 그러므로 요한이 두아디라 교회를 묘사했던 키워드는 우상숭배이다.

† 두아디라 교회에 대한 예언의 정리

두아디라 교회의 이름은 *thuateirois*로서 "*thusia+teiros*"의 합성어이다. 그 뜻은 offering to idol이다. 즉, 우상에게 바친 예물이라는 의미이다. 이세벨로 묘사된 두아디라 교회의 우상숭배 현상이 그 교회의 이름 안에 이처럼 오래 전에 미리 넣어져 있었다는 것이므로 하나님의 섭리에 대해 놀라움을 금할 수 없다.

두아디라 교회의 편지 초두와 모든 편지들 중에 단 한 번 예수 그리스도를 하나님의 아들로 표현함으로써, 또한 편지의 마지막에 만국을 다스리는 권세를 주신다는 약속에서, 그리고 아무리 두아디라 교회 내의 우상들과의 영적 싸움이 치열하고 어려워도 결국 예수 그리스도가 이기신다는 예언에서 두아디라 교회의 성도들은 큰 힘을 얻었을 것이다.

제3장

본문(3:1-6): 사데 교회

"1 사데 교회의 사자에게 편지하라 하나님의 일곱 영과 일곱 별을 가지신 이가 이르시되 내가 네 행위를 아노니 네가 살았다 하는 이름은 가졌으나 죽은 자로다 2 너는 일깨워 그 남은 바 죽게 된 것을 굳건하게 하라 내 하나님 앞에 네 행위의 온전한 것을 찾지 못하였노니 3 그러므로 네가 어떻게 받았으며 어떻게 들었는지 생각하고 지켜 회개하라 만일 일깨지 아니하면 내가 도둑같이 이르리니 어느 때에 네게 이를는지 네가 알지 못하리라 4 그러나 사데에 그 옷을 더럽히지 아니한 자 몇 명이 네게 있어 흰 옷을 입고 나와 함께 다니리니 그들은 합당한 자인 연고라 5 이기는 자는 이와 같이 흰 옷을 입을 것이요 내가 그 이름을 생명책에서 결코 지우지 아니하고 그 이름을 내 아버지 앞과 그의 천사들 앞에서 시인하리라 6 귀 있는 자는 성령이 교회들에게 하시는 말씀을 들을지어다"

✦ 해설

3:1절, "1 사데 교회의 사자에게 편지하라 하나님의 일곱 영과 일곱 별을 가

지신 이가 이르시되 내가 네 행위를 아노니 네가 살았다 하는 이름은 가졌
으나 죽은 자로다"

예수께서 요한에게 사데 교회의 사자에게 편지하라고 명령하신다. 요
한은 이 편지에서 예수 그리스도에 대한 표현으로서 1장 16절에 묘사했
듯이 일곱 영과 일곱 별을 가진이라고 했다. 예수를 일곱 영과 일곱 별을
가진이라고 표현함으로써 교회의 주인은 예수 그리스도이심을 또다시
증거하고 있다.

그런데 교회의 주인이신 예수 그리스도는 사데 교회를 살았다 하는 이
름의 죽은 교회라고 불렀다.

3:2-3절, "2 너는 일깨워 그 남은 바 죽게 된 것을 굳건하게 하라 내 하나님
앞에 네 행위의 온전한 것을 찾지 못하였노니 3 그러므로 네가 어떻게 받았
으며 어떻게 들었는지 생각하고 지켜 회개하라 만일 일깨지 아니하면 내가
도둑같이 이르리니 어느 때에 네게 이를는지 네가 알지 못하리라"

그리고 아직 남은 소수마저 죽게 된 것을 굳게 하고 스스로 온전케 하
며 전해 받은 바의 믿음을 지키고 회개하고 깨어 있으라고 권고하신다.
그것은 예수께서 언제 임할지 아무도 모르기 때문이다.

3:4절, "4 그러나 사데에 그 옷을 더럽히지 아니한 자 몇 명이 네게 있어 흰
옷을 입고 나와 함께 다니리니 그들은 합당한 자인 연고라"

그래도 사데 교회에 한 줄기 희망이 있는 것은 비록 소수이만 그 옷을 더럽히지 않은 자들이 있어서 예수와 함께 흰 옷을 입고 다니기에 합당하기 때문이다.

3:5-6절, "5 이기는 자는 이와 같이 흰 옷을 입을 것이요 내가 그 이름을 생명책에서 결코 지우지 아니하고 그 이름을 내 아버지 앞과 그의 천사들 앞에서 시인하리라 6 귀 있는 자는 성령이 교회들에게 하시는 말씀을 들을지어다"

사데 교회에서 이기는 자들에게 주시는 상급은 생명책에 이름이 기록되고 천사들 앞에서 그들이 인정받게 되는 것이다. 이것은 죽은 교회라는 이미지를 희망적으로 반전시키는 의미를 갖게 한다. 그러므로 요한이 사데 교회를 묘사했던 키워드는 죽은 교회이다.

† 사데 교회에 대한 예언의 정리

사데 교회의 이름은 *sardesin*로서 red ones, "붉은 자들(the spiritually dead)" 즉, 영적으로 죽은 자들이란 뜻이다.

그런데 왜 사데 교회는 죽은 자라는 이름을 갖게 되었을까? 또한 모두가 죽은 것이 아니고 소수라 해도 죽지 않고 살아 있는 자들이 어떻게 그 안에 있었을까? 그리고 왜 사데 교회에 대해 예수께서 다시 올지 모르니 깨어 있으라고 권면한 것일까?

우리는 이 예언에 기록된 본문을 자세히 살펴보고 분석하면서 그 의미를 깨닫게 된다. 그 교회는 예수께서 교회의 주인이심과 하나님의 말씀과 하나님의 나라, 그리고 예수의 재림을 믿지 않았다. 다시 말하면 기독교의 본질 그 자체를 믿지 않았던 것이다. 아무리 외모로써 건물이 크고 웅장해도 또한 아무리 각종 의식으로 치장해도 그 교회 안에는 살아 있는 믿음도 진리의 가르침도 없었던 것이다.

서기 590년경부터 본격적으로 시작된 로마 가톨릭의 우상숭배와 타락과 배교는 1517년 마틴 루터, 칼빈, 츠빙글리 등 소수의 용감한 개혁자들에 의한 종교 개혁이 일어날 때까지 약 천 년의 기간 동안 암흑이요 영적 죽음의 기간을 지냈다. 이 기간 동안에 로마 가톨릭은 성경, 교회, 예수, 진리 등 겉으로는 온갖 좋은 말을 다 하면서 속으로는 매관 매직, 음행, 마리아 숭배, 성경의 변개, 진리의 왜곡 등 온갖 영적인 더러운 행위들을 만연시키고 있었다.

그러나 예수 그리스도께서는 그러한 교회 안에 몇몇의 깨어 있는 일꾼들을 남겨 놓으심으로써 그들로 하여금 이 죽은 교회를 다시 소생되도록 하셨다.

본문(3:7-13): 빌라델비아 교회

"7 빌라델비아 교회의 사자에게 편지하라 거룩하고 진실하사 다윗의 열쇠를 가지신 이 곧 열면 닫을 사람이 없고 닫으면 열 사람이 없는 그가 이르시되 8 볼지어다 내가 네 앞에 열린 문을 두었으되 능히 닫을 사람이 없으리라 내가 네 행위를 아노니 네가 작은 능력을 가지고서도 내 말을 지키며 내 이름을 배반하지 아니하였도다 9 보라 사탄의 회당 곧 자칭 유대인이라 하나 그렇지 아니하고 거짓말 하는 자들 중에서 몇을 네게 주어 그들로 와서 네 발 앞에 절하게 하고 내가 너를 사랑하는 줄을 알게 하리라 10 네가 나의 인내의 말씀을 지켰은즉 내가 또한 너를 지켜 시험의 때를 면하게 하리니 이는 장차 온 세상에 임하여 땅에 거하는 자들을 시험할 때라 11 내가 속히 오리니 네가 가진 것을 굳게 잡아 아무도 네 면류관을 빼앗지 못하게 하라 12 이기는 자는 내 하나님 성전에 기둥이 되게 하리니 그가 결코 다시 나가지 아니하리라 내가 하나님의 이름과 하나님의 성 곧 하늘에서 내 하나님께로부터 내려오는 새 예루살렘의 이름과 나의 새 이름을 그이 위에 기록하리라 13 귀 있는 자는 성령이 교회들에게 하시는 말씀을 들을지어다"

✦ 해설

3:7절, "7 빌라델비아 교회의 사자에게 편지하라 거룩하고 진실하사 다윗의 열쇠를 가지신 이 곧 열면 닫을 사람이 없고 닫으면 열 사람이 없는 그가 이르시되"

예수께서 요한에게 빌라델비아 교회의 사자에게 편지하라고 명령하신다. 요한은 이 편지에서 예수 그리스도에 대한 표현으로서 앞에서 언급되지 않은 거룩하고 진실하사 다윗의 열쇠를 가지신 이 곧 열면 닫을 사람이 없고 닫으면 열 사람이 없는 분이라고 했다.

이것은 매우 독특한 표현이다. 이제까지는 모든 교회들에게 예수 그리스도는 처음이요 마지막, 죽었다가 살아난 자, 또는 손에 일곱 별을 든 자 등의 표현이 많이 있었는데 빌라델비아 교회에서는 전혀 다른 개념으로써 다윗의 열쇠를 가지고 열면 닫을 사람이 없고 닫으면 열 사람이 없는 분이라고 표현한 것이다.

3:8절, "8 볼지어다 내가 네 앞에 열린 문을 두었으되 능히 닫을 사람이 없으리라 내가 네 행위를 아노니 네가 작은 능력을 가지고서도 내 말을 지키며 내 이름을 배반하지 아니하였도다"

그런데 3장 8절에서도 "내가 네 앞에 열린 문을 두었으되 능히 닫을 사람이 없으리라"라고 다시 말씀하신다. 한편 이 교회는 작은 능력으로도 예수 그리스도의 이름을 배반하지 않았다.

그러면 이 문은 어떤 문을 말하는 것일까? 이것에는 큰 논란이 없다. 왜냐하면 거의 대부분의 신학자들이 이 문을 선교의 문으로 보았기 때문이다. 그렇다면 소아시아의 같은 지역에 있는 일곱 교회 중에서 왜 빌라델비아 교회만이 선교의 문을 열게 되는 것일까?

3:9-10절, "9 보라 사탄의 회당 곧 자칭 유대인이라 하나 그렇지 아니하고 거짓말 하는 자들 중에서 몇을 네게 주어 그들로 와서 네 발 앞에 절하게 하고 내가 너를 사랑하는 줄을 알게 하리라 10 네가 나의 인내의 말씀을 지켰은즉 내가 또한 너를 지켜 시험의 때를 면하게 하리니 이는 장차 온 세상에 임하여 땅에 거하는 자들을 시험할 때라"

사탄의 회당 곧 자칭 유대인이라 하나 그렇지 아니하고 거짓말하는 자들이란 진짜 유대인도 아니면서 거짓말을 하는 자들 즉, 사탄을 추종하는 이방인들을 가리킨다. 그 이방인들 중에 몇이 와서 엎드린다는 것은 예수의 가르침을 받아들인다는 것이고 또한 교회를 인정한다는 뜻이 된다. 이것은 선교라는 문과 상당히 그 의미가 통하고 있다.

더욱이 그 선교의 의미는 장차 온 세상에 임하여 땅에 거하는 자들을 시험할 때라는 경고와도 잘 어울린다. 그러므로 빌라델비아 교회는 선교하는 교회를 상징하고 있다.

3:11절, "11 내가 속히 오리니 네가 가진 것을 굳게 잡아 아무도 네 면류관을 빼앗지 못하게 하라"

이 권면에서 보듯이 속히 오신다는 예수 재림의 소식은 사데 교회로부터 빌라델비아 교회까지 연속으로 예언이 되고 있다.

예수 재림의 믿음이 없는 교회는 살았으나 죽은 교회이다. 예수 재림의 소식이 전파되지 않는 선교는 죽은 선교이다. 살아 있는 교회와 살아 있는 선교에서는 예수 재림이 선포되어야 한다. 성도들의 면류관은 사도바울이 고백했듯이 예수 재림 때에 받는 보상이다.[10]

3:12-13절, "12 이기는 자는 내 하나님 성전에 기둥이 되게 하리니 그가 결코 다시 나가지 아니하리라 내가 하나님의 이름과 하나님의 성 곧 하늘에서 내 하나님께로부터 내려오는 새 예루살렘의 이름과 나의 새 이름을 그 이 위에 기록하리라 13 귀 있는 자는 성령이 교회들에게 하시는 말씀을 들을지어다"

---

10 딤후 4:8.

빌라델비아 교회의 이기는 자들에 주시는 상급도 하나님의 나라에 대한 것이다. 다시 말하면 선교의 목적, 선교의 사역, 선교의 보상이 전부 하나님의 나라 안에 있는 것이다.

† 빌라델비아 교회에 대한 예언의 정리

빌라델비아 교회의 이름은 *philadelphia*로서 *"filos+adelpos"*의 합성어인데 그 뜻은 brother's love 즉, 형제 사랑이다.

일곱 교회 가운데 형제 사랑이라는 이름을 가진 빌라델비아 교회에 보내는 편지의 내용이 이방 선교에 관한 것이었다는 점이 놀랍다. 그리고 서두에 묘사된 예수 그리스도에 대한 표현도 이긴 자들에 대한 보상도 모두 선교에 관한 것으로 일관되어 있다는 사실이 또한 더욱 놀랍다. 이러한 예언들이 그저 우연히 만들어진 것이 아니고 세상과 역사를 주관하시는 하나님의 섭리에 의한 것이었음이 분명한 것이다.

본문(3:14-22): 라오디게아 교회

"14 라오디게아 교회의 사자에게 편지하라 아멘이시요 충성되고 참된 증인이시요 하나님의 창조의 근본이신 이가 이르시되 15 내가 네 행위를 아노니 네가 차지도 아니하고 뜨겁지도 아니하도다 네가 차든지 뜨겁든지 하기를 원하노라 16 네가 이같이 미지근하여 뜨겁지도 아니하고 차지도 아니하니 내 입에서 너를 토하여 버리리라 17 네가 말하기를 나는 부자라 부요하여 부족한 것이 없다 하나 네 곤고한 것과 가련한 것과 가난한 것과 눈 먼 것과 벌거벗은 것을 알지 못하는도다 18 내가 너를 권하노니 내게서 불로 연단한 금을 사서 부요하게 하고 흰 옷을 사서 입어 벌거벗은 수치를 보이지 않게 하고 안약을 사서 눈에 발라 보게 하라 19 무릇 내가 사랑하는 자를 책망하여 징계하노니 그러므로 네가 열심을 내라 회개하라 20 볼지어다 내가 문 밖에 서서 두드리노니 누구든지 내 음성을 듣고 문을 열면 내가 그에게로 들어가 그와 더불어 먹고 그는 나와 더불어 먹으리라 21 이기는 그에게는 내가 내 보좌에 함께 앉게 하여 주기를 내가 이기고 아버지 보좌에 함께 앉은 것과 같이 하리라 22 귀 있는 자는 성령이 교회들에게 하시는 말씀을 들을지어다"

✦ 해설

3:14절, "14 라오디게아 교회의 사자에게 편지하라 아멘이시요 충성되고 참된 증인이시요 하나님의 창조의 근본이신 이가 이르시되"

예수께서 요한에게 이제 라오디게아 교회의 사자에게 편지하라고 명령하신다. 요한은 이 편지에서 예수 그리스도에 대한 표현으로서 아멘이시요 충성되고 참된 증인이시요 하나님의 창조의 근본이신 분이라고 했다. 이러한 표현들은 예수 그리스도의 충성과 진실과 의로우심의 품성을 나타내 준다.

3:15-16절, "15 내가 네 행위를 아노니 네가 차지도 아니하고 뜨겁지도 아니하도다 네가 차든지 뜨겁든지 하기를 원하노라 16 네가 이같이 미지근하

여 뜨겁지도 아니하고 차지도 아니하니 내 입에서 너를 토하여 버리리라"

그런데 라오디게아 교회에 보낸 편지에는 대뜸 차지도 않고 뜨겁지도 않은 것에 대해 3장 15절과 16절 두 곳에서 반복하여 경고를 하신다. 왜 이 교회는 차지도 않고 뜨겁지도 않은 미지근한 교회가 되었을까?

3:17절, "17 네가 말하기를 나는 부자라 부요하여 부족한 것이 없다 하나 네 곤고한 것과 가련한 것과 가난한 것과 눈 먼 것과 벌거벗은 것을 알지 못하는도다"

이들은 나는 부자라 부요하여 부족한 것이 없다 하고 자신들이 곤고한 것과 가련한 것과 가난한 것과 눈 먼 것과 벌거벗은 것을 알지 못했기 때문이다. 다시 말하면 이들은 물질적 풍요 속에 자신들의 영적 가난함을 깨닫지 못했기 때문이었다.

이 표현은 무엇인가 이상하다. 초기 기독교 역사 속에, 좀 더 자세히 말하면 이 계시록이 기록되던 때로부터 기독교가 박해의 시대를 지나는 동안 세상적 물질적 풍요를 즐기던 때는 없었기 때문이다. 그런데 이 라오디게아 교회는 세상을 즐기고 있었고 적당한 신앙생활을 하는 것이 만연되어 있었다고 기록되어 있다. 그렇다면 이 교회는 초기 교회에 있었던 그 라오디게아 교회를 일컫는 것이 아님이 분명하다.

3:18절, "18 내가 너를 권하노니 내게서 불로 연단한 금을 사서 부요하게 하고 흰 옷을 사서 입어 벌거벗은 수치를 보이지 않게 하고 안약을 사서 눈

에 발라 보게 하라"

이제 예수 그리스도는 이 라오디게아 교회가 앓고 있던 영적 질병에 대해 처방을 해 주신다. 첫째, 불로 연단된 금을 사서 부요하게 할 것. 둘째, 흰 옷을 사서 벌거벗은 곳을 가리고 단정하게 할 것. 셋째, 안약을 사서 안 보이던 것들을 보게 할 것.

예수께서는 물질적으로 부요한 교회인 라오디게아 교회에 왜 이런 처방을 하신 것일까?

첫째, 하나님의 자녀로서 부요함이란 세상의 금에 있지 않고 영혼의 부요함에 있다는 것을 알려 주시려 한 것이다. 영혼의 금이란 연단을 받아 강하게 된 믿음을 말한다. 히브리서 5장 8절은 "비록 그가 아들이시라도 받으신 고난으로 순종함을 배워서 온전하게 되셨다"고 했다. 그 고난이 순종으로 순종이 온전함에 이르고 하나님의 우편 보좌에 앉으신 것이다. 마지막 시대 성도들은 이 땅에서 잠시 후에 썩어 없어질 세상의 금이 아니라 예수로부터 연단된 영적 금을 사서 영원히 부요하게 되어야 한다.

둘째, 성도들은 자신의 의가 아닌 예수 그리스도의 의를 사서 입어야 한다는 것을 알려 주시려 하신 것이다. 인간은 스스로 의로워질 수 없다. 죄로 얼룩진 세상을 살면서 모든 사람들의 옷은 더러워져 있고 벌거벗어져 있지만 스스로의 죄악된 상황을 모르고 있을 뿐이다. 그러나 외모를 보시지 않고 중심을 보시는 하나님 앞에 의로운 자는 없기에 예수 그리스도의 의의 옷을 입어야 하는 것이다.

셋째, 세상의 물질만을 볼 수 있는 육신의 눈으로는 하나님의 나라를 볼 수 없다는 것을 알려 주시려 하신 것이다. 그러므로 영적 안약을 사서

21세기에 철저히 해부한 요한계시록의 비밀들

바르고 영의 눈이 뜨여져서 하나님의 나라를 볼 수 있어야 한다. 하나님의 나라를 발견해야 참다운 기독교인이 되는 것이다.

3:19절, "19 무릇 내가 사랑하는 자를 책망하여 징계하노니 그러므로 네가 열심을 내라 회개하라"

예수께서는 차지도 뜨겁지도 않는 라오디게아 교회를 책망하면서 회개하고 열심을 내라고 권면하신다. 앞의 세 가지 처방은 라오디게아 교회의 성도들의 영적 각성을 위해 반드시 필요한 것이다. 한마디로 마지막 시대의 성도들의 믿음이 차지도 뜨겁지도 않은 특성을 갖은 것은 요한계시록 2장 4절에서 사도 시대의 교회였던 에베소 교회를 지적했던 그 첫사랑 즉, 하나님의 나라에 대한 믿음과 소망이 식어졌기 때문이다.

3:20절, "20 볼지어다 내가 문 밖에 서서 두드리노니 누구든지 내 음성을 듣고 문을 열면 내가 그에게로 들어가 그와 더불어 먹고 그는 나와 더불어 먹으리라"

예수께서 하시는 이 말씀은 너무도 간절하다. 왜냐하면 이 권면은 마지막 콜(Last Call)이고 이 마지막 콜 이후에는 다시는 구원의 기회가 주어지지 않기 때문이다.

그런데 이 라오디게아 교회에 대한 계시 후로부터 성경은 더 이상 구원에 대한 강권도 간곡한 권면도 더 이상 하지 않는다. 이 교회의 미지근한 신앙에 대해서 바로 전의 3장 15-16절에 "네가 차든지 뜨겁든지 하라 네가 미지근하여 뜨겁지도 아니하고 차지도 아니하면 내 입에서 너를 토하여 내치리라" 하였고, 22장 10-11절에서는 "때가 가까우니라 불의를 행하는 자는 그대로 불의를 행하고 더러운 자는 그대로 더럽고 의로운 자는 그대로 의를 행하고 거룩한 자는 그대로 거룩하게 하라"고 하였다. 끝까지 하나님의 콜을 외면하는 자들에게 더 이상의 기회는 영원히 없다는 뜻이다.

3:21-22절, "21 이기는 그에게는 내가 내 보좌에 함께 앉게 하여 주기를 내가 이기고 아버지 보좌에 함께 앉은 것과 같이 하리라 22 귀 있는 자는 성령이 교회들에게 하시는 말씀을 들을지어다"

라오디게아 교회의 성도들 가운에 이긴 자들에게 주어지는 상급은 하나님의 나라의 보좌다. 이것은 실로 영광스러운 보상이다. 마지막 시대에는 세상이 어두워질수록 환난도 커지고 쌍방 간 영적전쟁의 규모나 강도도 커지는 반면 이기는 자들에게 주어지는 보상도 큰 것이다.

그러므로 요한이 라오디게아 교회를 묘사했던 키워드는 하나님의 창조의 근본(3장 14절)인 신본주의를 잃어버린 세속적이고 물질적인 인본주의의 교회이다.

† 라오디게아 교회에 대한 예언의 정리

라오디게아 교회의 이름은 *laodikeia*로서 *"laos+dikaios(une)"* 의 함축어인데 그 뜻은 righteousness of man(사람의 의)이다. 이 교회의 이름에 대해 좀 더 자세히 설명하자면, 라오디게아 교회에 대한 예언은 마지막 시대

의 성도들이 하나님의 의(righteousness of God, *dikaiosune theou*)보다
는 사람의 의(righteousness of man, *dikaisune anthropou*)를 더 드러내려
는 시대적 사조를 표현한다. 이처럼 요한은 라오디게아라는 함축어로써
인간이 최고이고 전부인 인본주의 시대의 교회를 묘사하고 있는 것이다.

마지막 시대로 갈수록 세상은 인본주의(Anthropo-centrism)으로 갈 것
이고, 세상뿐 아니라 교회 안에서도 더 이상 하나님 중심(Theo-centrism)
이 아닌 인간 중심의 교회들이 되어 갈 것이다.

따라서 인간의 의라는 교회의 이름을 가진 라오디게아 교회는 하나
님의 의를 저버린 마지막 시대의 인본주의의 교회들(anthropo-centric
churches)에 대한 너무도 적절한 표현이다.

이러한 차지도 않고 뜨겁지도 않은 신앙에서 벗어나려면 외적 풍요로
움 안에 젖어 있던 벌거벗고 눈멀고 가난한 영적 상태인 인본주의와 물질
만능주의에서 나와서 하나님의 의와 하나님의 나라의 신앙을 회복해야
하는 것이다.[11]

〈계시록의 일곱 교회에 관한 전체 요약〉

앞의 2장과 3장의 일곱 교회들에 관한 주석에서 어느 정도 각 교회들에
대한 기본적인 분석을 해 두었다. 이제 그 일곱 교회가 어떤 교회들이었
으며 요한의 계시는 그 일곱 교회를 통해 무엇을 말하고자 한 것인지 요
약해 보자.

---

11 마 6:33.

첫째, 일곱 교회는 단지 소아시아에 있었던 개체 교회들, 또는 지역에 있었던 지역 교회들이 아닌 각 시대에 따라 지구상의 교회들이 변화되는 특징과 그 전개되는 교회 안팎의 영적 전투 상황들을 역사적 시대순으로 예언한 것이다.

둘째, 일곱 교회의 이야기는 교회가 세상의 영적전쟁의 중심지이며 마지막 시대로 갈수록 그 영적 전투가 더욱 치열해지는 양상을 띠게 된다는 것을 말해 준다.

셋째, 그러나 일곱 교회의 예언이 반드시 시대별 교회들의 모습만이 아닌 어느 시대 어느 곳에서도 있을 수 있는 보편적 교회의 모습으로서 성장과 퇴보 그리고 성공과 실패의 반복되는 교훈을 얻는 데에는 구별이 없을 것이다.

넷째, 요한의 본격적인 세상의 계시에 앞서 일곱 교회들의 예언으로 시작한 것은 그만큼 교회가 세계의 변화에 가장 중추적인 역할을 한다는 것을 보여 준다.

다섯째, 예수의 부활 승천 이후부터 지금까지 기독교의 역사는 2천 년을 지나왔다. 그 기나긴 2천 년 동안 각 시대에 교회를 이어 왔던 수많은 성도들이 오늘날 우리가 갖고 있는 동일한 요한계시록을 읽으면서 자신들의 시대의 교회에 대한 예언과 그 메시지들을 깨닫고 대처해 왔을 것이다.

그런데 일곱 교회의 예언들 가운데 단 하나의 교회 즉 라오디게아 교회에서만 그 시대의 영적 싸움에서 이길 수 있는 처방이 제시되어 있다. 그것은 어두움의 때가 깊어질수록 길을 잃지 않는 한 줄기 작은 불빛이 필요한 것이 아닐까? 이제 마지막 시대인 21세기의 성도들은 라오디게아 교회의 예언에서 참된 승리의 메시지를 얻어야 할 것이다.

제4장

본문(4:1)

"1 이 일 후에 내가 보니 하늘에 열린 문이 있는데 내가 들은 바 처음에 내게 말하던 나팔 소리 같은 그 음성이 이르되 이리로 올라오라 이 후에 마땅히 일어날 일들을 내가 네게 보이리라 하시더라"

✦ 해설

4:1절, "1 이 일 후에 내가 보니 하늘에 열린 문이 있는데 내가 들은 바 처음에 내게 말하던 나팔 소리 같은 그 음성이 이르되 이리로 올라오라 이 후에 마땅히 일어날 일들을 내가 네게 보이리라 하시더라"

요한이 일곱 교회의 계시를 받은 후 하늘 문을 바라보고 있을 때 전에 들었던 그 음성이 "올라오라 이 후에 마땅히 일어날 일들을 내가 네게 보이리라" 하였다. 이제 이 장소는 땅이 아니고 하늘이다. 일곱 교회의 계시를 받았을 때에는 땅이었지만 지금은 요한이 하늘로 들려 올라가서 하늘의 모습과 미래에 일어날 일들을 보게 된 것이다.

본문(4:2-3)

"2 내가 곧 성령에 감동되었더니 보라 하늘에 보좌를 베풀었고 그 보좌 위에 앉으신 이가 있는데 3 앉으신 이의 모양이 벽옥과 홍보석 같고 또 무지개가 있어 보좌에 둘렸는데 그 모양이 녹보석 같더라"

◆ 해설

4:2절, "2 내가 곧 성령에 감동되었더니 보라 하늘에 보좌를 베풀었고 그 보좌 위에 앉으신 이가 있는데"

이와 유사한 경우는 고린도후서 12장에서 바울이 셋째 하늘에 올라갔던 체험을 증언했는데 그때 바울은 자신이 하늘에 올라간 것이 몸 안에 있었는지 몸 밖에 있었는지 알지 못한다고 했다.[12]

그런데 요한은 하늘에 올라간 것을 성령에 감동되었다고 표현했다. 하늘의 모습을 보고 있는 지금 요한도 자신이 몸 안에 있었는지 몸 밖에 있었는지 모르고 있는 듯하다.

4:3절, "3 앉으신 이의 모양이 벽옥과 홍보석 같고 또 무지개가 있어 보좌에 둘렸는데 그 모양이 녹보석 같더라"

---

12 고후 12:2.

요한이 하늘에 올라가서 제일 먼저 본 것은 하나님의 보좌였다. 그러나 보좌에 앉아 계신 하나님의 모습은 제대로 표현하지 못하고 그저 벽옥, 홍보석, 녹보석 등의 보석 같다고만 묘사한다. 하늘에 올라가서 하나님을 실제로 본 요한조차도 하나님의 모습을 표현하지 못했던 것이다.

어쩌면 하나님은 애당초 인간의 눈으로 볼 수 없는 존재일 수도 있다. 아니면 보았어도 그 형상을 표현할 수 없을지 모른다. 다시 말하면, 우리가 이 땅에 살고 있는 동안에는 아무리 성령에 감동이 되었어도 인간의 육의 눈으로는 영이신 하나님을 볼 수 없다는 뜻이리라. 그러나 우리가 하나님의 나라에 이르러 변화된 모습이 되면 그때 비로소 새로운 몸의 눈으로 하나님의 모습을 직접 볼 수 있을 것이다.

본문(4:4) 이십사 장로

"4 또 보좌에 둘려 이십사 보좌들이 있고 그 보좌들 위에 이십사 장로들이 흰 옷을 입고 머리에 금관을 쓰고 앉았더라"

✦ 해설

4:4절, "4 또 보좌에 둘려 이십사 보좌들이 있고 그 보좌들 위에 이십사 장로들이 흰 옷을 입고 머리에 금관을 쓰고 앉았더라"

하늘에 하나님의 보좌를 방패형으로 둘러서 이십사 장로와 그들의 보좌가 있다는 사실은 참으로 놀라운 것이다. 좀 더 자세히 설명하자면, 이 이십사 장로에 대한 묘사는 계시록 4장과 5장에 걸쳐 함께 등장하는 네 생물들과 다르다.

네 생물이 천사들 중에 가장 높은 지위로서 하나님의 호위장수 또는 명령집행 비서관들로 보이지만 그들은 보좌가 없는 반면, 이십사 장로는 하나님의 보좌 가장 가까이에서 섬기는 하나님의 정부의 참모들(또는 장관들)로 보이는데 왜냐하면 이십사 장로들에게는 보좌가 있었기 때문이다.

그런데 그들에게 장로라는 호칭이 주어졌다는 점에서 구원받은 백성들 중에 하나님으로부터 가장 높게 쓰임을 받을 자들을 표현한 것으로 여겨진다. 왜냐하면 그들이 자신들의 보좌에만 앉은 것이 아니고 머리에 금관을 쓰고 있었다고 기록되어 있기 때문이다. 이것은 우리들에게 하나님의 나라에 대한 큰 희망을 갖게 한다.[13] 왜냐하면 하나님의 나라는 천사들이 아닌 구원받은 백성들이 영원히 하나님을 섬기며 살아가는 곳이 될 것이기 때문이다.[14]

본문(4:5-8): 네 생물

"5 보좌로부터 번개와 음성과 우렛소리가 나고 보좌 앞에 켠 등불 일곱이 있으니 이는 하나님의 일곱 영이라 6 보좌 앞에 수정과 같은 유리 바다가 있고 보좌 가운데와 보좌 주위에 네 생물이 있는데 앞뒤에 눈들이 가득하더라 7 그 첫째 생물은 사자 같고 그 둘째 생물은 송아지 같고 그 셋째 생물은 얼굴이 사람 같고 그 넷째 생물은 날아가는 독수리 같은데 8 네 생물은

---

13 딤후 4:8.
14 히 1:14.

각각 여섯 날개를 가졌고 그 안과 주위에는 눈들이 가득하더라 그들이 밤낮 쉬지 않고 이르기를 거룩하다 거룩하다 거룩하다 주 하나님 곧 전능하신 이여 전에도 계셨고 이제도 계시고 장차 오실 이시라 하고"

✦ 해설

4:5절, "5 보좌로부터 번개와 음성과 우렛소리가 나고 보좌 앞에 켠 등불 일곱이 있으니 이는 하나님의 일곱 영이라"

보좌 앞에 일곱 등불이 있었는데 그것은 일곱 영이라고 했다. 즉, 일곱 등불과 일곱 영은 같은 의미로 사용되었다. 이것은 요한계시록 1장 4절, 3장 1절, 4장 5절, 5장 6절에도 나오는 용어인데 특히 5장 6절에 그 눈은 온 땅에 보내심을 입은 하나님의 일곱 영이라고 했으므로 그것은 세상에서 발생하는 일들을 속속들이 다 보고 있는 영들을 말했다. 다시 말하면 하나님은 이 세상의 모든 것들을 다 보고 계신다는 것을 표현한 것이다.

4:6절, "6 보좌 앞에 수정과 같은 유리 바다가 있고 보좌 가운데와 보좌 주위에 네 생물이 있는데 앞뒤에 눈들이 가득하더라"

그 눈은 네 생물에게도 있었다. 하나님의 주위에는 온 세상을 모니터링하는 장치들이 장착되어 있었던 것이다. 따라서 히브리서 4장 13절의 말씀처럼 이 세상의 그 어느 것도 하나님 앞에는 감출 수 없는 것이다.

4:7절, "7 그 첫째 생물은 사자 같고 그 둘째 생물은 송아지 같고 그 셋째 생물은 얼굴이 사람 같고 그 넷째 생물은 날아가는 독수리 같은데"

요한이 네 생물을 보았을 때 그 첫째 생물은 사자 같고 그 둘째 생물은 송아지 같고 그 셋째 생물은 얼굴이 사람 같고 그 넷째 생물은 날아가는 독수리 같았다.

이 표현도 수많은 논쟁을 야기했다. 이 표현이 문자적인지 비유적인지 알 수 없었기 때문이다. 그런데 기독교 역사 속에 주류를 이어 온 해석으로서 신약성경의 복음서가 넷이기에 비록 에스겔서에 나타나는 네 생물들의 순서와 계시록에 나타난 네 생물의 순서는 달라도 마태복음은 사자복음, 마가복음은 송아지복음, 누가복음은 사람복음, 요한복음은 독수리복음이라고 설명해 왔다.

이것은 한마디로 의미 없는 해석이다. 오히려 사복음서를 모독하는 것이다. 왜냐하면 이러한 해석은 사복음서의 주제들을 억지로 그 생물들의 특징에 맞추고자 했을 뿐 실제로 각각의 복음서들의 메시지는 그 생물들의 상징성과 아무런 관계도 연결고리도 갖고 있지 않기 때문이다. 또한 구약과 신약성경 어느 곳에도 네 생물이 신약의 사복음서를 나타낸다는 그 어떤 단서도 증거도 갖고 있지 않다. 그래서 오늘날에는 그러한 우스운 설명은 더 이상 하지 않는다.

그러면 그 네 생물은 무엇을 말하는 것일까?

계시록에 나오는 네 생물의 헬라어 원어는 *zoa*(요한계시록 4장 6절, 14장 3절)이고 그 뜻은 살아 있는 것(생명이 있는 것)이다. 에스겔서에 나오는 네 생물의 히브리어 원어는 *CHEI*이고 그 뜻도 살아 있는 것이다. 그런데 주목해 볼 사항은 성경은 일단 네 생물에 큰 의미를 부여하지 않는다는 점이다. 예를 들면, 그들이 천사들 중에 고위급이라든지 여호와의 군대장관이라든지 그런 설명을 하지 않고 그저 생물이라고만 표현한 것이다.

이것은 함께 등장한 보좌 앞의 이십사 장로들과는 그 존재감이 다르다. 이십사 장로는 이름에서부터 주장하는 바가 있고 의미하는 것도 있으며 최소한 장로라는 표현 자체에서 그들은 사람의 대표들임을 시사한다. 그러나 네 생물에 대해서는 그 어떤 특별한 설명도 하지 않는다.

한 가지 우리가 네 생물에 대해서 성경의 기록을 통해 추측해 볼 수 있는 것은 그들의 역할로서 요한계시록 6장 1절에 보면 그 네 생물 중 하나가 요한에게 이제 일어나는 일들을 와서 보라고 큰 소리로 부른다. 또한 둘째 생물은 6장 3절에서, 셋째 생물은 6장 5절에서, 그리고 6장 7절에 넷째 생물이 각각 요한에게 전언을 하고 있는 모습을 본다. 그뿐 아니라 15장 7절에는 그 네 생물 중 하나가 하나님의 진노를 담은 금 대접을 일곱 천사들에게 전해 주는 기록이 있는 것을 볼 때 더욱 그러하다.

그러므로 네 생물은 하나님의 제일 가까운 곳에서 하나님을 호위하는 어전 장수들이거나 또는 하나님의 명령을 하달하는 비서관들이라고 볼 수 있다.

그러면 왜 성경은 네 생물을 사자, 송아지, 사람, 독수리 등으로 표현한 것일까? 이것은 앞에서 던진 질문과 같은 맥락을 갖고 있다. 다시 말하면, 이 네 생물은 동물도 아니고 사람도 아니고 더욱이 하나님 정부의 장관들도 아니다. 그렇다고 그들은 사람처럼 표현할 수 있는 물체적 형태를 갖고 있는 존재도 아니다.

이렇듯 그들은 어떤 특별한 형태를 갖고 있지 않았기에 에스겔과 요한도 그저 사자 같고 송아지 같고 사람 같고 독수리 같다라고 가장 유사한 모습으로 묘사할 수밖에 없었을 것이다.

요한이 네 생물들을 기록한 이유는 그들이 어떤 형태를 갖고 있다는 것을 말해 주려고 한 것이 아니고 정말로 그런 존재들이 하나님의 보좌 주위에 있었다는 것을 말해 주기 위해서였다. 따라서 우리는 그 이상의 의미를 찾을 수 없고 찾을 필요도 없다. 성경이 크게 의미를 부여하지 않은 것에 대해 너무 많은 주목을 하는 것은 오히려 해석의 오류를 야기시키게 되기 때문이다.

사실 요한계시록에서 이 생물들보다 훨씬 더 중요한 것은 뒤에 나오는 짐승에 관한 예언들인데 여기에서 그 짐승을 이해하기 위해 반드시 알고 가야 할 것은 네 생물이 번역본들 사이에 두 가지 용어로 표현되어 있다는 점이다. 한글번역본들은 모두 네 생물이라고 한 반면, 영어번역본들 중에 KJV와 BBE는 네 짐승(beasts)으로, NIV 및 다수는 네 생물(four living creatures)로 번역했다.

KJV이 네 생물을 짐승으로 번역한 이유는 에스겔서 1장 10절과 다니엘서 7장 3-4절에 나오는 유사한 표현이 있어서 그 의미의 연장선 때문에 그대로 짐승으로 번역했다고 생각하지만, 사실 계시록에서의 짐승은 13장 이후에 주로 나오는 사탄의 하수인들을 의미하기 때문에 4장 6절의 four living creatures(tessara zoa)는 짐승이 아닌 생물로 번역하는 것이 올바를 것이다. 생물(zoa)과 짐승(therion)은 전혀 다른 의미를 갖고 있기 때문이다.

4:8절, "8 네 생물은 각각 여섯 날개를 가졌고 그 안과 주위에는 눈들이 가

득하더라 그들이 밤낮 쉬지 않고 이르기를 거룩하다 거룩하다 거룩하다 주하나님 곧 전능하신 이여 전에도 계셨고 이제도 계시고 장차 오실 이시라"

계시록에서 네 생물은 각각 여섯 날개를 가졌고 눈이 가득했다고 했다. 반면, 에스겔서의 네 생물은 날개가 각각 넷으로서 그 묘사가 조금 다르다. 또한 에스겔서의 네 생물은 눈에 대한 묘사가 없었는데 계시록의 생물은 눈이 많았다고 했다. 그리고 에스겔서의 생물들은 영 즉, 하나님을 한가운데 두고 호위하며 함께 따라다녔지만 계시록의 생물들은 단지 보좌의 가운데와 주위에 있는 것으로 나타난다.

그러나 비록 에스겔서와 계시록에 나타난 생물들의 묘사는 이렇게 조금씩 차이가 있다 해도 전체적인 표현은 동일한 존재임을 나타내고 있다.

그러면 왜 성경은 하나님의 보좌 바로 옆에서 하나님을 호위하고 있는 이러한 존재들에 대해 천사 미카엘이나 가브리엘, 아니면 여호와의 군대장관[15] 등의 경우와 같은 그 어떤 지칭없이 단지 네 생물(four living creatures)이라고만 했을까?

아무리 피조물이 높은 지위에 있다 해도 창조주와는 비교될 수 없기에, 그리고 빛의 근원이신 하나님 앞에 자신들의 조명 빛이 아무리 밝다 해도 아무런 의미가 없기에 그 지칭조차도 그냥 생물이라고 한 것이 아닐까? 이것은 조금만 높은 자리에 있어도 다른 사람들 위에 군림하고 남을 무시하는 인간 세계가 아니라 서로 자신들을 낮추고 양보하는 영의 세계를 그린 것은 아닐까? 그것이 천국의 모습이 아닐까?

---

15 수 5:14-15.

"9 그 생물들이 보좌에 앉으사 세세토록 살아 계시는 이에게 영광과 존귀와 감사를 돌릴 때에 10 이십사 장로들이 보좌에 앉으신 이 앞에 엎드려 세세토록 살아 계시는 이에게 경배하고 자기의 관을 보좌 앞에 드리며 이르되 11 우리 주 하나님이여 영광과 존귀와 권능을 받으시는 것이 합당하오니 주께서 만물을 지으신지라 만물이 주의 뜻대로 있었고 또 지으심을 받았나이다 하더라"

♦ 해설

4:9절, "9 그 생물들이 보좌에 앉으사 세세토록 살아 계시는 이에게 영광과 존귀와 감사를 돌릴 때에"

이 구절은 창조주 하나님께 드리는 찬양이 그 생물들의 의무 중의 하나임을 암시하고 있다. 그것은 피조물인 모든 천사들의 의무임을 나타내기도 한다.

4:10-11절, "10 이십사 장로들이 보좌에 앉으신 이 앞에 엎드려 세세토록 살아 계시는 이에게 경배하고 자기의 관을 보좌 앞에 드리며 이르되 11 우리 주 하나님이여 영광과 존귀와 권능을 받으시는 것이 합당하오니 주께서 만물을 지으신지라 만물이 주의 뜻대로 있었고 또 지으심을 받았나이다 하더라"

네 생물들이 하나님께 경배와 영광을 드릴 때에 이십사 장로들도 자신들의 보좌에서 일어나 자신들의 관을 벗어 하나님의 보좌 앞에 드리며 한 목소리로 "우리 주 하나님이여 영광과 존귀와 권능을 받으시는 것이 합당하오니 주께서 만물을 지으신지라 만물이 주의 뜻대로 있었고 또 지으심을 받았나이다"라고 찬양했다.

하늘에서 네 생물들과 이십사 장로들이 드린 경배와 찬양의 주제는 창조주이신 하나님이었다. 저들은 하나님이 만물을 지으시고 만물이 그의 뜻대로 있었고 또 지으심을 받았음을 찬양드린 것이다. 이 세상의 그 어떤 것도 저절로 스스로 생긴 것은 없다. 아무리 사소한 물건들도 모두 누군가에 의해 만들어진 것인데 이 질서와 법칙과 조화로 이루어진 광대한 세상이 저절로 생겼다라는 개념은 하나님이 세상을 창조하셨다라는 개념보다 더욱 이해가 되지 않는다.

제5장

본문(5:1-3)

"1 내가 보매 보좌에 앉으신 이의 오른손에 두루마리가 있으니 안팎으로 썼고 일곱 인으로 봉하였더라 2 또 보매 힘있는 천사가 큰 음성으로 외치기를 누가 그 두루마리를 펴며 그 인을 떼기에 합당하냐 하나 3 하늘 위에나 땅 위에나 땅 아래에 능히 그 두루마리를 펴거나 보거나 할 자가 없더라"

♦ 해설

5:1절, "1 내가 보매 보좌에 앉으신 이의 오른손에 두루마리가 있으니 안팎으로 썼고 일곱 인으로 봉하였더라"

여기에서의 두루마리는 성경 전체라기보다는 요한계시록을 특별히 지칭하고 있는 것이 분명하다. 왜냐하면 그 두루마리는 안팎으로 써 있고 일곱 인으로 봉해져 있는데 요한계시록 1장 11절에 요한은 자신이 받은 계시를 두루마리에 썼다고 했고, 요한계시록 6장 1절에는 어린 양이 일곱 인 중의 하나를 떼셨다고 했다. 성경은 하나님의 백성들로 하여금 언제든지 읽게 하기 위해 열려 있지만 요한계시록은 정한 때에 이를 때까지 닫혀 있는 것이기 때문이다.

5:2-3절, "2 또 보매 힘있는 천사가 큰 음성으로 외치기를 누가 그 두루마리를 펴며 그 인을 떼기에 합당하냐 하나 3 하늘 위에나 땅 위에나 땅 아래에 능히 그 두루마리를 펴거나 보거나 할 자가 없더라"

그런데 요한이 보았을 때 하늘에서나 땅에서 그 봉해져 있는 두루마리의 인을 뗄 사람이 없었다. 앞에서 언급했듯이 이 계시록은 풀 수 있도록 만들어진 것이 아니고 풀 수 없도록 만들어졌다. 그러나 전체가 영원히 풀 수 없도록 된 것이 아니고 해당 사건에 대한 예언이 이루어질 때마다 하나씩 풀리도록 된 것이다.

본문(5:4-6)

"4 그 두루마리를 펴거나 보거나 하기에 합당한 자가 보이지 아니하기로 내가 크게 울었더니 5 장로 중의 한 사람이 내게 말하되 울지 말라 유대 지파의 사자 다윗의 뿌리가 이겼으니 그 두루마리와 그 일곱 인을 떼시리라 하더라 6 내가 또 보니 보좌와 네 생물과 장로들 사이에 한 어린 양이 서 있는데 일찍이 죽임을 당한 것 같더라 그에게 일곱 뿔과 일곱 눈이 있으니 이 눈들은 온 땅에 보내심을 받은 하나님의 일곱 영이더라"

✦ 해설

5:4-5절, "4 그 두루마리를 펴거나 보거나 하기에 합당한 자가 보이지 아니하기로 내가 크게 울었더니 5 장로 중의 한 사람이 내게 말하되 울지 말라 유대 지파의 사자 다윗의 뿌리가 이겼으니 그 두루마리와 그 일곱 인을 떼시리라 하더라"

그 두루마리를 아무도 펴지 못하는 것을 요한이 보고 울고 있을 때 장로 중 한 사람이 유다 지파의 사자 다윗의 뿌리가 떼시리라 하고 위로한다. 이것은 5장 5절의 유다 지파와 다윗의 뿌리, 그리고 5장 6절의 어린 양 및 일찍 죽임을 당한 것 같다는 등의 앞뒤 문맥에 따라 예수 그리스도를 가리키는 것임에 틀림없다. 비밀의 계시를 주신 분이 그 계시를 푸는 것은 지극히 당연한 것이리라.

5:6절, "6 내가 또 보니 보좌와 네 생물과 장로들 사이에 한 어린 양이 서 있는데 일찍이 죽임을 당한 것 같더라 그에게 일곱 뿔과 일곱 눈이 있으니 이 눈들은 온 땅에 보내심을 받은 하나님의 일곱 영이더라"

그 어린 양은 일곱 뿔과 일곱 눈을 가지고 있다고 했는데 뿔은 권세이고 눈은 보는 것이다. 그런데 이곳에서의 일곱이라는 숫자에 얽매일 필요는 없다. 다만 권세든 보는 것이든 그것들이 많고 크고 완전함을 나타낸 것으로 생각하면 족하다. 다시 말하면 예수 그리스도는 일곱 뿔의 크신 권세와 일곱 눈으로 세상의 모든 것을 다 보고 알고 계시다는 것을 표현했다고 보면 된다.

본문(5:7-10)

"7 그 어린 양이 나아와서 보좌에 앉으신 이의 오른손에서 두루마리를 취하시니라 8 그 두루마리를 취하시매 네 생물과 이십사 장로들이 그 어린 양 앞에 엎드려 각각 거문고와 향이 가득한 금 대접을 가졌으니 이 향은 성도의 기도들이라 9 그들이 새 노래를 불러 이르되 두루마리를 가지시고 그 인봉을 떼기에 합당하시도다 일찍이 죽임을 당하사 각 족속과 방언과 백성과 나라 가운데에서 사람들을 피로 사서 하나님께 드리시고 10 그들로 우리 하나님 앞에서 나라와 제사장들을 삼으셨으니 그들이 땅에서 왕 노릇 하리로다 하더라"

✦ 해설

5:7-8절, "7 그 어린 양이 나아와서 보좌에 앉으신 이의 오른손에서 두루마리를 취하시니라 8 그 두루마리를 취하시매 네 생물과 이십사 장로들이 그 어린 양 앞에 엎드려 각각 거문고와 향이 가득한 금 대접을 가졌으니 이 향은 성도의 기도들이라"

이제 어린 양은 하나님으로부터 두루마리를 받는다. 그러자 네 생물과 이십사 장로들이 각자 거문고와 향이 든 금 대접을 들고 어린 양 앞에 엎드려 경배한다. 거문고는 찬양을 의미한 것이고 향은 요한 스스로가 성도들의 기도라고 설명해 준다. 성도들의 찬양과 기도가 하나님의 보좌에 상달되는 모습을 보여 주고 있다.

5:9-10절, "9 그들이 새 노래를 불러 이르되 두루마리를 가지시고 그 인봉을 떼기에 합당하시도다 일찍이 죽임을 당하사 각 족속과 방언과 백성과 나라 가운데에서 사람들을 피로 사서 하나님께 드리시고 10 그들로 우리 하나님 앞에서 나라와 제사장들을 삼으셨으니 그들이 땅에서 왕 노릇 하리로다 하더라"

하늘의 네 생물들과 이십사 장로들이 노래한 내용은 어린 양이 십자가에서 흘리신 보혈로써 온 세상의 족속들 가운데에서 피로 값 주고 사신 백성들을 하나님의 나라와 제사장들을 삼으셨으며 그로 말미암아 그들이 땅에서 왕 노릇 하리라는 것이었다.

본문(5:11-12)

"11 내가 또 보고 들으매 보좌와 생물들과 장로들을 둘러 선 많은 천사의 음성이 있으니 그 수가 만만이요 천천이라 12 큰 음성으로 이르되 죽임을 당하신 어린 양은 능력과 부와 지혜와 힘과 존귀와 영광과 찬송을 받으시기에 합당하도다 하더라"

✦ 해설

5:11-12절, "11 내가 또 보고 들으매 보좌와 생물들과 장로들을 둘러 선 많은 천사의 음성이 있으니 그 수가 만만이요 천천이라 12 큰 음성으로 이르되 죽임을 당하신 어린 양은 능력과 부와 지혜와 힘과 존귀와 영광과 찬송을 받으시기에 합당하도다 하더라"

보좌 앞에 생물들과 장로들 외에 요한은 셀 수 없이 많은 천사들이 있는 것을 보았는데 그 수가 천천이요 만만이었다. 예수께서 십자가에 달리실 때 자신이 십자가에서 죽는 것은 로마 군대를 제어할 권세가 없어서가 아니고 하나님의 뜻이라고 하시면서 실제로 하늘에 열두 영도 더 되는 천군 천사가 있다고 하셨는데 지금 요한은 그 말씀이 사실이었음을 증거하고 있다.[16]

본문(5:13-14)

"13 내가 또 들으니 하늘 위에와 땅 위에와 땅 아래와 바다 위에와 또 그 가운데 모든 피조물이 이르되 보좌에 앉으신 이와 어린 양에게 찬송과 존귀와 영광과 권능을 세세토록 돌릴지어다 하니 14 네 생물이 이르되 아멘 하고 장로들은 엎드려 경배하더라."

---

16 마 26:53.

✦ 해설

5:13-14절, "13 내가 또 들으니 하늘 위에와 땅 위에와 땅 아래와 바다 위에
와 또 그 가운데 모든 피조물이 이르되 보좌에 앉으신 이와 어린 양에게 찬
송과 존귀와 영광과 권능을 세세토록 돌릴지어다 하니 14 네 생물이 이르되
아멘 하고 장로들은 엎드려 경배하더라"

지구상의 피조물들뿐 아니라 온 우주의 모든 피조물들이 다 함께 창조
주 하나님과 예수 그리스도에게 경배하는 모습을 기록하고 있다. 오직
지구에서만 살아갈 수 있게 되어 있는 인간들만이 아니라 지구 밖 우주의
모든 피조물들도 창조주를 경배하는 것이다. 또한 보좌 주위에 있던 네
생물과 이십사 장로들도 모두 하나님 앞에 엎드려 경배했다.

제6장

본문(6:1-2): 첫째 인

"1 내가 보매 어린 양이 일곱 인 중의 하나를 떼시는데 그 때에 내가 들으니 네 생물 중의 하나가 우렛소리 같이 말하되 오라 하기로 2 이에 내가 보니 흰 말이 있는데 그 탄 자가 활을 가졌고 면류관을 받고 나아가서 이기고 또 이기려고 하더라"

✦ 해설

6:1-2절, "1 내가 보매 어린 양이 일곱 인 중의 하나를 떼시는데 그 때에 내가 들으니 네 생물 중의 하나가 우렛소리 같이 말하되 오라 하기로 2 이에 내가 보니 흰 말이 있는데 그 탄 자가 활을 가졌고 면류관을 받고 나아가서 이기고 또 이기려고 하더라"

이제 어린 양이 일곱 인을 하나씩 떼신다. 첫째 인을 떼니 흰 말(*ippos leukos*)이 있었는데 그 말에 탄 자가 활을 가지고 면류관을 받아 나아갔다. 그리고 이기고 또 이기려고 했다. 요한은 그가 전쟁에서 많은 사람들을 해칠 것이라고 예언하고 있다.

이곳에서 흰 말과 그 탄 자라는 표현이 예수 그리스도를 의미한다고 생각하면 안 된다. 성경에서 흰색이라고 무조건 다 예수 그리스도를 의미하는 것은 아니다. 오히려 이 경우에는 희다는 표현의 의미보다는 "나아가서 이기고 또 이기려고 하더라"라고 하는 앞뒤의 문맥이 전쟁터에 나가 사람들을 많이 해치려는 분위기를 더 크게 나타내기 때문이다.

더욱이 이 흰 말을 탄 자는 예수 그리스도의 대명사 중의 하나인 날 선 검을 갖고 있는 것이 아니고 활을 갖고 있었다는 것에서도 우리는 그가 예수 그리스도를 나타내는 것이 아니라는 것을 알게 된다.

그러므로 여기에서의 흰이란 의미는 큰 뜻이 없고 다만 뒤에 나오는 여러 색의 말 탄 자들을 하나씩 다른 색으로 구별하고 있을 뿐이다.

본문(6:3-4): 둘째 인

"3 둘째 인을 떼실 때에 내가 들으니 둘째 생물이 말하되 오라 하니 4 이에 다른 붉은 말이 나오더라 그 탄 자가 허락을 받아 땅에서 화평을 제하여 버리며 서로 죽이게 하고 또 큰 칼을 받았더라"

♦ 해설

6:3-4절, "3 둘째 인을 떼실 때에 내가 들으니 둘째 생물이 말하되 오라 하니 4 이에 다른 붉은 말이 나오더라 그 탄 자가 허락을 받아 땅에서 화평을 제하여 버리며 서로 죽이게 하고 또 큰 칼을 받았더라"

이 구절도 전쟁을 의미했다고 보인다. 많은 주석들이 붉은색은 피이므로 전쟁을 의미한다라고 해석하는 것에 이의는 없지만 굳이 붉은색 때문이 아니라 그저 본 구절의 문맥만 보더라도 이 붉은 말과 그 탄 자가 전쟁을 의미한다는 것을 쉽게 알 수 있다.

사실 이 같은 여러 말들의 비유는 스가랴서 6장 1-8절에 나오는데 스가랴 선지자는 그 말들의 색깔에 특별한 의미를 부여하지 않았고 다만 여러 말들을 구별하기 위해 서로 다른 색깔들로 표시한 것으로 보인다. 따라서 요한계시록에서도 여러 말들을 표현한 색들에 대해 굳이 의미를 부여하면서까지 마치 무슨 비밀이 있는 것처럼 해석할 필요가 없다. 왜냐하면 앞뒤 문맥을 자세히 읽어 보면 여러 말들은 색깔에 관계없이 이미 그 의미가 다 파악되기 때문이다.

본문(6:5-6): 셋째 인

"5 셋째 인을 떼실 때에 내가 들으니 셋째 생물이 말하되 오라 하기로 내가 보니 검은 말이 나오는데 그 탄 자가 손에 저울을 가졌더라 6 내가 네 생물 사이로부터 나는 듯한 음성을 들으니 이르되 한 데나리온에 밀 한 되요 한 데나리온에 보리 석 되로다 또 감람유와 포도주는 해치지 말라 하더라"

✦ 해설

6:5-6절, "5 셋째 인을 떼실 때에 내가 들으니 셋째 생물이 말하되 오라 하기로 내가 보니 검은 말이 나오는데 그 탄 자가 손에 저울을 가졌더라 6 내

가 네 생물 사이로부터 나는 듯한 음성을 들으니 이르되 한 데나리온에 밀 한 되요 한 데나리온에 보리 석 되로다 또 감람유와 포도주는 해치지 말라 하더라"

이곳에서 말을 탄 자는 저울을 갖고 있었다. 저울이란 무엇인가 가치를 서로 비교하는 도구이다. 이때 요한은 "한 데나리온에 밀 한 되요 한 데나리온에 보리 석 되로다"라고 말하는 소리를 듣는다.

한 데나리온은 돈의 단위를 말하는데 그 기준이 당시의 나라들이나 시대마다 달랐으므로 오늘날 얼마의 가치가 있는 것이라고 환산해서 말하기는 어려워도 마태복음 20장 2절에서 한 데나리온을 일꾼의 하루 품값으로 준 것을 보면 오늘날의 기준으로도 노동자의 하루 임금으로 보는 것이 이해하기 쉬울 것이다.

그럴 경우 노동자가 하루 종일 일하고 받는 돈으로 겨우 밀 한 되 또는 보리 석 되를 살 수밖에 없다는 것은 흉년이 심해 먹을 곡식이 없는 것을 의미한다. 따라서 땅에 가뭄과 기근이 임할 것을 말했다고 보인다.

그런데 감람유나 포도주는 해치지 말라고 했는데 이것은 요한이 하늘로부터 들은 말이었다. 땅에서 심한 기근이 생기더라도 기름과 포도주는 남겨 놓으라고 천사에게 지시한 것이다. 밀과 보리는 주식이지만 감람유와 포도주는 부식을 말한다. 주식은 없어도 부식이나마 남겨 놓으라는 것이므로 이때는 기근으로 고통은 겪되 모든 사람들이 굶어 죽을 지경까지는 이르지 아니함을 알 수 있다.

21세기에 철저히 해부한 요한계시록의 비밀들

"7 넷째 인을 떼실 때에 내가 넷째 생물의 음성을 들으니 말하되 오라 하기로 8 내가 보매 청황색 말이 나오는데 그 탄 자의 이름은 사망이니 음부가 그 뒤를 따르더라 그들이 땅 사분의 일의 권세를 얻어 검과 흉년과 사망과 땅의 짐승들로써 죽이더라"

✦ 해설

6:7-8절, "7 넷째 인을 떼실 때에 내가 넷째 생물의 음성을 들으니 말하되 오라 하기로 8 내가 보매 청황색 말이 나오는데 그 탄 자의 이름은 사망이니 음부가 그 뒤를 따르더라 그들이 땅 사분의 일의 권세를 얻어 검과 흉년과 사망과 땅의 짐승들로써 죽이더라"

넷째 인을 떼니 청황색 말이 나오는데 그 말을 탄 자의 이름이 사망이었고 지옥이 그를 따랐다. 말을 탄 자의 이름이 사망이고 음부인 것처럼 그들은 땅의 사분의 일을 죽이는 권세를 얻어 칼과 흉년과 맹수들로써 사람들을 죽게 했다. 이때가 땅에서 수많은 사람들이 전쟁과 흉년과 각종 재해로 죽게 될 것임을 나타냈다.

"9 다섯째 인을 떼실 때에 내가 보니 하나님의 말씀과 그들이 가진 증거로 말미암아 죽임을 당한 영혼들이 제단 아래에 있어 10 큰 소리로 불러 이르되 거룩하고 참되신 대주재여 땅에 거하는 자들을 심판하여 우리 피를 갚아 주지 아니하시기를 어느 때까지 하시려 하나이까 하니 11 각각 그들에게 흰 두루마기를 주시며 이르시되 아직 잠시 동안 쉬되 그들의 동무 종들과 형제들도 자기처럼 죽임을 당하여 그 수가 차기까지 하라 하시더라"

✦ 해설

6:9-11절, "9 다섯째 인을 떼실 때에 내가 보니 하나님의 말씀과 그들이 가진 증거로 말미암아 죽임을 당한 영혼들이 제단 아래에 있어 10 큰 소리로 불러 이르되 거룩하고 참되신 대주재여 땅에 거하는 자들을 심판하여 우리 피를 갚아 주지 아니하시기를 어느 때까지 하시려 하나이까 하니 11 각각 그들에게 흰 두루마기를 주시며 이르시되 아직 잠시 동안 쉬되 그들의 동무 종들과 형제들도 자기처럼 죽임을 당하여 그 수가 차기까지 하라 하시더라"

이 죽임을 당한 자들은 요한계시록 20장 4절에 나오는 예수의 증거와 하나님의 말씀을 인하여 목 베임을 받은 자의 영혼들과 또 짐승과 그의 우상에게 경배하지도 아니하고 이마와 손에 그의 표를 받지도 아니한 자들을 말한다.

하나님의 말씀을 인하여 순교한 자들의 숫자가 찰 때까지라는 것은 아직 전쟁(영적전쟁과 육적전쟁 모두 포함)이 끝나지 않았음을 말한다. 앞으로도 세상의 마지막 날까지 전쟁은 계속될 것이고 순교자의 숫자는 정해진 수만큼 늘어날 것이다.

본문(6:12-17) 여섯째 인

"12 내가 보니 여섯째 인을 떼실 때에 큰 지진이 나며 해가 검은 털로 짠 상복 같이 검어지고 달은 온통 피 같이 되며 13 하늘의 별들이 무화과나무가 대풍에 흔들려 설익은 열매가 떨어지는 것 같이 땅에 떨어지며 14 하늘은 두루마리가 말리는 것 같이 떠나가고 각 산과 섬이 제 자리에서 옮겨지매 15 땅의 임금들과 왕족들과 장군들과 부자들과 강한 자들과 모든 종과 자유인이 굴과 산들의 바위 틈에 숨어 16 산들과 바위에게 말하되 우리 위에 떨어져 보좌에 앉으신 이의 얼굴에서와 그 어린 양의 진노에서 우리를 가리라 17 그들의 진노의 큰 날이 이르렀으니 누가 능히 서리요 하더라"

♦ 해설

6:12-14절, "12 내가 보니 여섯째 인을 떼실 때에 큰 지진이 나며 해가 검은 털로 짠 상복 같이 검어지고 달은 온통 피 같이 되며 13 하늘의 별들이 무화과나무가 대풍에 흔들려 설익은 열매가 떨어지는 것 같이 땅에 떨어지며 14 하늘은 두루마리가 말리는 것 같이 떠나가고 각 산과 섬이 제 자리에서 옮겨지매"

여섯째 인을 떼니 땅에 큰 지진이 나는데 하늘에는 해가 검어지고 달이 핏빛이 되는데 별들이 수없이 땅으로 떨어졌다. 그리고 하늘은 두루마리가 말리는 것 같이 사라지고 모든 산들과 섬들도 떠나갔다.

이러한 현상들 즉, 하늘에는 해가 검어지고 달이 핏빛이 되고 별들이 수없이 땅으로 떨어졌다라는 표현들을 하나하나 해석할 필요는 없다. 다만 이전에 없었던 그러한 크고 엄청난 전쟁과 재앙이 발생한다고 이해하면 된다.

많은 주석들이 이러한 표현들에 현란해져서 역사적 또는 천체현상의 많은 자료들을 제시하거나 글자 그대로 하나씩 풀이하려고 하는 것은 오히려 억지로 성경을 푸는 결과를 초래할 수 있다. 문맥을 통해서 계시가 말하고자 하는 의미를 파악하는 것이 더 중요하다.

그런데 하늘은 두루마리가 말리는 것 같이 사라지고 모든 산들과 섬들도 떠나갔다는 표현에서 이 전쟁이 얼마나 크면 하늘의 별들도 그리고 땅의 산들과 섬들도 모두 다 쓸어 버릴 정도로 파괴력이 컸을까를 짐작하게 한다.

6:15-17절, "15 땅의 임금들과 왕족들과 장군들과 부자들과 강한 자들과 모든 종과 자유인이 굴과 산들의 바위 틈에 숨어 16 산들과 바위에게 말하되 우리 위에 떨어져 보좌에 앉으신 이의 얼굴에서와 그 어린 양의 진노에서 우리를 가리라 17 그들의 진노의 큰 날이 이르렀으니 누가 능히 서리요 하더라"

그러한 참혹한 전쟁을 겪으면서 권세 있는 자들이나 없는 자들 그리고 부자거나 가난한 자들 즉, 세상의 모든 사람들이 온갖 피신처로 몸을 숨기고 이러한 재앙을 내리시는 하나님의 진노를 두려워했다.

제7장

본문(7:1)

"1 이 일 후에 내가 네 천사가 땅 네 모퉁이에 선 것을 보니 땅의 사방의 바람을 붙잡아 바람으로 하여금 땅에나 바다에나 각종 나무에 불지 못하게 하더라"

♦ 해설

7:1절, "1 이 일 후에 내가 네 천사가 땅 네 모퉁이에 선 것을 보니 땅의 사방의 바람을 붙잡아 바람으로 하여금 땅에나 바다에나 각종 나무에 불지 못하게 하더라"

앞 장에서의 엄청난 규모의 전쟁과 재앙이 지나간 후에 잠시 고요하고 평온한 시기가 있었다. 온 세상에 바람조차 불지 않을 정도로 조용한 분위기였음을 표현하고 있다. 그러나 이것은 앞으로 무엇인가 더 큰 환난과 재앙이 기다리고 있음을 암시하고 있는 것이다.

"2 또 보매 다른 천사가 살아 계신 하나님의 인을 가지고 해 돋는 데로부터 올라와서 땅과 바다를 해롭게 할 권세를 받은 네 천사를 향하여 큰 소리로 외쳐 3 이르되 우리가 우리 하나님의 종들의 이마에 인치기까지 땅이나 바다나 나무들을 해하지 말라 하더라 4 내가 인침을 받은 자의 수를 들으니 이스라엘 자손의 각 지파 중에서 인침을 받은 자들이 십사만 사천이니 5 유다 지파 중에 인침을 받은 자가 일만 이천이요 르우벤 지파 중에 일만 이천이요 갓 지파 중에 일만 이천이요 6 아셀 지파 중에 일만 이천이요 납달리 지파 중에 일만 이천이요 므낫세 지파 중에 일만 이천이요 7 시므온 지파 중에 일만 이천이요 레위 지파 중에 일만 이천이요 잇사갈 지파 중에 일만 이천이요 8 스불론 지파 중에 일만 이천이요 요셉 지파 중에 일만 이천이요 베냐민 지파 중에 인침을 받은 자가 일만 이천이라"

♦ 해설

7:2-3절, "2 또 보매 다른 천사가 살아 계신 하나님의 인을 가지고 해 돋는 데로부터 올라와서 땅과 바다를 해롭게 할 권세를 받은 네 천사를 향하여 큰 소리로 외쳐 3 이르되 우리가 우리 하나님의 종들의 이마에 인치기까지 땅이나 바다나 나무들을 해하지 말라 하더라"

또 다른 천사가 하나님의 인을 가지고 오더니 땅과 바다를 해롭게 할 권세를 받은 네 천사들에게 우리가 우리 하나님의 종들의 이마에 인치기까지 땅이나 바다나 나무들을 해하지 말라고 하였다.

이곳에서의 하나님의 인은 앞에서 떼던 인과는 다르다. 앞에서의 인은 비밀을 위해 봉했다는 뜻이었고 이곳에서의 인은 소유권의 표시를 의미했다. 이러한 인이란 오래전부터 특히 중동 지방에서 가축의 주인들이 자신의 가축들을 표시하기 위해 쇠를 불로 달군 인으로 모양을 내서 자신의 소유라는 것을 나타낸 데서 유래한다. 따라서 이곳에서 하나님의 인을 친다는 의미는 세상의 수많은 사람들 중에서 하나님의 소유임을 표시하는 작업을 말하고 있다.

그런데 그 인을 치는 임무를 받은 천사들이 하나님의 백성들을 모두 인칠 동안 땅과 바다를 해롭게 할 권세를 받은 네 천사들에게 행동하지 말고 잠시 기다리고 있으라고 말한다.

7:4절, "4 내가 인침을 받은 자의 수를 들으니 이스라엘 자손의 각 지파 중에서 인침을 받은 자들이 십사만 사천이니"

여기에서 하나님의 백성들에게 인을 치는 숫자가 무한정이 아니고 정해진 숫자라는 점에 주목해야 한다. 좀 더 자세히 말하면 모든 자들에게 인을 치는 것이 아니고 이스라엘 열두 지파에서 각 지파마다 일만 이천 명씩만 인을 친다는 것이다.

이곳에서도 숫자의 의미가 중요한 것이 아니고 그 정해진 숫자의 사람들이 어떤 사람들인가를 아는 것이 더 중요하다. 다시 말하면 그 인은 누구에게 칠 것이며 왜 그들에게만 인을 치느냐 하는 것이 중요하지 그게 꼭 문자대로 십사만 사천 명이냐 아니냐가 중요한 것이 아닌 것이다.

7:5-8절, "5 유다 지파 중에 인침을 받은 자가 일만 이천이요 르우벤 지파 중에 일만 이천이요 갓 지파 중에 일만 이천이요 6 아셀 지파 중에 일만 이천이요 납달리 지파 중에 일만 이천이요 므낫세 지파 중에 일만 이천이요 7 시므온 지파 중에 일만 이천이요 레위 지파 중에 일만 이천이요 잇사갈 지파 중에 일만 이천이요 8 스불론 지파 중에 일만 이천이요 요셉 지파 중에 일만 이천이요 베냐민 지파 중에 인침을 받은 자가 일만 이천이라"

여기에서 절대로 놓치지 말아야 할 중요한 것은 이스라엘 열두 지파의 명단이 바뀌었다는 점이다. 이 명단을 자세히 보면 열두 지파 중의 몇 지파가 처음 창세기에 있던 것과 달리 중간에 바뀌어져서 열두 지파의 내용이 변한 것이다. 이것을 표로 만들어 보면 다음과 같다.

[표 1] 이스라엘 열두 지파 변천사

창 29:32	민 1:5	신 33:1	계 7:4
탄생순	진영순	축복순	인침순
르우벤	르우벤	르우벤	**유다**
시므온	시므온	유다	르우벤(창 35:22)
레위(신 10:9)	유다	레위	갓
유다	잇사갈	베냐민	아셀
단	스불론	요셉	납달리
납달리	에브라임	에브라임과 므낫세	**므낫세**
갓	므낫세	스불론	시므온
아셀	베냐민	잇사갈	**레위**
잇사갈	단	갓	잇사갈
스불론	아셀	단(창 49:17)	스불론
요셉	갓	납달리	요셉
베냐민	납달리	아셀	베냐민

그러면 이스라엘의 열두 지파는 왜 이렇게 바뀌게 된 것일까?

처음 것은 열두 지파가 야곱의 열두 아들들로서 태어난 출생의 순서대로 기록된 것이다. 두 번째는 이스라엘이 가나안 점령 당시 각 지파들이 진을 쳤던 순서로써 이것은 적과 싸울 전투를 위해 전략상으로 배치된 것이었다. 세 번째는 야곱의 축복 순서이다. 그리고 네 번째는 요한계시록에서 십사만 사천 명을 뽑기 위해 이스라엘의 열두 지파를 새롭게 배열한 것이다.

이 순서들에서 주목해야 할 내용들은 다음과 같다.

첫째, 출생 순서에서 레위 지파는 구약에 진을 쳤던 순서에서 빠졌다. 레위 지파는 전쟁터에서도 성막을 지켰고 무기를 들고 나가서 싸우지는 않았다. 그러나 신약의 계시록에서의 마지막 열두 지파에 다시 등장했다. 마지막 전쟁의 때에는 레위 지파도 무기를 들고 나가서 싸울 것이다.[17]

둘째, 유다가 요한계시록의 새로운 지파에서 첫 지파로 표시되었다. 르우벤은 야곱의 장자라 해도 자신의 계모와 관계를 가짐으로써 혈통적 오욕을 범했으므로 우선순위에서 뒤로 빠졌다.[18] 마지막 영적 이스라엘의 지파는 육신적 순서가 아닌 영적 순서를 따를 것이다.

셋째, 이스라엘의 단 지파는 마지막 영적 이스라엘의 족보에서 아예 빠졌다. 구약의 창세기 49장 17절에서 예언되었던 것처럼 뱀으로 표현된 단 지파는 계시록에서의 뱀인 사탄과의 싸움에서 그들의 편이 될 것이고 오히려 사탄과 싸우려는 자들의 발을 물어서 떨어뜨리려 할 것이다. 그

---

17 원래 레위 지파는 용맹한 warrior들이었다(출 32:22-29). 따라서 마지막 전쟁의 때에는 그
    들이 가장 용맹스럽게 싸울 것이 촉구된다.
18 창 35:22.

러므로 계시록의 영적 지파에는 들어갈 수가 없다.

그러나 이 말은 육신적 이스라엘을 말하는 것이 아니고 영적 이스라엘을 의미하는 것으로서 현재의 이스라엘의 단 지파와는 관계가 없고 기독교 내의 배신자들을 가리킨다.

넷째, 므낫세는 원래 이스라엘의 열두 지파 중 하나가 아니었다. 그러나 요셉의 아들로서 후에 열두 지파에 편입되었다. 므낫세 지파 가운데 가장 용맹한 자로서 기드온이 있다. 자신의 300명 군사를 이끌고 미디안 군대 135,000명(450 대 1)과 싸워서 격파한 큰 용사였다. 마지막 시대의 새로운 영적 지파는 적과 싸워 이길 수 있는 믿음과 영성이 강한 자들로 구성이 될 것이다.

이러한 십사만 사천에 관한 예언 및 사명에 관한 설명은 이곳만이 아니고 계시록 12장과 14장에 더 자세한 묘사와 함께 다시 등장한다. 그만큼 십사만 사천은 요한계시록의 가장 중요한 중심 내용의 하나가 된다.

본문(7:9-17): 흰 옷 입은 큰 무리

"9 이 일 후에 내가 보니 각 나라와 족속과 백성과 방언에서 아무도 능히 셀 수 없는 큰 무리가 나와 흰 옷을 입고 손에 종려 가지를 들고 보좌 앞과 어린 양 앞에 서서 10 큰 소리로 외쳐 이르되 구원하심이 보좌에 앉으신 우리 하나님과 어린 양에게 있도다 하니 11 모든 천사가 보좌와 장로들과 네 생물의 주위에 서 있다가 보좌 앞에 엎드려 얼굴을 대고 하나님께 경배하여 12 이르되 아멘 찬송과 영광과 지혜와 감사와 존귀와 권능과 힘이 우리 하나님께 세세토록 있을지어다 아멘 하더라 13 장로 중 하나가 응답하여 나에게 이르되 이 흰 옷 입은 자들이 누구며 또 어디서 왔느냐 14 내가 말하기를 내 주여 당신이 아시나이다 하니 그가 나에게 이르되 이는 큰 환난에서 나오는 자들인데 어린 양의 피에 그 옷을 씻어 희게 하였느니라 15 그러므로 그들이 하나님의 보좌 앞에 있고 또 그의 성전에서 밤낮 하나님을 섬기매 보좌에 앉으신 이가 그들 위에 장막을 치시리니 16 그들이 다시는 주리지도 아니하며 목마르지도 아니하고 해나 아무 뜨거운 기운에 상하지도 아니하리니 17 이는 보좌 가운데에 계신 어린 양이 그들의 목자가 되사 생명수 샘으로 인도하시고 하나님께서 그들의 눈에서 모든 눈물을 씻어 주실 것임이라"

✦ 해설

7:9-10절, "9 이 일 후에 내가 보니 각 나라와 족속과 백성과 방언에서 아무도 능히 셀 수 없는 큰 무리가 나와 흰 옷을 입고 손에 종려 가지를 들고 보좌 앞과 어린 양 앞에 서서 10 큰 소리로 외쳐 이르되 구원하심이 보좌에 앉으신 우리 하나님과 어린 양에게 있도다 하니"

요한은 이 장면에서 바로 앞의 십사만 사천 명의 인침을 받는 자들과는 다른 것으로서 그 수를 셀 수 없이 많은 흰 옷을 입은 무리들에 대해 기록한다. 이 흰 옷을 입은 무리는 이스라엘의 각 지파에서 나온 것이 아니고 각 나라와 족속들에서 나왔다고 묘사되고 있다. 그리고 이들은 자신들의 구원이 하나님과 어린 양으로부터 말미암았다고 고백한다.

7:11-12절, "11 모든 천사가 보좌와 장로들과 네 생물의 주위에 서 있다가

보좌 앞에 엎드려 얼굴을 대고 하나님께 경배하여 12 이르되 아멘 찬송과 영광과 지혜와 감사와 존귀와 권능과 힘이 우리 하나님께 세세토록 있을지어다 아멘 하더라"

땅의 수많은 자들이 어린 양의 피로 씻은 흰 옷을 입고 구원받은 것을 보고 하늘의 모든 천사들이 하나님을 찬양하고 경배한다.

7:13-14절, "13 장로 중 하나가 응답하여 나에게 이르되 이 흰 옷 입은 자들이 누구며 또 어디서 왔느냐 14 내가 말하기를 내 주여 당신이 아시나이다 하니 그가 나에게 이르되 이는 큰 환난에서 나오는 자들인데 어린 양의 피에 그 옷을 씻어 희게 하였느니라"

이때 장로 중 하나가 요한에게 이 흰 옷 입은 사람들이 누구며 어디서 왔는지 아는가 하고 묻자 요한이 모르겠다고 하니 그가 설명하기를 이들은 큰 환난에서 나온 자들인데 어린 양의 피로 그 옷을 씻어 희게 된 것이라고 했다.

그러면 앞에서의 십사만 사천 명과 이곳의 수없이 많은 흰 옷을 입는 사람들은 어떤 사람들일까?

첫째, 주석들 중에는 십사만 사천과 흰 옷을 입은 사람들을 같은 뜻이라고 해석하기도 하는데 그것은 올바른 해석이 될 수 없다. 왜냐하면 앞에서의 십사만 사천 명은 인을 치기 위해 정해진 숫자이고 뒤의 흰 옷을 입은 사람들은 수가 정해져 있지 않음으로써 십사만 사천은 무엇인가의 목적을 위해 따로 구별해 놓은 사람들임을 나타내는 것이기 때문이다.

둘째, 십사만 사천 명의 배경은 이스라엘의 열두 지파인데 반해 흰 옷을 입은 무리는 세상의 모든 나라들과 족속들이다. 그러므로 십사만 사천 명은 이스라엘의 열두 지파라는 특정 영역에서 선발된 것이므로 마지막 시대에 어떤 특별한 사역의 임무를 갖고 있음을 암시한다.

그런데 이스라엘의 열두 지파가 문자적인 해석으로써 실제적인 이스라엘을 말하는 것인가, 아니면 영적인 해석으로써 신약 시대의 교회를 말하는 것인가 하는 논란이 많이 있어왔다. 이 십사만 사천 명에 관해서는 뒤에 나오는 관련 구절들에서 좀 더 자세히 다룬다.

셋째, 아무도 능히 그 수를 셀 수 없는 흰 옷을 입은 사람들의 고백이 자신들을 구원해 주신 하나님과 어린 양에게 감사를 드린다는 것으로 보아 세상에서 구원받은 백성들이 많이 있다는 것을 의미한 것으로 생각된다.

그런데 한 장로의 설명이 저들은 큰 환난에서 나온 자들로서 어린 양의 피로 그 옷을 씻어 희게 된 것이라고 했다. 그러므로 이것은 이 세상에서 구원받은 백성들이 단지 구원만 받는 것이 아니고 어떤 큰 환난을 겪게 될 것을 예언하고 있는 것이다. 그리고 그 환난을 통하여 자신들의 더럽혀진 옷들을 예수의 피로 희게 씻을 것을 말하고 있다.

15-17절, "15 그러므로 그들이 하나님의 보좌 앞에 있고 또 그의 성전에서 밤낮 하나님을 섬기매 보좌에 앉으신 이가 그들 위에 장막을 치시리니 16 그들이 다시는 주리지도 아니하며 목마르지도 아니하고 해나 아무 뜨거운 기운에 상하지도 아니하리니 17 이는 보좌 가운데에 계신 어린 양이 그들의 목자가 되사 생명수 샘으로 인도하시고 하나님께서 그들의 눈에서 모든 눈물을 씻어 주실 것임이라"

7장 9절부터 설명되고 있는 그 수를 셀 수 없는 큰 무리는 십사만 사천의 경우처럼 인을 쳤다든지 어떤 목적에 의해 구별되었다든지 그러한 설명이 없다. 단지 큰 환난에서 나온 자들이라는 것뿐이었다. 그러므로 계시록 7장에서 나타난 두 부류의 성도들은 하나는 전쟁을 위해 구별된 무리이고 나머지는 전쟁에 참여하지는 않지만 그 전쟁의 극심한 환난을 겪게 될 것을 의미한 것으로 보인다.

그러나 그 환난을 통과한 하나님의 백성들은 비록 순교자의 반열에 들지는 못해도 어린 양의 피로 씻어 희게 된 옷을 입고 다시는 주리지도 아니하며 목마르지도 아니하고 세상의 환난과 고난을 겪지 않으며 하나님의 성전에서 하나님만을 섬기며 영원히 살아갈 것이다. 이는 보좌 가운데에 계신 어린 양이 그들의 목자가 되어 생명수 샘으로 인도하시고 하나님께서 그들의 눈에서 모든 눈물을 씻어 주실 것이기 때문이다.

제**8**장

본문(8:1-2): 일곱째 인

"1 일곱째 인을 떼실 때에 하늘이 반 시간쯤 고요하더니 2 내가 보매 하나님 앞에 일곱 천사가 서 있어 일곱 나팔을 받았더라"

✦ 해설

8:1-2절, "1 일곱째 인을 떼실 때에 하늘이 반 시간쯤 고요하더니 2 내가 보매 하나님 앞에 일곱 천사가 서 있어 일곱 나팔을 받았더라"

일곱째 인을 뗄 때 일곱 천사가 일곱 나팔을 받았다. 이것은 일곱째 인이 앞에서 여섯 인을 뗄 때처럼 어느 사건이 새로 일어난 것이 아니고 일곱 나팔을 받은 것을 의미한다.

그런데 하늘이 반 시간쯤 고요했다는 표현에 많은 호기심을 갖지 말아야 한다. 반 시간이란 그저 긴 시간이 아니었다는 의미로 이해해도 충분하다. 어느 주석들은 하루를 일 년으로 계산할 때 한 시간은 15일(360/24=15)이므로 반 시간 즉, 하늘이 7일 반 기간 동안 고요했다라고 해석하지만 하늘이나 땅에서 7일 반의 의미나 그저 잠깐 고요했다는 것과 아무런 차이를 갖지 못한다.

이러한 부수적인 표현들에 무슨 큰 비밀이 들어 있는 것처럼 여러 관련 구절들을 인용 대입하여 아전인수식으로 해석하려 할 필요는 없다. 여기에서 요한이 말하고자 하는 것은 이제 너무도 중대한 계시가 곧 이루어질 것인데 그 전에 하늘도 잠시 숨을 돌리고 있었다는 것을 표현했을 뿐이다.

본문(8:3-5): 일곱 나팔

"3 또 다른 천사가 와서 제단 곁에 서서 금 향로를 가지고 많은 향을 받았으니 이는 모든 성도의 기도와 합하여 보좌 앞 금 제단에 드리고자 함이라 4 향연이 성도의 기도와 함께 천사의 손으로부터 하나님 앞으로 올라가는지라 5 천사가 향로를 가지고 제단의 불을 담아다가 땅에 쏟으매 우레와 음성과 번개와 지진이 나더라"

✦ 해설

8:3-5절, "3 또 다른 천사가 와서 제단 곁에 서서 금 향로를 가지고 많은 향을 받았으니 이는 모든 성도의 기도와 합하여 보좌 앞 금 제단에 드리고자 함이라 4 향연이 성도의 기도와 함께 천사의 손으로부터 하나님 앞으로 올라가는지라 5 천사가 향로를 가지고 제단의 불을 담아다가 땅에 쏟으매 우레와 음성과 번개와 지진이 나더라"

다른 천사가 금 향로에 있는 많은 향들을 금 제단에 드리고자 했는데 이곳에서의 향은 이미 요한계시록 5장 8절에서 요한이 말했듯이 성도들의 기도였다. 요한이 성도들의 기도가 하나님의 보좌에 올라가는 것을 보았는데 이상한 것은 그 향로를 땅에 쏟았더니 천둥과 번개와 지진이 일어난 것이다.

이것은 성도들의 기도가 단지 하나님께 필요를 요청하는 것이 아니고 영적싸움의 대적을 징벌해 달라는 탄원의 수단이기도 하다는 뜻으로 보인다. 이러한 기도에 대해서는 예수께서 누가복음 18장 1-8절에 불의한 판사의 비유로서 이미 권고하신 적이 있다. 그때에 예수께서는 결론적으로 인자가 다시 올 때 믿음을 보겠느냐 하셨다. 과연 마지막 시대의 영적 전쟁에서 끈질긴 기도와 목숨을 건 싸움에 참여할 수 있는 용맹한 예수의 군사는 얼마가 될까?

본문(8:6-7): 첫째 나팔

"6 일곱 나팔을 가진 일곱 천사가 나팔 불기를 준비하더라 7 첫째 천사가 나팔을 부니 피 섞인 우박과 불이 나와서 땅에 쏟아지매 땅의 삼분의 일이 타 버리고 수목의 삼분의 일도 타 버리고 각종 푸른 풀도 타 버렸더라"

✦ 해설

8:6-7절, "6 일곱 나팔을 가진 일곱 천사가 나팔 불기를 준비하더라 7 첫째 천사가 나팔을 부니 피 섞인 우박과 불이 나와서 땅에 쏟아지매 땅의 삼분의

일이 타 버리고 수목의 삼분의 일도 타 버리고 각종 푸른 풀도 타 버렸더라"

나팔을 부는 임무를 받은 천사들이 이제 일곱 나팔을 불기를 준비하고 있다. 그런데 이곳에서의 나팔이란 전쟁의 의미를 나타낸다. 왜냐하면 나팔은 전쟁이나 병사들을 소집할 때 주로 부는 것이기 때문이다.

첫째 천사가 나팔을 불자 피 섞인 우박과 불이 나와서 땅에 쏟아지매 땅의 삼분의 일이 타 버리고 수목의 삼분의 일도 타 버리고 각종 푸른 풀도 타 버렸다. 여기에서 다시 말하건대 나팔은 전쟁을 의미하는 것이다. 그러므로 이것을 그저 단순히 이러한 재앙이 임했다라는 것보다는 전쟁의 과정과 피해 상황을 묘사하고 있다고 보아야 한다. 좀 더 확실하게 설명하자면 전쟁으로 인해 산과 들이 불에 타 버린 것이다.

본문(8:8-9): 둘째 나팔

"8 둘째 천사가 나팔을 부니 불붙는 큰 산과 같은 것이 바다에 던져지매 바다의 삼분의 일이 피가 되고 9 바다 가운데 생명 가진 피조물들의 삼분의 일이 죽고 배들의 삼분의 일이 깨지더라"

✦ 해설

8:8-9절, "8 둘째 천사가 나팔을 부니 불붙는 큰 산과 같은 것이 바다에 던져지매 바다의 삼분의 일이 피가 되고 9 바다 가운데 생명 가진 피조물들의 삼분의 일이 죽고 배들의 삼분의 일이 깨지더라"

둘째 천사가 나팔을 불자 큰 산에 불이 붙고 바다도 삼분의 일이 피가 되었다. 그리고 바다의 배들 가운데 삼분의 일이 깨졌다. 전쟁은 육지에 서만 발생한 것이 아니고 해전도 치르면서 군함들이 바다에 침몰하는 것 을 표현했다고 본다.

8절과 9절의 표현에서 우리는 이것이 전쟁을 말하는 것인지 그저 천재 지변의 재앙을 말하는 것인지 어떻게 알 수 있는가? 이 나팔이라는 대전 제가 전쟁의 소식이라는 의미인 것을 먼저 염두에 두면 쉽게 이해가 될 것이다.

본문(8:10-11): 셋째 나팔

"10 셋째 천사가 나팔을 부니 횃불 같이 타는 큰 별이 하늘에서 떨어져 강 들의 삼분의 일과 여러 물샘에 떨어지니 11 이 별 이름은 쓴 쑥이라 물의 삼 분의 일이 쓴 쑥이 되매 그 물이 쓴 물이 되므로 많은 사람이 죽더라"

✦ 해설

8:10-11절, "10 셋째 천사가 나팔을 부니 횃불 같이 타는 큰 별이 하늘에서 떨어져 강들의 삼분의 일과 여러 물샘에 떨어지니 11 이 별 이름은 쓴 쑥이 라 물의 삼분의 일이 쓴 쑥이 되매 그 물이 쓴 물이 되므로 많은 사람이 죽 더라"

셋째 천사가 나팔을 불자 강들과 물의 원천지인 호수들에 쑥이라는 이름의 큰 별이 떨어지니 강들과 호수들이 쑥에 의해 많은 사람들이 죽었다. 이것은 전쟁이 독약이나 독성 물질들을 사람이 마시는 식수의 근원지에 뿌려 많은 사람이 죽게 될 것을 예언하고 있다.

실제로 고대의 전쟁에서도 사람이 마시는 우물이나 강에 독을 풀어 적들을 죽이는 전략은 흔히 있는 것이었다. 전쟁 역사를 통한 이러한 화생방전의 발달은 마지막 시대의 전쟁에서 더욱 기승을 부릴 것은 어렵지 않게 예측할 수 있는 것이다.

본문(8:12-13): 넷째 나팔

"12 넷째 천사가 나팔을 부니 해 삼분의 일과 달 삼분의 일과 별들의 삼분의 일이 타격을 받아 그 삼분의 일이 어두워지니 낮 삼분의 일은 비추임이 없고 밤도 그러하더라 13 내가 또 보고 들으니 공중에 날아가는 독수리가 큰 소리로 이르되 땅에 사는 자들에게 화, 화, 화가 있으리니 이는 세 천사들이 불어야 할 나팔 소리가 남아 있음이로다 하더라."

✦ 해설

8:12-13절, "12 넷째 천사가 나팔을 부니 해 삼분의 일과 달 삼분의 일과 별들의 삼분의 일이 타격을 받아 그 삼분의 일이 어두워지니 낮 삼분의 일은 비추임이 없고 밤도 그러하더라 13 내가 또 보고 들으니 공중에 날아가는 독수리가 큰 소리로 이르되 땅에 사는 자들에게 화, 화, 화가 있으리니 이는 세 천사들이 불어야 할 나팔 소리가 남아 있음이로다 하더라"

21세기에 철저히 해부한 요한계시록의 비밀들

넷째 천사가 나팔을 불 때 해와 달과 별의 삼분의 일도 타격을 받아 하늘이 어두워져서 낮이 밤과 같이 어둡게 되었다. 여기에서 해와 달과 별들의 삼분의 일이 타격을 받았다는 표현은 그만큼 전쟁이 극심한 것을 표현하고 있다. 문제는 이것이 전부가 아니고 아직도 세 천사들이 불 나팔이 셋이나 남아 있는 것이다. 이제부터 본격적인 전쟁의 양상이 전개된다.

제 9 장

본문(9:1-12): 다섯째 나팔

"1 다섯째 천사가 나팔을 불매 내가 보니 하늘에서 땅에 떨어진 별 하나가 있는데 그가 무저갱의 열쇠를 받았더라 2 그가 무저갱을 여니 그 구멍에서 큰 화덕의 연기 같은 연기가 올라오매 해와 공기가 그 구멍의 연기로 말미암아 어두워지며 3 또 황충이 연기 가운데로부터 땅 위에 나오매 그들이 땅에 있는 전갈의 권세와 같은 권세를 받았더라 4 그들에게 이르시되 땅의 풀이나 푸른 것이나 각종 수목은 해하지 말고 오직 이마에 하나님의 인침을 받지 아니한 사람들만 해하라 하시더라 5 그러나 그들을 죽이지는 못하게 하시고 다섯 달 동안 괴롭게만 하게 하시는데 그 괴롭게 함은 전갈이 사람을 쏠 때에 괴롭게 함과 같더라 6 그 날에는 사람들이 죽기를 구하여도 죽지 못하고 죽고 싶으나 죽음이 그들을 피하리로다 7 황충들의 모양은 전쟁을 위하여 준비한 말들 같고 그 머리에 금 같은 관 비슷한 것을 썼으며 그 얼굴은 사람의 얼굴 같고 8 또 여자의 머리털 같은 머리털이 있고 그 이빨은 사자의 이빨 같으며 9 또 철 호심경 같은 호심경이 있고 그 날개들의 소리는 병거와 많은 말들이 전쟁터로 달려 들어가는 소리 같으며 10 또 전갈과 같은 꼬리와 쏘는 살이 있어 그 꼬리에는 다섯 달 동안 사람들을 해하는 권세가 있더라 11 그들에게 왕이 있으니 무저갱의 사자라 히브리어로는 그 이름이 아바돈이요 헬라어로는 그 이름이 아볼루온이더라 12 첫째 화는 지나갔으나 보라 아직도 이 후에 화 둘이 이르리로다”

✦ 해설

9:1절, “1 다섯째 천사가 나팔을 불매 내가 보니 하늘에서 땅에 떨어진 별 하나가 있는데 그가 무저갱의 열쇠를 받았더라”

다섯째 천사가 나팔을 부니 하늘에서 떨어진 별 하나가 무저갱(*tes abus-sou,* the bottomlessness, 문자적으로는 밑으로 끝이 없는 것을 말하며 지옥을 의미함)의 열쇠를 받았다. 요한은 이 별이 하늘에서 왔다고 하지 않고 하늘에서 떨어졌다(*peptokota*)고 했으므로 보편적인 의미의 천사들 중 하나는 아닐 것이다. 그러므로 이 별이란 사탄을 말하거나 사탄의 무리 중 하나를 표현한 것으로 보인다. 그런데 그가 지옥의 열쇠를 받았다고 한 것으로 보아 이제부터 본격적인 죽음의(마치 지옥 같은) 전쟁이 펼쳐지게 되는 것을 예고하고 있는 것이다.

9:2-3절, “2 그가 무저갱을 여니 그 구멍에서 큰 화덕의 연기 같은 연기가 올라오매 해와 공기가 그 구멍의 연기로 말미암아 어두워지며 3 또 황충이 연기 가운데로부터 땅 위에 나오매 그들이 땅에 있는 전갈의 권세와 같은 권세를 받았더라”

그가 무저갱(지옥)의 문을 여니 연기가 나서 해와 하늘도 어둡게 했고 그 연기 속에서 황충(메뚜기들)이 나왔는데 그것들이 전갈처럼 사람을 해치는 권세를 받았다. 이 황충이 의미하는 것은 9장 7-10절에서 좀 더 자세히 설명한다.

9:4-6절, "4 그들에게 이르시되 땅의 풀이나 푸른 것이나 각종 수목은 해하지 말고 오직 이마에 하나님의 인침을 받지 아니한 사람들만 해하라 하시더라 5 그러나 그들을 죽이지는 못하게 하시고 다섯 달 동안 괴롭게만 하게 하시는데 그 괴롭게 함은 전갈이 사람을 쏠 때에 괴롭게 함과 같더라 6 그 날에는 사람들이 죽기를 구하여도 죽지 못하고 죽고 싶으나 죽음이 그들을 피하리로다"

그것들은 땅을 해치지는 못하고 하나님의 백성들도 해치지 못했다. 다만 구원받지 못한 이교도들만 해치되 죽이지는 못하고 다섯 달 동안 마치 전갈이 쏘는 것 같은 괴로움을 겪게 할 뿐이었다. 그때 사람들이 너무 괴로워서 죽기를 원했지만 죽음이 그들을 피해서 죽을 수 없었다.

9:7-12절, "7 황충들의 모양은 전쟁을 위하여 준비한 말들 같고 그 머리에 금 같은 관 비슷한 것을 썼으며 그 얼굴은 사람의 얼굴 같고 8 또 여자의 머리털 같은 머리털이 있고 그 이빨은 사자의 이빨 같으며 9 또 철 호심경 같은 호심경이 있고 그 날개들의 소리는 병거와 많은 말들이 전쟁터로 달려 들어가는 소리 같으며 10 또 전갈과 같은 꼬리와 쏘는 살이 있어 그 꼬리에는 다섯 달 동안 사람들을 해하는 권세가 있더라 11 그들에게 왕이 있으니

무저갱의 사자라 히브리어로는 그 이름이 아바돈이요 헬라어로는 그 이름이 아볼루온이더라 12 첫째 화는 지나갔으나 보라 아직도 이 후에 화 둘이 이르리로다"

요한은 자신이 본 황충(메뚜기들)의 묘사로써 그 모양이 전쟁을 위하여 예비한 말들 같다고 했다. 그런데 메뚜기들은 사람의 얼굴과 같고, 말을 타고, 면류관 같은 관들을 썼는데, 여자의 머리카락처럼 길었고, 이빨은 사자의 이처럼 사나웠고, 몸에는 철흉갑 같은 흉갑을 입었고, 수많은 말과 병거들이 달려가는 소리가 났고, 쏘는 화살들을 갖고 있었고, 꼬리에 사람들을 다섯 달 동안 해하는 권세가 있었다.

그러므로 이 황충이라는 표현은 정말로 메뚜기 떼를 의미한 것이 아니고 처음부터 어느 사람들의 집단을 말한 것이었다. 더 중요한 것은 이들에게는 왕이 있었는데 그 왕의 이름이 히브리말로 아바돈(abaddon)이고 헬라어로 아볼루온(apolluon)이었다. 이처럼 첫째 화가 지나갔으나 앞으로도 아직 두 전쟁이 남아 있다.

이 묘사는 참으로 분명하고 세밀하다. 아무리 예언이라 해도 그 표현이 너무도 생생한 것이다. 이것은 요한이 그저 무엇인가를 상상해서 쓴 것이 아니고 자신이 계시에서 보았던 그 군대의 모습을 그대로 자세히 기록한 것임을 알 수 있다. 그러면 이러한 묘사에 합당한 군대가 어떤 군대였으며 그 전쟁터는 어디였을까?

이 군대는 광야 특히 사막 지역을 달리던 군대를 묘사한 것으로 보이는데 그 이유는 다음과 같다.

첫째, 메뚜기 떼와 쏘는 전갈이 있는 지역은 주로 사막 지역이다.

둘째, 메뚜기의 얼굴이 사람 같았다고 했으므로 이 메뚜기는 정말 메뚜기가 아니고 사람을 말한 것이며, 메뚜기 떼의 묘사가 전쟁과 연결되어 있으므로 어느 집단의 군대를 일컬은 것이다.

셋째, 요한계시록 9장 4절에서 밝힌 이 메뚜기들은 땅의 풀이나 나무나 각종 수목은 해치지 못하게 되어 있었다는 표현에서 이 전쟁은 산악전이나 해전이 아닌 광야 특히 수목이 거의 없는 불모의 사막 지역에서의 전투를 묘사한 것으로 보인다.

넷째, 말을 타고 달리고 흉갑을 입고 긴 머리칼을 날리고 화살도 쏘고 먼지바람을 일으키며 떼를 지어 달리는 모습이 앞에서의 묘사들과 어우러져서 점점 선명하게 아라비아 사막을 가로질러 달리던 아랍 군대를 연상케 한다.

다섯째, 그들과 싸우던 사람들은 기독교인들이 아니었고 새로운 종교의 탄생을 반대하던 자들이었으며, 이 전쟁은 그 적들을 죽이기 위해서라기보다는 그들에게 포교를 하기 위한 전쟁이었다.

여섯째, 그 전쟁의 기간은 그리 길지 않은 기간이었다. 불과 수년 내에 싸움이 끝난다(요한계시록 9장 5절, "다섯 달 동안").

일곱째, 이 중에서도 가장 중요한 단서는 바로 그들에게 왕이 있었다는 사실과 그 왕의 이름이 히브리 음역으로 아바돈(Abaddon)이고 헬라 음역으로 아볼루온(Apollyon)이었다는 점이다. 그러나 이 둘의 이름을 두 언어로 표기한 것은 그 이름의 의미보다는 그 이름의 발음의 유사성을 나타낸 것이다. 왜냐하면 그 두 이름 중 하나의 이름이라도 그런 이름을 갖

고 있는 왕은 이스라엘에도 아랍에도 없기 때문이다.[19]

이상의 요소들을 모두 만족시켜 주는 사막에서의 전쟁은 서기 620년경에 있었던 이슬람의 종교전쟁이었다. 당시 마호메트가 죽은 후의 이슬람 지도자는 아랍어 음역으로 아브 바크르(Abu Bakr) 였는데 이때를 시작으로 이슬람교는 중동 지역의 주류 종교가 되고 후에 점차 기독교에 대항하는 가장 강력한 적대 세력이 된다. 요한계시록의 예언들과 그 계시는 참으로 오묘하기 짝이 없다.

본문(9:13-19): 여섯째 나팔

"13 여섯째 천사가 나팔을 불매 내가 들으니 하나님 앞 금 제단 네 뿔에서 한 음성이 나서 14 나팔 가진 여섯째 천사에게 말하기를 큰 강 유브라데에 결박한 네 천사를 놓아주라 하매 15 네 천사가 놓였으니 그들은 그 년 월 일 시에 이르러 사람 삼분의 일을 죽이기로 준비된 자들이더라 16 마병대의 수는 이만만이니 내가 그들의 수를 들었노라 17 이같은 환상 가운데 그 말들과 그 위에 탄 자들을 보니 불빛과 자줏빛과 유황빛 호심경이 있고 또 말들의 머리는 사자 머리 같고 그 입에서는 불과 연기와 유황이 나오더라 18 이 세 재앙 곧 자기들의 입에서 나오는 불과 연기와 유황으로 말미암아 사람 삼분의 일이 죽임을 당하니라 19 이 말들의 힘은 입과 꼬리에 있으니 꼬리는 뱀 같고 또 꼬리에 머리가 있어 이것으로 해하더라"

---

19 Peshitta 신약성서에는 아랍어로 *SHRA*라고 되어 있다. 그 의미는 강한 자이다. 그러나 그 이름의 의미보다는 음역으로써 반복 강조한 헬라어 신약성서가 실제 황충들의 왕의 이름에 더 가까운 표현이었다고 판단된다.

♦ 해설

9:13-14절, "13 여섯째 천사가 나팔을 불매 내가 들으니 하나님 앞 금 제단 네 뿔에서 한 음성이 나서 14 나팔 가진 여섯째 천사에게 말하기를 큰 강 유 브라데에 결박한 네 천사를 놓아주라 하매"

여섯째 천사가 나팔을 불 때 하나님 앞 금 제단 네 뿔에서 한 음성이 나 왔다. 이것은 앞에서 다루었던 하나님의 전령인 네 생물 중 하나가 그 여 섯째 천사에게 큰 강 유브라데에 결박한 네 천사를 놓아주라고 했다.

이 네 천사도 일반 천사들이 아니고 사탄과 동조하여 하나님을 배역한 천사들로서 그동안 감금되어 있었던 것으로 보인다.

9:15-16절, "15 네 천사가 놓였으니 그들은 그 년 월 일 시에 이르러 사람 삼분의 일을 죽이기로 준비된 자들이더라 16 마병대의 수는 이만만이니 내 가 그들의 수를 들었노라"

그 네 천사들은 어느 지정된 때(어느 해, 어느 달, 어느 월, 어느 시)에 사람의 삼분의 일을 죽이기로 준비되어 있었고 그때 동원될 마병의 수가 이만만이라고 했다. 전쟁에 참여하는 마병의 수가 이만만이면 쉽게 예상 하기 어려운 큰 규모의 전쟁일 것이다. 보병의 수는 이보다 훨씬 많을 것 이기 때문이다.

몇몇 주석들에서는 이만만이라는 수를 이억 명으로 계산하기도 하는 데 그러나 이곳에서 이만만이라고 표기된 숫자가 반드시 이억 명을 의미하는 것은 아니다.

첫째, 비잔틴 사본(Byzantine Majority)에는 이만만이 아니고 단지 만만으로 되어 있다. 그렇기에 원어 성경에 반드시 이만만으로 되어 있었다고 볼 수 없다.

둘째, "dis-(or duo)-muriades muriadon"에서 muriades가 "만"이라는 숫자뿐 아니라 "셀 수 없이 많은"이라는 뜻도 있기 때문이다. 실제로 이 muriades라는 헬라어에서 myriad라는 영어 단어가 나온 것을 봐도 알 수 있다.

따라서 "이만만"이냐 "만만"이냐 아니면 "셀 수 없이 많은"이냐의 그 세 가지 가능한 번역에서 아마도 번역자들은 호기심의 충족으로써 아니면 가능한 세밀한 번역을 위해서 평범한 추상적 의미인 "셀 수 없이 많은"보다는 좀 더 가시적으로 보이는 "이만만 또는 이억"을 선호했는지 모른다. 어쨌든 당시 요한이 그 계시에서 보았던 전쟁터에서의 병사들의 수가 그 수를 헤아릴 수 없이 많게 느꼈던 것은 분명한 사실일 것이다.

17-19절, "17 이같은 환상 가운데 그 말들과 그 위에 탄 자들을 보니 불빛과 자줏빛과 유황빛 호심경이 있고 또 말들의 머리는 사자 머리 같고 그 입에서는 불과 연기와 유황이 나오더라 18 이 세 재앙 곧 자기들의 입에서 나오는 불과 연기와 유황으로 말미암아 사람 삼분의 일이 죽임을 당하니라 19 이 말들의 힘은 입과 꼬리에 있으니 꼬리는 뱀 같고 또 꼬리에 머리가 있어 이것으로 해하더라"

그 말들과 그 위에 탄 자들은 불빛과 자줏빛과 유황빛 호심경이 있고 또 말들의 머리는 사자 머리 같고 그 입에서는 불과 연기와 유황이 나왔다. 그리고 이 세 재앙(불과 연기와 유황)으로 사람 삼분의 일을 죽였다. 그런데 이 말들의 힘은 입과 꼬리에 있었고 꼬리는 뱀 같고 또 꼬리에 머리가 있어 그것으로 해하였다.

이 묘사는 앞에서 나온 다섯 번째 나팔에서의 전쟁과는 다른 양상을 띠고 있다. 이 전쟁은 먼저 전쟁보다 현대전이다. 활을 쏘는 것이 아니고 총을 쏜다(불과 연기와 유황). 그리고 힘 있는 입과 꼬리를 갖고 있다는 것은 하나의 긴 통을 말하고, 꼬리는 뱀 같은데 꼬리에 머리가 있다는 것은 포탄을 뒤에서 장전하는 대포를 가리킨다.

이러한 현재전과 현대적 무기들은 요한의 시절에는 꿈에도 상상하지 못했던 것들이기에 미래를 보고 있는 요한의 예언의 사실성과 정확성을 웅변해 준다.

그 전쟁터는 9장 14절에 기록된 대로 유브라데강 부근에서 발발했다. 유브라데강이라는 사실적인 지명이 표기되었으므로 이 전쟁은 그 부근에서 발생된 것이 분명한데 이러한 여러 묘사들과 잘 어울어지면서 이 계시가 암시하고 있는 미래의 마지막 전쟁과의 관계라는 의미를 잘 나타내고 있다.

그러므로 유브라데강 부근이라는 유럽과 아시아의 충돌 지역을 가리킴으로써 그 지역이 세계적 규모의 전쟁터가 될 것을 예언하고 있는데, 요한계시록 6장 8절, 9장 13-19절, 16장 12-20절에 나타난 동일한 전쟁의 점진적인 세밀한 묘사 그리고 요한계시록의 순환성을 고려할 때 이것은 1차, 2차 그리고 3차(또는 그 이상 지구의 종말전쟁까지)의 세계대전을 포괄적으로 묘사한 것으로 보인다.

"20 이 재앙에 죽지 않고 남은 사람들은 손으로 행한 일을 회개하지 아니하고 오히려 여러 귀신과 또는 보거나 듣거나 다니거나 하지 못하는 금, 은, 동과 목석의 우상에게 절하고 21 또 그 살인과 복술과 음행과 도둑질을 회개하지 아니하더라."

✦ 해설

9:20-21절, "20 이 재앙에 죽지 않고 남은 사람들은 손으로 행한 일을 회개하지 아니하고 오히려 여러 귀신과 또는 보거나 듣거나 다니거나 하지 못하는 금, 은, 동과 목석의 우상에게 절하고 21 또 그 살인과 복술과 음행과 도둑질을 회개하지 아니하더라"

그러나 이러한 파괴적인 전쟁에서 수많은 재난과 고통을 겪었어도 사람들은 회개하지 않았다. 오히려 사람들은 그럴수록 더욱 더 말도 하지 못하고 듣지도 못하고 움직이지도 못하는 쇠나 나무로 만든 우상들에게 절하고 더욱더 세상적으로 악하고 더욱더 방탕하고 타락한 시대로 달려갔다.

제10장

본문(10:1-7)

"1 내가 또 보니 힘 센 다른 천사가 구름을 입고 하늘에서 내려오는데 그 머리 위에 무지개가 있고 그 얼굴은 해 같고 그 발은 불기둥 같으며 2 그 손에는 펴 놓인 작은 두루마리를 들고 그 오른발은 바다를 밟고 왼발은 땅을 밟고 3 사자가 부르짖는 것 같이 큰 소리로 외치니 그가 외칠 때에 일곱 우레가 그 소리를 내어 말하더라 4 일곱 우레가 말을 할 때에 내가 기록하려고 하다가 곧 들으니 하늘에서 소리가 나서 말하기를 일곱 우레가 말한 것을 인봉하고 기록하지 말라 하더라 5 내가 본 바 바다와 땅을 밟고 서 있는 천사가 하늘을 향하여 오른손을 들고 6 세세토록 살아 계신 이 곧 하늘과 그 가운데에 있는 물건이며 땅과 그 가운데에 있는 물건이며 바다와 그 가운데에 있는 물건을 창조하신 이를 가리켜 맹세하여 이르되 지체하지 아니하리니 7 일곱째 천사가 소리 내는 날 그의 나팔을 불려고 할 때에 하나님이 그의 종 선지자들에게 전하신 복음과 같이 하나님의 그 비밀이 이루어지리라 하더라"

21세기에 철저히 해부한 요한계시록의 비밀들

✦ 해설

10:1-3절, "1 내가 또 보니 힘 센 다른 천사가 구름을 입고 하늘에서 내려오는데 그 머리 위에 무지개가 있고 그 얼굴은 해 같고 그 발은 불기둥 같으며 2 그 손에는 펴 놓인 작은 두루마리를 들고 그 오른발은 바다를 밟고 왼발은 땅을 밟고 3 사자가 부르짖는 것 같이 큰 소리로 외치니 그가 외칠 때에 일곱 우레가 그 소리를 내어 말하더라"

또 다른 천사가 하늘에서 내려오는데 손에 작은 책을 들고 있었다. 그때 하늘에서 일곱 천둥 번개가 치면서 무엇인가 말을 했다.

10:4절, "4 일곱 우레가 말을 할 때에 내가 기록하려고 하다가 곧 들으니 하늘에서 소리가 나서 말하기를 일곱 우레가 말한 것을 인봉하고 기록하지 말라 하더라"

요한이 그것을 기록하려는데 하늘에서 소리가 나며 일곱 우레가 말하는 것을 기록하지 말고 그대로 봉하라고 했다. 일곱 우레(또는 천둥)는 성경 전체에서 오직 이곳에서만 나타나는 단어이기 때문에 그 어떤 것과 관련지어 추측할 수도 없고 여기에서도 이 일곱 우레에 대한 것을 인봉하고 기록하지 말라고 했으므로 더 이상 알 수가 없다.

다만 앞뒤의 문맥상 10장 7절에 "일곱째 천사가 소리 내는 날 그의 나팔을 불려고 할 때에 하나님이 그의 종 선지자들에게 전하신 복음과 같이 하나님의 그 비밀이 이루어지리라 하더라"고 되어 있으므로 일곱째 천사가 아직 소리를 내지 않은 상태에서 일곱 우레가 말하려던 어떤 비밀을 미리 나타내지 말라는 의미로 이해할 수는 있다.

따라서 일곱 우레의 이야기는 그 자체가 중요한 것은 아니고 10장 7절의 일곱째 천사의 비밀이 중요한 것이라는 사실을 부각시켜 준 것에 더 큰 의미가 있다고 보인다. 왜냐하면 일곱째 천사의 나팔에서 그 비밀이 드러날 것이기 때문이다.

10:5-7절, "5 내가 본 바 바다와 땅을 밟고 서 있는 천사가 하늘을 향하여 오른손을 들고 6 세세토록 살아 계신 이 곧 하늘과 그 가운데에 있는 물건이며 땅과 그 가운데에 있는 물건이며 바다와 그 가운데에 있는 물건을 창조하신 이를 가리켜 맹세하여 이르되 지체하지 아니하리니 7 일곱째 천사가 소리 내는 날 그의 나팔을 불려고 할 때에 하나님이 그의 종 선지자들에게 전하신 복음과 같이 하나님의 그 비밀이 이루어지리라 하더라"

앞에서 언급한 그 일곱 우레(또는 천둥)가 말한 것에 대해 요한은 이어서 좀 더 자세히 설명하고 있다. 그러면 일곱 우레가 말한 것은 무엇이었으며 왜 요한에게 그것을 기록하지 말라고 했을까?

6절에 하늘에서 내려온 그 천사가 했던 말 가운데에 그 내용이 숨어 있다. 천사가 말하기를 지체하지 아니하리라 하였고, 7절에 일곱째 나팔이 울릴 때 하나님의 비밀이 풀리리라는 것이다. 이것은 지금으로부터 2천년 전에 기록된 예언이었다는 점에서 말할 수 없이 너무나도 놀라운 예언이었다.

아직 그 예언의 때가 이르지 않았기 때문에 당시에 밝힐 수 없었지만 한 가지 그 천사가 분명히 말할 수 있었던 것은 하나님의 비밀이 그 종 선지자들에게 전하신 복음과 같이 이루리라는 사실이었다. 이 일곱째 나팔의 비밀이야 말로 요한계시록뿐 아니라 실로 성경 전체에서 최고의 예언이요 계시였다.

본문(10:8-11)

"8 하늘에서 나서 내게 들리던 음성이 또 내게 말하여 이르되 네가 가서 바다와 땅을 밟고 서 있는 천사의 손에 펴 놓인 두루마리를 가지라 하기로 9 내가 천사에게 나아가 작은 두루마리를 달라 한즉 천사가 이르되 갖다 먹어 버리라 네 배에는 쓰나 네 입에는 꿀 같이 달리라 하거늘 10 내가 천사의 손에서 작은 두루마리를 갖다 먹어 버리니 내 입에는 꿀 같이 다나 먹은 후에 내 배에서는 쓰게 되더라 11 그가 내게 말하기를 네가 많은 백성과 나라와 방언과 임금에게 다시 예언하여야 하리라 하더라"

✦ 해설

10:8절, "8 하늘에서 나서 내게 들리던 음성이 또 내게 말하여 이르되 네가 가서 바다와 땅을 밟고 서 있는 천사의 손에 펴 놓인 두루마리를 가지라 하기로"

이곳에 나오는 작은 두루마리(책)는 두 가지의 해석이 가능하다.[20]

첫째는 계시록 5장에 나오는 인을 뗄 때 사용했던 두루마리로서 마지막 시대에 대한 예언들을 기록한 요한계시록을 의미한다는 해석이다. 이 두루마리에 대한 여러 병행 구절들은 계시록 22장 18-19절에 확실한 표현으로써 다시 나타난다.

둘째는 하나님의 말씀을 기록한 두루마리를 가리키는 것으로서 성경을 말한다는 해석이다. 왜냐하면 요한계시록 10장 8절에 나오는 두루마리는 바다와 땅을 밟고 서 있는 천사의 손에 펴 놓였던 것으로서 5장 1절에 나오는 두루마리와 묘사가 다르기 때문이다.

사실 계시록 10장에 묘사된 두루마리는 1장이나 5장에 나오는 두루마리와는 다른 단어를 사용하고 있다. 계시록 1장과 5장에는 모두 *biblion*이라고 쓰여 있는데, 이곳 제10장에서만은 *biblaridion*이라고 되어 있기 때문이다.

그런데 비잔틴 사본(Byzantine Majority)과 알렉산드리아 사본(Alex-andrian Codex)은 *biblion*과 *biblaridion*을 번갈아 가며 교체 사용하고 있어서 그 두 단어는 같은 의미였다는 증거가 된다. 그러므로 요한계시록 10장의 두루마리도 1장과 5장에서 나타난 그 두루마리와 같은 즉, 마지막 때의 비밀이 기록된 요한계시록을 가리키는 것이라고 해석하게 된다.

따라서, 요한계시록에 21회 나타나는 두루마리가 전부 요한이 받는 그 예언과 계시를 가리키므로 이곳의 두루마리도 포괄적인 의미로서의 성경이 아니고 바로 이 요한계시록을 의미한 것이다.

---

20 요한 당시의 책들은 전부 두루마리로 되어 있었다. 그래서 책이 곧 두루마리고 두루마리가 곧 책을 의미했다.

10:9-10절, "9 내가 천사에게 나아가 작은 두루마리를 달라 한즉 천사가
이르되 갖다 먹어 버리라 네 배에는 쓰나 네 입에는 꿀 같이 달리라 하거늘
10 내가 천사의 손에서 작은 두루마리를 갖다 먹어 버리니 내 입에는 꿀 같
이 다나 먹은 후에 내 배에서는 쓰게 되더라"

한편, 9절과 10절에 천사가 가로되 갖다 먹어 버리라 네 배에는 쓰나 네
입에는 꿀 같이 달리라 해서 요한이 천사의 손에서 작은 책을 갖다 먹어
버리니 정말 입에는 꿀 같이 달았다. 시편 19편 10절에 "하나님의 말씀은
꿀과 송이 꿀처럼 달다"고 기록되어 있듯이 하나님의 백성들에게 성경 말
씀은 언제나 달다.

그런데 여기에서는 조금 이상한 표현이 나온다. 요한이 그 두루마리를
다 먹은 후에는 배에서는 쓰게 되었다고 한 것이다. 왜 요한은 그 두루마
리를 먹었을 때는 달았다가 다 먹었더니 쓰게 되었다고 했을까?

이것은 자신이 계시를 받았을 때에는 좋고 달았지만 다른 사람들에게
그것을 전파하라는 사명에 대해서는 쓴맛이었음을 표현한다. 이 의미는
바로 다음 절에서 설명이 된다.

10:11절, "11 그가 내게 말하기를 네가 많은 백성과 나라와 방언과 임금에게
다시 예언하여야 하리라 하더라"

요한이 마지막 때에 관한 계시를 쓰고 있는데 예수께서 천사를 통해 명
령하시기를 네가 세상에 나가 다시 예언하라고 하신 것이다. 초대교회로
부터 종교개혁을 거쳐 지금까지도 수많은 선교사들이 세상으로 나가 복

음을 전했는데 이 마지막 날이 다가오는 시점에 무엇을 다시 예언하라고 하시는 것일까? 다시 예언해야 할 그게 무엇일까? 무엇을 다시 예언해야 할 것인가? 그리고 그 예언의 사명이 왜 달지 않고 입에 쓴맛이었을까?

우리는 여기에서 구약의 요나 선지자가 하나님이 맡기신 사명이 싫어서 도망갔던 이야기를 떠올리게 된다. 요나가 받았던 사명은 사람들이 듣기 싫어하는 심판과 멸망에 대한 예언이었기 때문이다.

그와 같이 마지막 시대의 예언도 하나님의 심판과 세상의 멸망이 가까웠다는 외침이 아닐까? 그러나 모든 사람들이 듣고 싶지도 않고 알고 싶지도 않는 지구 종말과 예수 재림의 예언을 해야 한다. 한두 사람의 작은 외침이 아닌 모두의 외침이 될 때 종말을 피하는 길을 찾게 되지 않을까? 그럴 때 인류를 구하시려 예수께서 다시 오시는 것이 아닐까?

21세기에 철저히 해부한 요한계시록의 비밀들

제11장

본문(11:1-5)

"1 또 내게 지팡이 같은 갈대를 주며 말하기를 일어나서 하나님의 성전과 제단과 그 안에서 경배하는 자들을 측량하되 2 성전 바깥 마당은 측량하지 말고 그냥 두라 이것은 이방인에게 주었은즉 그들이 거룩한 성을 마흔두 달 동안 짓밟으리라 3 내가 나의 두 증인에게 권세를 주리니 그들이 굵은 베옷을 입고 천이백육십 일을 예언하리라 4 그들은 이 땅의 주 앞에 서 있는 두 감람나무와 두 촛대니 5 만일 누구든지 그들을 해하고자 하면 그들의 입에서 불이 나와서 그들의 원수를 삼켜 버릴 것이요 누구든지 그들을 해하고자 하면 반드시 그와 같이 죽임을 당하리라"

✦ 해설

11:1절, "1 또 내게 지팡이 같은 갈대를 주며 말하기를 일어나서 하나님의 성전과 제단과 그 안에서 경배하는 자들을 측량하되"

성경에서의 측량에 관한 말씀은 두 가지 관점에서 나타난다. 측량의 시초는 노아의 방주에서 찾을 수 있고 그다음에는 출애굽기의 성막이다.
또 다른 곳은 에스겔서 41-45장, 그리고 스가랴서 2장에 나타난다. 그런
데 노아의 방주와 성막은 건축을 위한 측량이고, 그 외에는 심판을 위한
측량이었다.

다시 말하면 노아의 방주 때와 성막 때의 측량은 지으려는 건축물의 규
모를 나타내려는 것이었고, 심판을 위한 측량이라 함은 그 지은 건축물이
처음 지어진 그 규모와 모양들이 지속적으로 유지 보존되고 있는지를 알
아보려고 한 것이었다.

계시록 11장 1절에 나오는 측량도 심판을 위한 것이다. 하나님의 건축
물들이 건축 시의 규격 그대로 잘 보존되어 있는지를 측량하는 것이다.
이것이 심판의 예표이다. 그렇기에 이곳에서의 지팡이 같은 갈대로 성전
과 제단과 그 안에서 경배하는 모든 자들, 즉 믿는 자들의 수를 세라고 하
신 것이다. 하나님의 백성들에 대한 심판이란 성도들의 심령성전의 형태
와 규격을 현재 있는 상태 그대로 재 보는 것을 말하는 것이기 때문이다.

11:2-3절, "2 성전 바깥 마당은 측량하지 말고 그냥 두라 이것은 이방인에
게 주었은즉 그들이 거룩한 성을 마흔두 달 동안 짓밟으리라 3 내가 나의
두 증인에게 권세를 주리니 그들이 굵은 베옷을 입고 천이백육십 일을 예
언하리라"

그런데 성전 밖은 측량하지 말라고 했다. 성밖은 어차피 구원과는 관
계없기 때문이다. 문제는 하나님이 이방인들에게 성전을 마흔두 달 동안
짓밟도록 허락하셨다는 점이다. 그래서 이방인들은 성을 마흔두 달 동안

짓밟을 것이고 그 기간 동안 두 증인은 동일한 기간인 천이백육십 일 동안 예언을 하게 된다.

성전이 이방인들에게 짓밟히는 기간 동안 두 증인이 예언을 하는데 그 예언이란 무엇을 말하는 것인가? 그것은 11장 6절에 다시 기록된 것 같이 심판의 메시지이다. 다시 말하자면 이것은 성전을 짓밟는 이방인들뿐 아니라 지구상에 거주하고 있는 모든 인간들에게 하나님의 심판이 있을 것이라는 경고이기도 하다.

11:4-5절, "4 그들은 이 땅의 주 앞에 서 있는 두 감람나무와 두 촛대니 5 만일 누구든지 그들을 해하고자 하면 그들의 입에서 불이 나와서 그들의 원수를 삼켜 버릴 것이요 누구든지 그들을 해하고자 하면 반드시 그와 같이 죽임을 당하리라"

4절에서 그들을 감람나무(olive tree)와 촛대(lampstand)라고 했다. 감람나무는 스가랴서 4장 11-14절에 나오는데 기름부음을 받은 자로서 온 세상의 주 앞에 서 있는 자라고 했고, 촛대는 요한계시록 1장 20절에서 교회를 가리켰다. 성경에 기름부음을 받은 자는 예수 그리스도밖에 없는데 11장 3절에서는 두 증인이라고 했고 또한 11장 8절에는 그들의 주께서 십자가에 못 박히신 곳이라는 문구로 보아 그 두 증인들이 예수를 의미하지 않는다.

그럼 기름부음을 받은 자들은 누구를 가리키는 것일까? 그것은 사람이 아닌 하나님의 말씀인 신약과 구약이라고 생각된다. 이 관점은 거의 모든 주석가들의 지지를 얻고 있다. 왜냐하면 그 용어들과 관련 구절인 스가랴서와 계시록에서뿐 아니라 이 후에 계속되는 예언의 내용들과 가장 어울리는 해석이 되기 때문이다. 따라서 본 주석도 기름부음을 받은 두 증인이 하나님의 말씀인 구약과 신약이라고 인정한다.

본문(11:6-10)

"6 그들이 권능을 가지고 하늘을 닫아 그 예언을 하는 날 동안 비가 오지 못하게 하고 또 권능을 가지고 물을 피로 변하게 하고 아무 때든지 원하는 대로 여러 가지 재앙으로 땅을 치리로다 7 그들이 그 증언을 마칠 때에 무저갱으로부터 올라오는 짐승이 그들과 더불어 전쟁을 일으켜 그들을 이기고 그들을 죽일 터인즉 8 그들의 시체가 큰 성 길에 있으리니 그 성은 영적으로 하면 소돔이라고도 하고 애굽이라고도 하니 곧 그들의 주께서 십자가에 못 박히신 곳이라 9 백성들과 족속과 방언과 나라 중에서 사람들이 그 시체를 사흘 반 동안을 보며 무덤에 장사하지 못하게 하리로다 10 이 두 선지자가 땅에 사는 자들을 괴롭게 한 고로 땅에 사는 자들이 그들의 죽음을 즐거워하고 기뻐하여 서로 예물을 보내리라 하더라"

✦ 해설

11:6절, "6 그들이 권능을 가지고 하늘을 닫아 그 예언을 하는 날 동안 비가 오지 못하게 하고 또 권능을 가지고 물을 피로 변하게 하고 아무 때든지 원하는 대로 여러 가지 재앙으로 땅을 치리로다"

이제 앞 절에서 밝힌 그 두 증인의 정체를 하나님의 말씀인 신약과 구약으로 대입해 보자. 그들이 권능을 가지고 하늘을 닫아 그 예언을 하는 날 동안 비가 오지 못하게 하고 또 권능을 가지고 물을 피로 변하게 하고 아무 때든지 원하는 대로 여러 가지 재앙으로 땅을 치리로다라고 한 의미는, 하나님의 말씀은 살았고 운동력이 있어서[21] 사람들을 책망하여 회개를 촉구하고 공의의 심판을 증언할 뿐 아니라 세상에 모든 재앙을 내리게도 한다는 것을 말한다.

11:7-8절, "7 그들이 그 증언을 마칠 때에 무저갱으로부터 올라오는 짐승이 그들과 더불어 전쟁을 일으켜 그들을 이기고 그들을 죽일 터인즉 8 그들의 시체가 큰 성 길에 있으리니 그 성은 영적으로 하면 소돔이라고도 하고 애굽이라고도 하니 곧 그들의 주께서 십자가에 못 박히신 곳이라"

그들이 증언을 마칠 때 무저갱(지옥, 요한계시록 9장 2절 참고)에서 올라오는 사탄이 전쟁을 일으킬 것인데 그들의 싸우다 죽은 시체라는 것은 사탄이 성경을 없애려고 할 것을 말한다. 그리고 영적으로 소돔 또는 애굽이라고 하는 예수께서 십자가에서 죽으신 곳이란 기독교에 배교가 일어날 곳을 말한다. 그런데 그 싸움은 마흔두 달 동안 지속되다가 끝에는 아예 그 두 증인이 죽었다. 다시 말하면 성경이 성전에서 사라진 것이다.

실제로 중세의 로마 가톨릭 시대에는 자신들에게 유리한 교리들을 많이 만들고 그것들을 성경 대신 사용하게 함으로써 성경은 점차 일반인들

---

21 히 4:12.

에게 중요성을 잃었고 결국 무용지물이 되고 말았다.

11:9-10절, "9 백성들과 족속과 방언과 나라 중에서 사람들이 그 시체를 사흘 반 동안을 보며 무덤에 장사하지 못하게 하리로다 10 이 두 선지자가 땅에 사는 자들을 괴롭게 한 고로 땅에 사는 자들이 그들의 죽음을 즐거워하고 기뻐하여 서로 예물을 보내리라 하더라"

그동안 하나님의 공의와 진리의 말씀을 듣기 싫어했던 사람들은 그 두 증인의 시체를 보고 그들의 죽음을 기뻐하여 서로 예물을 보냈으며 사흘 반 동안 장사를 치루지 못하게 했다. 이곳 10절에서 두 증인을 두 선지자라고 바꾸어 부른 것도 그 두 증인이 신구약 성경을 가리키는 것임을 확인해 주고 있다.

본문(11:11-14)

"11 삼 일 반 후에 하나님께로부터 생기가 그들 속에 들어가매 그들이 발로 일어서니 구경하는 자들이 크게 두려워하더라 12 하늘로부터 큰 음성이 있어 이리로 올라오라 함을 그들이 듣고 구름을 타고 하늘로 올라가니 그들의 원수들도 구경하더라 13 그 때에 큰 지진이 나서 성 십분의 일이 무너지고 지진에 죽은 사람이 칠천이라 그 남은 자들이 두려워하여 영광을 하늘의 하나님께 돌리더라 14 둘째 화는 지나갔으나 보라 셋째 화가 속히 이르는도다"

♦ 해설

11:11-12절, "11 삼 일 반 후에 하나님께로부터 생기가 그들 속에 들어가매 그들이 발로 일어서니 구경하는 자들이 크게 두려워하더라 12 하늘로부터 큰 음성이 있어 이리로 올라오라 함을 그들이 듣고 구름을 타고 하늘로 올라가니 그들의 원수들도 구경하더라"

사흘 반이 지나자 그들이 다시 살아나니 모든 사람들이 놀라고 두려워했다. 그리고 하늘로 들려 올라가니 원수들도 그들의 부활과 승천을 다 보았다. 성경이 사라진 것 같았으나 종교개혁자들에 의해 오히려 더 큰 능력으로 일어나는 것을 보고 사람들이 놀랐다. 그 당시의 무서운 로마 가톨릭의 세력 안에서 목숨을 건 종교개혁이 일어나게 될 줄은 아무도 몰랐을 것이다.

11:13-14절, "13 그 때에 큰 지진이 나서 성 십분의 일이 무너지고 지진에 죽은 사람이 칠천이라 그 남은 자들이 두려워하여 영광을 하늘의 하나님께 돌리더라 14 둘째 화는 지나갔으나 보라 셋째 화가 속히 이르는도다"

그때 지진이 나서 성 십분지 일이 무너지고 지진에 죽은 자들도 칠천이나 되었다. 그리고 남은 자들은 하나님을 경외하고 영광을 돌렸다.

이것은 종교개혁의 결과로서 발생한 로마 가톨릭과 개신교 사이의 전쟁에 대한 묘사로 보인다. 1618년부터 1648년까지 약 30년간 지속된 종교전쟁은 쌍방 간의 많은 피해를 내고 베스트팔렌조약(Westphalia Treaties)

에서 개신교의 지위를 인정하고 전쟁을 끝낸다. 이렇게 둘째 화가 지나갔으나 셋째 화가 이르고 있었다.

그러면 처음의 질문을 다시 해 보자. 왜 천사는 요한에게 측량을 하라고 한 것인가?

첫째, 11장 1절에 성전과 제단을 측량하고 그 안에서 경배드리는 자들의 수를 세라고 한 것은 교회 안에 참된 예배자가 얼마나 남아 있는지 알아보고자 한 것이다.

둘째, 11장 2-3절에 교회는 마흔두 달 즉 천이백육십 일 동안 배교자들에게 짓밟힌다. 11장 7절에 그들이 그 증언을 마칠 때에 지옥으로부터 올라온 짐승이 그들과 전쟁을 일으켜서 그들이 죽게 된다. 이 짐승은 9장 1절에 하늘에서 떨어진 천사로서 무저갱의 열쇠를 받은 자이다. 그는 처음에는 사람을 죽이지 않았으나 나중에는 종교의 이름으로 사람들을 죽인다.

셋째, 그 성은 영적으로 소돔 또는 애굽이라고 하는 그들의 주께서 십자가에 못 박히신 곳이라고 했다. 이 구절은 매우 이상하다. 예수께서는 소돔이나 애굽에서 십자가에 못 박히시지 않았기 때문이다. 이것은 요한이 예수의 죽으신 곳을 몰라서 소돔 또는 애굽이라고 했을 리가 없다. 다만 소돔과 애굽 앞에 영적으로 라는 단서를 붙임으로써 심히 부패하고 타락한 성이었다는 것을 강조하려 했을 것이다.

넷째, 그 두 증인이요 선지자가 사람들을 괴롭게 했으므로 세상은 저들의 죽음을 기뻐했다. 그들이 배교자들에게 회개하고 하나님께로 돌아가라고 외쳤기 때문이다.

다섯째, 그 후 삼 일 반 후에 그들이 살아났으므로 그것을 본 자들이 두려워했다. 그 두 증인들은 죽었고 그들이 외쳤던 하나님의 말씀은 사라진 것 같았다.

다시 돌아보건대, 11장 4절에서 요한은 그들을 감람나무와 촛대라고 묘사했다. 감람나무는 스가랴서 4장 11-14절에서 기름부음을 받은 자로서 온 세상의 주 앞에 서 있는 자라고 했고, 촛대는 요한계시록 1장 20절의 교회를 가리킨다.

그러므로 이 모든 자료들을 다 종합해 볼 때 그 두 증인이란 하나님의 말씀인 신약과 구약 성경이고, 측량하라고 한 것은 그 길고 긴 고난의 암흑 기간 동안에도 하나님에 대한 변함없는 믿음을 간직해 온 성도들이 교회 안에 얼마나 남아 있었나 알아보기 위함이었다.

우리는 이러한 기본적인 자료를 가지고 앞으로 이 두 증인에 관한 예언이 무엇을 말하는지 그 계시의 의미를 밝히는 곳에 가까이 가고 있다.

본문(11:15-19): 일곱째 나팔

"15 일곱째 천사가 나팔을 불매 하늘에 큰 음성들이 나서 이르되 세상 나라가 우리 주와 그의 그리스도의 나라가 되어 그가 세세토록 왕 노릇 하시리로다 하니 16 하나님 앞에서 자기 보좌에 앉아 있던 이십사 장로가 엎드려 얼굴을 땅에 대고 하나님께 경배하여 17 이르되 감사하옵나니 옛적에도 계셨고 지금도 계신 주 하나님 곧 전능하신 이여 친히 큰 권능을 잡으시고 왕 노릇 하시도다 18 이방들이 분노하매 주의 진노가 내려 죽은 자를 심판하시며 종 선지자들과 성도들과 또 작은 자든지 큰 자든지 주의 이름을 경외하는 자들에게 상 주시며 또 땅을 망하게 하는 자들을 멸망시키실 때로소이다 하더라 19 이에 하늘에 있는 하나님의 성전이 열리니 성전 안에 하나님의 언약궤가 보이며 또 번개와 음성들과 우레와 지진과 큰 우박이 있더라"

✦ 해설

11:15절, "15 일곱째 천사가 나팔을 불매 하늘에 큰 음성들이 나서 이르되 세상 나라가 우리 주와 그의 그리스도의 나라가 되어 그가 세세토록 왕 노릇 하시리로다 하니"

요한계시록 10장 7절에 일곱째 천사가 나팔을 불 때 하나님이 그의 종 선지자들에게 전하신 복음과 같이 하나님의 그 비밀이 이루어지리라고 했듯이 이제 그 일곱째 천사가 나팔을 분다. 그때 하늘에서 큰 소리가 났는데 이르기를 "세상 나라가 우리 주와 그의 그리스도의 나라가 되어 그가 세세토록 왕 노릇 하시리로다" 하였다.

구약 시대를 통하여 하나님이 그의 종 선지자들을 보내되 부지런히 보내서 전하셨던 복음의 비밀은 세상 나라들이 하나님과 그리스도의 나라가 된다는 것이었다. 이것은 진정 놀라운 예언이었다.

지금 우리는 21세기에 살고 있다. 그러므로 우리는 이 예언의 결과를 잘 알고 있다. 그래서 이러한 예언에 대해 아무런 감흥이 없을지 모른다. 왜냐하면 지금으로서는 당연한 것이기 때문이다. 그러나 2천 년 전 강대국 로마의 식민지인 유대 땅의 가난한 어촌 마을에서 태어난 예수라는 청년과 그를 따르던 힘 없고 영향력도 없는 소수의 무리들에 의해 시작된 기독교가 오늘날 전 세계 최대의 종교가 될 것이 이미 2천 년 전에 예언되어 있었다는 사실은 실로 놀라운 일이 아닐 수 없다.

더욱이 요한이 이 계시를 기록할 서기 1세기에는 로마제국이 너무도 크고 웅대한 나라였고 그 로마의 기독교 박해가 매우 심해서 기독교가 말살되지나 않을까 염려하던 때에, 세상 나라가 주의 나라와 그리스도의 나라가 될 것이라는 예언은 감히 꿈에도 상상할 수 없는 것이었다.

실로 오늘날 그 기독교는 세계의 종교들 중에서 발생지로서의 최대 중심국을 갖고 있지 않고도 그야말로 유일하게 전 세계에 고르게 분포되어 있는 종교라는 사실은 "세상 나라가 우리 주와 그의 그리스도의 나라가 되어 그가 세세토록 왕 노릇 하시리로다"라는 예언이 정확히 성취된 것임을 증거하고 있는 것이다.

11:16-18절, "16 하나님 앞에서 자기 보좌에 앉아 있던 이십사 장로가 엎드려 얼굴을 땅에 대고 하나님께 경배하여 17 이르되 감사하옵나니 옛적에도 계셨고 지금도 계신 주 하나님 곧 전능하신 이여 친히 큰 권능을 잡으시고 왕 노릇 하시도다 18 이방들이 분노하매 주의 진노가 내려 죽은 자를 심판하시며 종 선지자들과 성도들과 또 작은 자든지 큰 자든지 주의 이름을 경외하는 자들에게 상 주시며 또 땅을 망하게 하는 자들을 멸망시키실 때로소이다 하더라"

그런데 하나님의 나라가 이 땅에 세워지는 것을 방해하려는 사탄은 18절에 기록된 것과 같이 이방들을 분노케 하여 하나님의 복음을 막으려고 하지만 주의 이름을 경외하는 자들에게는 상 주시고 땅을 망하게 하는 자들은 멸망시키실 것이 예언되어 있는 것이다. 그러므로 이 계시록의 예언에 나타나는 사탄과의 마지막 전쟁은 피할 수 없는 운명적인 것이다.

11:19절, "19 이에 하늘에 있는 하나님의 성전이 열리니 성전 안에 하나님
의 언약궤가 보이며 또 번개와 음성들과 우레와 지진과 큰 우박이 있더라"

요한이 하늘을 보니 하나님의 성전에 언약궤가 있었는데 언약궤는 하
나님의 말씀은 반드시 이루어진다는 것을 의미했고 또한 하늘에 천둥 소
리, 번개, 지진, 우박들이 있었다는 것은 전쟁의 소식이 계속되고 있음을
예고한다. 짐승과의 전쟁은 끝난 것이 아니고 이제부터 바야흐로 시작되
는 것이다. 그리고 이곳의 두 증인을 죽인 그 짐승의 정체도 앞으로 속속
밝혀지게 된다.

21세기에 철저히 해부한 요한계시록의 비밀들

제**12**장

본문(12:1-6)

"1 하늘에 큰 이적이 보이니 해를 옷 입은 한 여자가 있는데 그 발 아래에는 달이 있고 그 머리에는 열두 별의 관을 썼더라 2 이 여자가 아이를 배어 해산하게 되매 아파서 애를 쓰며 부르짖더라 3 하늘에 또 다른 이적이 보이니 보라 한 큰 붉은 용이 있어 머리가 일곱이요 뿔이 열이라 그 여러 머리에 일곱 왕관이 있는데 4 그 꼬리가 하늘의 별 삼분의 일을 끌어다가 땅에 던지더라 용이 해산하려는 여자 앞에서 그가 해산하면 그 아이를 삼키고자 하더니 5 여자가 아들을 낳으니 이는 장차 철장으로 만국을 다스릴 남자라 그 아이를 하나님 앞과 그 보좌 앞으로 올려가더라 6 그 여자가 광야로 도망하매 거기서 천이백육십 일 동안 그를 양육하기 위하여 하나님께서 예비하신 곳이 있더라"

✦ 해설

12:1-2절, "1 하늘에 큰 이적이 보이니 해를 옷 입은 한 여자가 있는데 그 발 아래에는 달이 있고 그 머리에는 열두 별의 관을 썼더라 2 이 여자가 아이

를 배어 해산하게 되매 아파서 애를 쓰며 부르짖더라"

요한은 하늘에 큰 장면이 있는 것을 보았다. 해를 옷으로 입은 한 여자가 있었는데 그 발 아래에는 달이 있고 그 머리에는 열두 별의 관을 썼다. 이 여자가 아이를 배어 해산하게 되어 아파서 애를 쓰며 부르짖었다.

12:3-4절, "3 하늘에 또 다른 이적이 보이니 보라 한 큰 붉은 용이 있어 머리가 일곱이요 뿔이 열이라 그 여러 머리에 일곱 왕관이 있는데 4 그 꼬리가 하늘의 별 삼분의 일을 끌어다가 땅에 던지더라 용이 해산하려는 여자 앞에서 그가 해산하면 그 아이를 삼키고자 하더니"

또 한 곳에 다른 장면이 있었는데 일곱 머리에 일곱 왕관을 쓰고 뿔이 열인 크고 붉은 용이 자신의 꼬리로 하늘의 별 삼분의 일을 끌어 땅에 던짐으로써 여자가 아이를 해산하면 그 아이를 죽이고자 했다.

12:5-6절, "5 여자가 아들을 낳으니 이는 장차 철장으로 만국을 다스릴 남자라 그 아이를 하나님 앞과 그 보좌 앞으로 올려가더라 6 그 여자가 광야로 도망하매 거기서 천이백육십 일 동안 그를 양육하기 위하여 하나님께서 예비하신 곳이 있더라"

이윽고 여자가 아들을 낳았는데 그 아들은 온 세상을 다스릴 남자였다. 하나님이 그 아이를 보호하려 하늘로 올리셨고 그 여자는 하나님이 예비하신 광야로 도망가서 천이백육십 일 동안 하나님의 돌보심을 받는다.

이 장면은 마태복음 2장에 나오는 예수의 탄생 당시 유대 왕 헤롯이 아기를 죽이고자 했던 사건을 연상시킨다. 그리고 마리아가 예수를 데리고 애굽 광야로 도망가 그곳에서 머물고 있다가 헤롯이 죽었다는 소식을 듣고 다시 유대 땅으로 돌아오게 된다.

그런데 마리아와 아기 예수가 애굽 광야에 머물었던 기간이 정확히 천이백육십 일 즉 삼 년 반이었는지는 알 수 없다. 다만 역사적인 기록상으로는 마리아와 아기 예수의 광야로의 도피 기간이 그리 오래되지는 않았을 것으로 보인다. 왜냐하면 예수의 탄생의 해와 헤롯이 죽은 해가 거의 비슷한 기원전 서기 4년으로써 큰 차이를 갖지 못하기 때문이다.

그러면 요한은 기원전 4년에 있었던 예수 그리스도의 탄생 시의 이야기를 왜 서기 90년이나 된 이때 다시 말한 것일까? 만일 독자들 중에 이 구절은 요한이 과거의 이야기를 회상한 것이라고 치부하고 그냥 넘어간다면 그 사람은 요한계시록을 아직 모르고 있는 것이다.

요한계시록의 어느 계시가 과거의 사건을 다시 이야기한다 해도 그것은 단지 과거에 있었던 일들을 회상하려는 것이 아니고 미래의 일어날 일에 대한 예언을 하고 있는 것임을 상기해 볼 때 이 이야기도 예수 당시의 이야기가 아니고 앞으로 일어날 일을 말하고 있다는 것을 알 수 있는 것이기 때문이다.

좀 더 자세히 말하면 사탄이 그 당시에 헤롯을 통하여 시도했던 예수 죽이기 전략을 언젠가 사탄의 도구들을 통하여 다시 시도할 것임을 예언한 것이다. 다만 그 시도는 이제 예수가 아닌 기독교 죽이기 전략으로 시행될 것을 의미한다. 그러나 하나님은 교회를 사탄의 공격으로부터 천이백육십 일 동안 돌보실 것이다(12장 6절 참고).

요한이 12장 1절에서 한 여자가 해로 옷 입고 발아래에는 달이 있고 그 머리에는 열두 별의 관을 썼다고 묘사했듯이 교회는 하나님 나라의 지구 대사관으로서의 권위와 권세가 있는데 더욱이 여자는 열두 관을 쓰고 있다고 했으므로 일곱 관을 쓰고 있는 사탄(12장 3절 참고)보다 더 큰 권세가 있음을 나타낸다. 그러므로 이곳의 여자는 마리아가 아니고 전체로서의 교회를 가리킨다.

본문(12:7-12): 하늘의 전쟁

"7 하늘에 전쟁이 있으니 미가엘과 그의 사자들이 용과 더불어 싸울새 용과 그의 사자들도 싸우나 8 이기지 못하여 다시 하늘에서 그들이 있을 곳을 얻지 못한지라 9 큰 용이 내쫓기니 옛 뱀 곧 마귀라고도 하고 사탄이라고도 하며 온 천하를 꾀는 자라 그가 땅으로 내쫓기니 그의 사자들도 그와 함께 내쫓기니라 10 내가 또 들으니 하늘에 큰 음성이 있어 이르되 이제 우리 하나님의 구원과 능력과 나라와 또 그의 그리스도의 권세가 나타났으니 우리 형제들을 참소하던 자 곧 우리 하나님 앞에서 밤낮 참소하던 자가 쫓겨났고 11 또 우리 형제들이 어린 양의 피와 자기들이 증언하는 말씀으로써 그를 이겼으니 그들은 죽기까지 자기들의 생명을 아끼지 아니하였도다 12 그러므로 하늘과 그 가운데에 거하는 자들은 즐거워하라 그러나 땅과 바다는 화 있을진저 이는 마귀가 자기의 때가 얼마 남지 않은 줄을 알므로 크게 분내어 너희에게 내려갔음이라 하더라"

✦ 해설

12:7-8절, "7 하늘에 전쟁이 있으니 미가엘과 그의 사자들이 용과 더불어 싸울새 용과 그의 사자들도 싸우나 8 이기지 못하여 다시 하늘에서 그들이 있을 곳을 얻지 못한지라"

요한이 본 또 하나의 장면은 하늘에 전쟁이 있었는데 미가엘과 그의 동료들이 옛 뱀 또는 마귀라고도 하는 온 세상을 미혹하는 용과 그의 추종자들로 더불어 싸우고 있었다. 그런데 용과 그의 추종자들이 미가엘과 그의 동료들을 이기지 못하고 전부 땅으로 쫓겨나고 만다.

12:9절, "9 큰 용이 내쫓기니 옛 뱀 곧 마귀라고도 하고 사탄이라고도 하며 온 천하를 꾀는 자라 그가 땅으로 내쫓기니 그의 사자들도 그와 함께 내쫓기니라"

12장 9절에 나타난 큰 용은 참으로 많은 별칭들을 갖고 있다. 마귀, 사탄, 바알제붑, 벨리알, 옛 뱀, 용, 원수, 악한 자, 이 세상 임금, 참소하던 자, 시험하는 자, 꾀는 자, 살인한 자, 거짓의 아비 등…. 사탄은 이같이 성경 전체를 통해 나쁜 별칭들을 가장 많이 갖고 있으며 특히 요한계시록 여러 부분에서 많이 나타나고 있다. 이 수많은 표현과 묘사들은 사탄이 얼마나 온 세상을 거짓과 죄악으로 물들게 해 왔는지 그 실상을 깨닫게 해 준다.

사탄이 세상을 장악하게 된 비결은 "온 천하를 꾀는" 그의 속임수였고 세상은 그의 속임에 넘어간 것이다. 지는 자는 이긴 자의 먹이가 된다는 성경 말씀에 따라 세상은 사탄의 속임에 속아 사탄의 하수로 전락한 것이다.[22] 아직도 여전히 그 속임은 지속되며 세상은 그 속임에 끝까지 속게 될 것이다. 지혜가 없는 백성은 망하는 것이다.[23]

12:10-12절, "10 내가 또 들으니 하늘에 큰 음성이 있어 이르되 이제 우리 하나님의 구원과 능력과 나라와 또 그의 그리스도의 권세가 나타났으니 우리 형제들을 참소하던 자 곧 우리 하나님 앞에서 밤낮 참소하던 자가 쫓겨났고 11 또 우리 형제들이 어린 양의 피와 자기들이 증언하는 말씀으로써 그를 이겼으니 그들은 죽기까지 자기들의 생명을 아끼지 아니하였도다 12 그러므로 하늘과 그 가운데에 거하는 자들은 즐거워하라 그러나 땅과 바다는 화 있을진저 이는 마귀가 자기의 때가 얼마 남지 않은 줄을 알므로 크게 분내어 너희에게 내려갔음이라 하더라"

하늘전쟁에서 미가엘과 그의 동료들이 사탄과 그의 추종자들과의 치열한 싸움에서 이겼고, 땅에서는 성도들이 자신들의 생명을 아끼지 않고 복음을 증거했다.

그런데 하늘전쟁에서 패한 용인 사탄이 땅으로 쫓겨난 후 전쟁터는 하늘에서 땅으로 옮겨졌고 자신의 패배에 오히려 더 분을 내서 성도들을 더욱 핍박하려고 결심한다. 사탄은 자기의 때가 얼마 남지 않은 것을 알고 있기 때문이다. 그래서 하늘은 기뻐했으나 땅은 더욱 큰 고난이 예상된다고 요한은 예언한다.

---

22 벧후 2:19, 요일 5:19.
23 호 4:6.

"13 용이 자기가 땅으로 내쫓긴 것을 보고 남자를 낳은 여자를 박해하는지라 14 그 여자가 큰 독수리의 두 날개를 받아 광야 자기 곳으로 날아가 거기서 그 뱀의 낯을 피하여 한 때와 두 때와 반 때를 양육 받으매 15 여자의 뒤에서 뱀이 그 입으로 물을 강 같이 토하여 여자를 물에 떠내려 가게 하려 하되 16 땅이 여자를 도와 그 입을 벌려 용의 입에서 토한 강물을 삼키니 17 용이 여자에게 분노하여 돌아가서 그 여자의 남은 자손 곧 하나님의 계명을 지키며 예수의 증거를 가진 자들과 더불어 싸우려고 바다 모래 위에 서 있더라"

✦ 해설

12:13-14절, "13 용이 자기가 땅으로 내쫓긴 것을 보고 남자를 낳은 여자를 박해하는지라 14 그 여자가 큰 독수리의 두 날개를 받아 광야 자기 곳으로 날아가 거기서 그 뱀의 낯을 피하여 한 때와 두 때와 반 때를 양육 받으매"

이제 땅으로 쫓겨난 용이 남자를 낳은 여자를 박해하기 시작한다. 그 여자는 광야로 나가 한 때와 두 때와 반 때를 양육받는다. 이 이야기는 12장 6절에서 했던 것을 반복하고 있다.

그런데 이 장면은 단지 앞에 있었던 그 이야기를 반복하는 것이 아니고 바로 앞에 있었던 여자와 용의 이야기에서부터 또다시 앞을 향해 더 나아가고 있다.

12:15-16절, "15 여자의 뒤에서 뱀이 그 입으로 물을 강 같이 토하여 여자를 물에 떠내려 가게 하려 하되 16 땅이 여자를 도와 그 입을 벌려 용의 입에서 토한 강물을 삼키니"

앞으로 전개될 계시들의 해석에 앞서 바로 전에 있었던 일들을 다시 정리해 보면, 사탄과 교회와의 싸움은 이 땅에서 시작된 것이 아니고 이미 하늘에서 시작되었고 패배한 사탄이 하늘에서 땅으로 떨어지면서 계속해서 땅에서의 싸움으로 바꾸어지게 된다.

그런데 이 싸움은 사탄만이 아닌 사탄과 동맹한 반군 집단을 대항하기 위해 미가엘이라는 이름의 천사장이 하나님의 정부군을 이끌고 전쟁을 한 것이다. 미가엘과 하나님의 정부군은 남자 아이를 보호하려 했고, 반대로 용이라고 묘사된 사탄과 그의 반군은 그 남자 아이를 해치려 했다. 이 생사를 건 싸움이 얼마나 험하고 치열했던 것인지를 앞에서의 묘사들로써 가늠해 보게 한다.

그러면 이 여자는 무엇을 상징하고 있는 것일까?

이 여자는 요한계시록 17장 1절의 음녀와는 다르다. 그 이유는 우선 12장 1절에서 이 여자는 열두 별의 면류관을 썼다고 했는데 1장 20절에서 별은 교회를 가리켰고 21장 14절에는 어린 양의 십이 사도의 이름이 예루살렘 성의 성곽의 기초석에 그 이름이 쓰여 있다고 한 것을 보면 그 여자가 쓴 열두 별의 면류관이 십이 사도를 가리키는 것일 수 있다.

또한 그 여자의 남은 자손들을 하나님의 계명을 지키며 예수의 증거를 가진 자들이라고 표현했으므로 그 여자는 교회를 가리킨다고 보는 것이 적합하다. 그러므로 요한계시록 12장에서의 사탄과의 싸움은 교회를 수

호하기 위한 싸움이었고 기독교 역사를 통해 각 시대의 성도들이 교회를 지켜 내기에 얼마나 어려움들을 겪은 것인지를 말해 준다.

그러면 12장 14절의 한 때와 두 때와 반 때는 무엇을 말하는 것일까?

원래 이 구절이 소개된 구약의 다니엘서[24]에서나 그 구절을 인용한 계시록에서의 원어는 "한 때와 때들과 반 때(a time, times, and a half of a time)"이다. 그러나 이 숫자는 앞 장인 11장에서부터 여러 차례 마흔두 달, 천이백육십 일 등 동일한 기간의 다른 표현들이 계속 반복되었기에 같은 기간으로서 한 때 두 때 반 때 즉, 삼년 반의 기간으로 번역한 것이다.

만일 이 기간을 민수기 14장 34절이나 에스겔서 4장 6절에서처럼 하루를 일 년으로 계산할 경우 천이백육십 년이므로 이 정도의 기간 중에 하나님의 말씀을 무너뜨리려는 자들과 하나님의 말씀을 수호하려 했던 두 세력 간의 극심한 영적싸움은 중세 암흑 시대인 로마 가톨릭에 의한 교회의 타락과 배교의 기간 외에는 찾아볼 수 없다.

또한 성경에 기록된 예언들 가운데 그 기간이 길게 묘사되었으므로 그 실제의 기간도 매우 길었음을 암시해 준다.

따라서 이 예언은 예수의 가르침의 본질이 왜곡되고 세상적 타락과 신앙적 배교가 교회에 만연될 것인데 그 가운데서 깨어 있고 충성스러운 하나님의 종들이 남아 있어서 그 거대한 사탄의 세력과 끝까지 싸울 것이 예언되어 있는 것이다.

12:17절, "17 용이 여자에게 분노하여 돌아가서 그 여자의 남은 자손 곧 하나님의 계명을 지키며 예수의 증거를 가진 자들과 더불어 싸우려고 바다

---

24 단 7:25, 12:7.

모래 위에 서 있더라"

그러나 그 싸움은 중세의 로마 가톨릭의 배교 시대에서의 싸움으로 끝난 것이 아니고 앞으로 그리고 세상의 끝날까지 더욱 큰 상대와의 더욱 큰 싸움이 벌어지게 될 것이다.

그러면 끝까지 싸워서 지켜야 할 그 "하나님의 계명을 지키며 예수의 증거를 가진 것"이란 무엇을 말하는 것인가?

이곳에서의 하나님의 계명과 예수의 증거를 지킨다는 말은 구약의 계명(십계명)을 말하는 것이 아니고 신구약 성경과 예수의 가르침의 핵심이자 마지막 시대의 예언인 요한계시록의 계시들을 일컫는다. 그러나 요한계시록의 핵심에는 두 면이 있는데 그중에 외적 주제는 전쟁과 최후의 심판이고 내적 핵심은 "하나님의 나라와 예수 재림의 소식"이다. 다른 것은 다 양보할지라도 이 내적 핵심만은 결코 양보할 수 없다.

그러면 이곳에 나타난 그 여자의 남은 자손 곧 하나님의 계명을 지키며 예수의 증거를 가진 자들은 누구를 말하는 것일까? 이들에 관한 직접적인 언급이 없어서 단정 지을 수는 없지만 여러 가지 정황에 비추어 계시록 7장에 묘사된 그 십사만 사천으로 보인다. 이들에 관해서는 계시록 14장에서 다시 다루게 된다.

이제 하나님의 종들과 사탄의 세력은 서로 물러설 수 없는 마지막 전투를 위해 바닷가 모래 위에 서로 진치고 있다. 하나님의 나라를 세우려는 세력과 하나님의 나라를 무너뜨리려고 하는 두 세력 간의 피할 수 없는 마지막 치열한 결전인 것이다.

제**13**장

"1 내가 보니 바다에서 한 짐승이 나오는데 뿔이 열이요 머리가 일곱이라 그 뿔에는 열 왕관이 있고 그 머리들에는 신성 모독 하는 이름들이 있더라 2 내가 본 짐승은 표범과 비슷하고 그 발은 곰의 발 같고 그 입은 사자의 입 같 은데 용이 자기의 능력과 보좌와 큰 권세를 그에게 주었더라 3 그의 머리 하 나가 상하여 죽게 된 것 같더니 그 죽게 되었던 상처가 나으매 온 땅이 놀랍 게 여겨 짐승을 따르고 4 용이 짐승에게 권세를 주므로 용에게 경배하며 짐 승에게 경배하여 이르되 누가 이 짐승과 같으냐 누가 능히 이와 더불어 싸 우리요 하더라 5 또 짐승이 과장되고 신성 모독을 말하는 입을 받고 또 마흔 두 달 동안 일할 권세를 받으니라 6 짐승이 입을 벌려 하나님을 향하여 비 방하되 그의 이름과 그의 장막 곧 하늘에 사는 자들을 비방하더라 7 또 권세 를 받아 성도들과 싸워 이기게 되고 각 족속과 백성과 방언과 나라를 다스 리는 권세를 받으니 8 죽임을 당한 어린 양의 생명책에 창세 이후로 이름이 기록되지 못하고 이 땅에 사는 자들은 다 그 짐승에게 경배하리라 9 누구든 지 귀가 있거든 들을지어다 10 사로잡힐 자는 사로잡혀 갈 것이요 칼에 죽 을 자는 마땅히 칼에 죽을 것이니 성도들의 인내와 믿음이 여기 있느니라"

✦ 해설

이제 우리는 드디어 요한계시록에서 가장 어렵고 가장 난해한 비밀의 예언이 기록되어 있는 곳에 와 있다. 그러나 아무리 요한계시록에서 가장 해석하기 어려운 부분이라 해도 피하거나 우회하지 않고 반드시 풀어야 할 예언이 바로 이곳 13장에 나오는 짐승의 정체에 관한 것이다.

기독교 역사를 통해 이 짐승의 비밀을 알기 위해 수없이 많은 의견들이 제시되어 왔지만 아직 이것에 대한 올바른 해석이 내려지지 않고 있었다. 그런데 다른 것들은 다 안다 해도 이 짐승의 정체를 모르면 요한계시록의 비밀을 풀었다고 할 수 없다. 반대로 다른 것은 모를지라도 이 짐승의 정체만 알면 요한계시록의 비밀을 거의 다 풀었다고 해도 과언이 아닐 것이다.

이 짐승에 관한 예언이 오랜 세월 얼마나 서로 다른 견해들을 가졌는지 먼저 그동안 제시되어 왔던 여러 학자들의 의견을 살펴보자.

첫째, 가장 전통적인 견해는 서기 2세기에 이레네우스(Irenaeus)가 쓴 요한계시록 주석으로서 현존하는 가장 오래된 책인데 그는 계시록 13장의 짐승을 네로황제로 보았고 그 증거 중 하나로서 숫자 666이 네로를 나타낸다고 해석했다.[25]

지금도 현대 신학자들 대부분이 이러한 이레네우스의 견해를 따른다. 예를 들면, Craig R. Koester는 그의 책 『Revelation and the End of All Things』에서 짐승을 로마황제 네로로 보았고 그 숫자도 네로를 가

---

25 In Hebrew it is *Nron Qsr*(pronounced "Nerōn Kaisar"). In Latin it is *Nro Qsr*(pronounced "Nerō Kaisar").

리킨다고 해석했다.[26] 이 견해에 C. Marvin Pate, Elisabeth Schussler Fiorenza, James L. Resseguie, Philip Edgecumbe Hughes, Catherine A. Cory, Catherine A. Cory, William Barclay, Kendell H. Easley, Robert L. Thomas, Leonard L. Thomson, Isbon T. Beckwith, G.K. Beal, and David H. Cambell 등이 모두 동의한다.

다만, Fiorenza는 두 번째 짐승이 세계를 정치적 재앙과 경제적 재앙 속으로 밀어 넣을 것이라고 해석했다.[27] Cory는 첫 번째 짐승은 로마제국이지만 두 번째 짐승은 어떤 사람으로 보았다.[28] Thomson은 요한이 그렇게 묘사한 것은 그 짐승들은 기독교와 세계 사이의 정치사회적이라기보다는 종교적인 충돌을 나타내려 한 것이라고 했다.[29] Beal은 숫자 666은 단지 부패된 인성을 표현한 것이라고 해석했다.[30]

Aune D.E.도 자신의 요한계시록 주석인 『WBC commentary: Revelation 6-16』에서 수많은 학자들이 얼마나 서로 다른 견해들을 갖고 있었는지를 보여 준다. 또한 666을 나타내는 후보 인물들도 수없이 많으며 짐승의 숫자는 gematria로서 거의 대부분 로마황제인 네로 또는 도미티아누

26 Craig R. Koester, 『Revelation and the End of All Things』, Eerdmans Publishing Company, Grand Rapids, Michigan/Cambridge, UK, 2001, p. 115-143.

27 Elisabeth Schussler Fiorenza, 『Revelation: Vision of a Just World』, Fortress Press: Minneapolis, 1991, p. 84-87.

28 Catherine A. Cory, 『The Book of Revelation』, Liturgical Press: Collegeville, Minesota, 2006, p. 56-61.

29 Leonard L. Thomson, 『Revelation』, Abingdon Press: Nashville, 1998, p. 137-143.

30 G.K. Beal with David H. Cambell, 『Revelation』, Eerdmans Publishing Company: Grand Rapids, Michigan, 2015, p. 275-290.

스를 지목하고 있다고 쓰고 있다.[31]

둘째, 이와는 조금 다른 비교적 현대적인 견해들은 다음과 같다.

Jeff Lasseigne은 그의 책 『Unlocking the Last Days: A Guide to the Book of Revelation & the Rend Times』에서 "첫 번째 짐승은 적그리스도로서 귀신들린 자인데 인본주의를 등에 업고 나온다. 그는 다니엘서 7장 23절에 예언되어 있듯이 다른 나라들을 공격하고 삼킬 것이고 세상의 종교 서적들 특히 성경을 말살하려 할 것이다. 한마디로 그는 사탄적 세계 지도자로서 정치군사적으로 군림할 것이다. 또 하나의 짐승은 그 적그리스도의 밑에서 일할 것이고 짐승의 숫자 666은 중요한 의미를 갖고 있지 않다."고 했다.[32]

David Hooking은 그의 책 『The Coming World Leader: Understanding the Book of Revelation』에서 "첫 번째 짐승은 사탄이고, 두 번째 짐승은 적그리스도이고, 세 번째 짐승은 거짓선지자를 말한다. 그리고 짐승의 숫자 666은 세상에 군림하는 세계정부 지도자를 가리킨다."고 했다.[33]

Francis J. Moloney는 그의 책 『The Apocalypse of John』에서 "요한은 로마제국의 타락을 방관하지는 않았겠지만 바다에서 나온 짐승은 앞으로 나타날 로마제국처럼 타락한 권력을 표현했을 것이다. 또한 그 짐승

31 Aune, D. E. (1998), 『Revelation 6-16(Vol. 52B)』, Dallas: Word, Incorporated, p. 769-771.

32 Jeff Lasseigne, 『Unlocking the Last Days: A Guide to the Book of Revelation & the Rend Times』, Baker Books: Grand Rapid, Michigan, 2011, p. 174-189.

33 David Hooking, 『The Coming World Leader: Understanding the Book of Revelation』, Multnomah Press, Portland, Oregon, 1988, p. 201-211.

의 숫자는 타락한 인간의 본성을 뜻한다."고 했다.[34]

그러나 본고는 이 짐승에 대한 예언을 다르게 해석한다. 왜냐하면 지금까지의 거의 모든 주석들이 지극히 일반적이거나 실체 없는 추상적이거나 또는 대부분 두리뭉실 완곡하게 둘러서 말한 해석들이어서 정작 그 짐승에 대한 분명한 정체를 밝히지 못하고 있기 때문이다.

본고는 이제 이 짐승의 정체를 올바로 알기 위해 13장 전체를 그 어느 장들보다 더욱 세밀하고 예리하게 분석할 것이다.

13:1절 상, "1 내가 보니 바다에서 한 짐승이 나오는데"

먼저 이 짐승에 대한 첫 번째 단서인 이 짐승이 바다에서 나왔다는 점에 주목해야 한다. 그런데 바다에서 나왔다는 단서가 왜 중요한가 하면 다니엘서 7장에 나오는 네 짐승이 각각 바벨론, 메대바사, 헬라 그리고 로마를 가리켰는데 다니엘서 7장 3절에 이 네 짐승이 바다에서 나왔다고 표현했고, 요한은 요한계시록 17장 15절에 아주 분명히 음녀의 앉은 물은 백성과 무리와 열국과 방언이라 했기 때문이다.

따라서 계시록 13장 1절에 이 짐승이 바다에서 나왔다고 했으므로 이것은 어떤 국가를 말한다. 이 짐승이 사람이 아닌 어떤 국가를 나타낸다는 것이 이 짐승의 정체를 알아내는 가장 중요한 첫 번째 단서가 된다. 그러

---

34 Francis J. Moloney, 『The Apocalypse of John』, SDB, Baker Academic, Grand Rapids, Michigan, 2020, p. 189-211.

므로 이 짐승의 정체를 로마 황제 네로, 타락한 천사, 또는 적그리스도[35] 등 그 어떤 개인을 지칭하는 것은 의미도 없거니와 성경이 말하고자 하는 의도를 모르고 있는 것이다.

13:1절 하, "1 뿔이 열이요 머리가 일곱이라 그 뿔에는 열 왕관이 있고"

두 번째 단서로서 이 짐승은 뿔이 열이고 머리가 일곱이며 그 뿔에는 열 왕관이 있다고 했다. 머리가 일곱이란 이 나라가 원래 일곱개의 독립된 나라들이었고 뿔에 열 왕관이란 열 명의 왕들이 있었다는 것이다. 그러므로 이 나라는 여러 민족 여러 백성 여러 방언의 국가들이 하나의 거대한 제국으로 된, 다시 말하면 서로 다른 많은 이족들로 구성된 제국을 가리킨다.

이 짐승의 정체를 파악하기 위해서는 본 주석의 서두에서도 언급했듯이 일곱이나 열이란 숫자에 집착하지 말아야 한다. 계시록에 기록된 숫자들에 연연하면 끝까지 길을 찾지 못하게 된다. 지난 2,000년간 숫자의 의미를 찾으려고 애써온 결과는 모두가 실패를 했을 뿐이었다. 왜냐하면 요한계시록은 그렇게 되도록 만들어져 있기 때문이다. 그러므로 숫자들은 참고만 하고 이 짐승이라는 나라를 묘사하고 있는 그 특징들을 찾아내는 데 온 노력을 집중해야 한다.

---

35 요한계시록 13장의 짐승이 적그리스도라는 견해는 의미상으로는 가능하지만 적그리스도가 짐승이 아니므로 짐승을 직접적으로 적그리스도라고 지칭할 수는 없다. 그 짐승은 요한계시록 13장 1절의 계시대로 반드시 지구상에 존재하는 하나의 국가여야 한다.

13:2절, "2 내가 본 짐승은 표범과 비슷하고 그 발은 곰의 발 같고 그 입은
사자의 입 같은데 용이 자기의 능력과 보좌와 큰 권세를 그에게 주었더라"

이 짐승은 표범, 곰, 사자의 특징을 다 갖추고 다른 나라들을 집어 삼키
는 그야말로 세계에 맹수로 군림하는 초강대국(Super Power)임을 암시
한다. 왜냐하면 용(사탄)이 13장 2절과 4절과 7절에 반복해서 짐승에게
세상의 나라들을 다스리는 능력과 권세를 주었다고 했기 때문이다.

특별히 이 표현은 다니엘서 7장 4-6절에 나오는 세 짐승들에 대한 예언
을 인용한 것으로 보인다. 즉 표범은 헬라를, 곰은 메대바사를, 그리고 사
자는 바벨론을 가리키는데 마지막 시대에 새롭게 등장할 그 짐승이라고
묘사된 나라는 이전의 그 세 나라들을 합한 것보다도 더 강력한 나라가
될 것을 의미한 것이다.

13:3절, "3 그의 머리 하나가 상하여 죽게 된 것 같더니 그 죽게 되었던 상
처가 나으매 온 땅이 놀랍게 여겨 짐승을 따르고"

이것도 이 짐승을 특징짓는 매우 중요한 단서 중 하나로써 이 짐승은
한때 머리가 상하여 죽은 것 같다고 했다. 그러므로 이 나라는 전에 하나
의 제국으로서 강대국이었는데 어느 때 외세에 의해 패망하여 문을 닫고
한동안 죽은 것 같이 지내다가 다시 더 큰 강대국으로 재등장할 것을 말
한다.

13:4-5절, "4 용이 짐승에게 권세를 주므로 용에게 경배하며 짐승에게 경

배하여 이르되 누가 이 짐승과 같으냐 누가 능히 이와 더불어 싸우리요 하더라 5 또 짐승이 과장되고 신성 모독을 말하는 입을 받고 또 마흔 두 달 동안 일할 권세를 받으니라"

요한은 전에 있다가 없어져서 영원히 죽은 것처럼 여겼던 짐승이 어느 순간 세상에 다시 나오더니 이전의 그 어떤 나라보다 더 힘있는 국가가 되었기에 온 땅이 그를 따르고 경배하며 누가 이 짐승을 이길 수 있으랴 하고 감탄을 할 것이라고 예언한다. 이 짐승이 과장되고 신성 모독을 일삼는 것은 마흔두 달 동안 일할 권세를 받았기 때문이다.

이곳의 마흔두 달은 요한계시록 11장 3절과 12장 6절에 나왔던 천이백육십 일과 같은 기간이고 또한 12장 14절의 한 때와 두 때와 반 때와도 같은 말로서 이것은 열흘 또는 반 시간 등의 짧은 기간이 아니고 상당히 긴 기간임을 나타낸다. 그렇기에 계시록은 이것에 대해 "인내"가 필요하다는 권면을 많이 하고 있는 것이다.[36]

한편, 이곳에서 과장되다라는 말은 "stoma laloun megala"라고 쓰였는데 이 표현은 자신에 대해 말하면 허풍이 되고 사물에 대해 말하면 과장이 된다는 뜻으로 사용된다. 그 짐승은 "edothe auto stoma laloun megala" 즉, 자신에 대해 허풍도 떨고 세상에 대해 과장된 말도 많이 하도록 용으로부터 권세를 받은 것이다.

왜 요한이 이 짐승이 과장되고 허풍을 떤다고 표현했냐 하면 이 짐승은 절대로 자신의 내부의 사정이나 계획을 밖으로 드러내 보이지 않으며 언

---

36 계 3:10, 13:10, 14:12 등.

제나 허허실실, 허장성세 또는 성동격서 등 남을 속이기 위해 내면과 외면이 다른 거짓된 행동을 취할 것이기 때문이다.

또 하나의 중요한 단서가 될 13장 1절에서, 그 머리들에 신성을 모독하는 이름들이 있었다는 것에도 주목해야 한다. 왜냐하면 이 나라는 국명 자체를 자신들이 스스로 지구의 중심이라고 부르며 오랫동안 이 나라의 왕들은 스스로 천자 즉, 하늘의 아들(the Son of Heaven)이라고 불렸기 때문이다.

특이하게도 요한계시록에서 어느 한 나라를 이토록 여러 각도에서 세밀하게 분석하고 묘사한 것은 오직 바다에서 나온 이 짐승뿐이다. 왜냐하면 이 짐승이 인류 역사에 종결점을 찍을 바로 그 나라를 의미한 것이기 때문에 요한은 이 짐승이 나타날 즈음 이 짐승에 대한 비밀이 풀릴 수 있도록 이처럼 많은 단서들을 곳곳에 제공해 놓은 것이다.

13:6절, "6 짐승이 입을 벌려 하나님을 향하여 비방하되 그의 이름과 그의 장막 곧 하늘에 사는 자들을 비방하더라"

요한은 더 나아가 이 짐승은 신성을 모독할 뿐 아니라 하나님을 비방하는 나라임을 나타냈다. 다시 말하면 이 나라는 어떤 종교를 갖고 있는 나라가 아니고 아예 신의 존재 그 자체를 부인하는 무신론자의 나라인 것이다.

13:7-10절, "7 또 권세를 받아 성도들과 싸워 이기게 되고 각 족속과 백성과 방언과 나라를 다스리는 권세를 받으니 8 죽임을 당한 어린 양의 생명책에 창세 이후로 이름이 기록되지 못하고 이 땅에 사는 자들은 다 그 짐승에

게 경배하리라 9 누구든지 귀가 있거든 들을지어다 10 사로잡힐 자는 사로
잡혀 갈 것이요 칼에 죽을 자는 마땅히 칼에 죽을 것이니 성도들의 인내와
믿음이 여기 있느니라"

짐승이 사탄으로부터 권세를 받았으므로 성도들과 싸워 이기게 되고
이 땅에 사는 자들은 모두 다 그 짐승에게 경배할 것이며, 사로잡힐 자들
은 사로잡힐 것이고 칼에 죽을 자들은 칼에 죽을 것이지만 끝까지 견디는
성도들의 인내와 믿음이 여기에 있을 것이라고 예언되어 있다. 그러므로
이 짐승이 세상을 장악하고 있는 동안 지구상의 거의 모든 나라가 이 짐
승에게 속박될 것이다.

이처럼 요한계시록 12장과 13장 두 장 전체를 장식하고 있는 바다에서
나온 짐승은 가히 계시록에 기록된 예언들의 정점을 차지하고 있다고 해
도 과언이 아니다. 왜냐하면 교회를 박해하는 가장 강력한 세력이 세상의
마지막 때에 나타날 것으로 예언이 되어 있기 때문이다. 그래서 본 주석
도 13장의 해석을 이처럼 가장 자세하고 중요하게 다루고 있는 것이다.

이 시점에서 독자들의 이해를 돕기 위해 이제까지 앞에서 해 온 짐승과
관련된 여러 부분들을 해석했던 것들을 토대로 이 짐승에 대한 표현들의
요점을 종합해 보면 다음과 같다.

이 짐승은 11장 7절에 무저갱으로부터 올라오는 짐승으로서, 12장 3절
에는 붉은 용으로, 12장 9절에는 사탄으로, 13장 1절에서는 바다에서 올
라온 짐승으로, 13장 3절(13장 12절, 14절 참고)에는 칼에 맞아 죽었다 살
아난 짐승으로, 그리고 13장 6절에는 무신론자로 표현된다. 앞으로 다시
등장할 17장 3절에는 아예 붉은빛 짐승이라고 묘사했다.

이 짐승에 대한 이 같은 여러 가지 묘사들은 서로 다르게 보여도 하나의 같은 짐승에 대해 각각 다른 각도에서 표현한 것으로써 결국 동일한 존재임을 말하고 있다. 즉 여러 각도에서 본 서로 다른 묘사들은 이러한 조건들을 다 갖춘 존재야 말로 바로 그 짐승임을 강력하게 암시하고 있는 것이기 때문이다.

그런데 이제까지 거의 모든 주석들이 이 짐승을 기독교를 박해했던 로마제국으로 본 이유는 요한계시록 13장 1절에 나타난 짐승이 "뿔이 열이고 머리가 일곱이라 그 뿔에 열 왕관이 있다"고 한 것이 본 주석이 앞에서 설명했듯이 여러 민족으로 구성된 제국으로서 그 머리들에 신성모독하는 즉 기독교의 신을 부정하고 성도들을 박해하는 로마제국의 모습이 그려지는데다, 13장 2절에서 "표범과 비슷하고 그 발은 곰의 발 같고 그 입은 사자의 입 같은데 용이 자기의 능력과 보좌와 큰 권세를 그에게 주었더라"라는 묘사에서 다니엘서 나오는 넷째 짐승인 로마를 표현하는 것과 같았기 때문이다.

그러나 이 짐승의 정체는 그리 호락호락하게 알게 되어 있지 않다. 요한은 여기에서 그치지 않고 그 짐승에 관련된 보다 더 확실한 또 다른 정보들과 더 가능성 있는 단서들을 주려는 묘사들을 계속한다. 왜냐하면 그 오랜 세월 깊숙이 감추어 있던 이 짐승의 정체를 마지막 때가 올수록 이 세상이, 특히 하나님의 백성들이 분명히 알아야 하는 것이기 때문이다.

본문(13:11-15): 땅에서 나온 짐승

"11 내가 보매 또 다른 짐승이 땅에서 올라오니 새끼 양같이 두 뿔이 있고 용처럼 말하더라 12 저가 먼저 나온 짐승의 모든 권세를 그 앞에서 행하고 땅과 땅에 거하는 자들로 처음 짐승에게 경배하게 하니 곧 죽게 되었던 상처가 나은 자니라 13 큰 이적을 행하되 심지어 사람들 앞에서 불이 하늘로부터 땅에 내려오게 하고 14 짐승 앞에서 받은 바 이적을 행함으로 땅에 거하는 자들을 미혹하며 땅에 거하는 자들에게 이르기를 칼에 상하였다가 살아난 짐승을 위하여 우상을 만들라 하더라 15 저가 권세를 받아 그 짐승의 우상에게 생기를 주어 그 짐승의 우상으로 말하게 하고 또 짐승의 우상에게 경배하지 아니하는 자는 몇이든지 다 죽이게 하더라"[37]

✦ 해설

13:11절, "11 내가 보매 또 다른 짐승이 땅에서 올라오니 새끼 양같이 두 뿔이 있고 용처럼 말하더라"

요한은 이제 또 하나의 짐승이 나타날 것을 예언한다. 그런데 그것을 또 다른 짐승(another beast)이라고 표현했으므로 좋은 것이 아니라 사람이나 세상을 해칠 어떤 것임을 의미했다. 그런데 이 짐승은 땅에서 나왔다는 것으로 보아 국가는 아니다. 왜냐하면 앞의 짐승은 바다에서 나왔으므로 국가를 의미했지만 이 짐승은 바다에서 나온 것이 아니기 때문이다. 따라서 이 두 번째 짐승은 국가는 아니지만 국가와 같은 권세가 있는 세계적인 어떤 기관이나 조직을 의미할 수 있다.

---

37 이 부분은 독자들의 이해를 돕기 위해 '개역한글본'을 따른다.

그런데 이 두 번째 짐승은 새끼 양처럼(like a lamb) 두 뿔이 있다고 했다. 거의 모든 성경번역본들은 이 짐승의 표현을 어린 양 같다고 했지만 개역한글본만은 새끼 양이라고 해석했다. 어린 양이신 예수 그리스도와의 혼동을 피하기 위함이었을 것이라 생각한다. 그런데 두려운 것은 그 짐승은 새끼 양처럼 순하고 순결하게 생긴 겉모습과는 달리 용처럼 말을 한다고 예언한 것이다.

13:12절, "12 저가 먼저 나온 짐승의 모든 권세를 그 앞에서 행하고 땅과 땅에 사는 자들로 처음 짐승에게 경배하게 하니 곧 죽게 되었던 상처가 나은 자니라"

땅에서 나온 이 짐승은 먼저 바다에서 나온 짐승의 모든 권세를 행할 뿐 아니라 세상으로 하여금 그 짐승을 따르도록 강요한다. 요한은 여기에서 먼저 나온 짐승은 죽게 되었다가 상처가 나은 자라고 그 짐승의 정체에 대해 다시 상기시켜 준다.

우리는 그 죽게 되었던 상처가 나았다는 먼저 나온 짐승의 정체를 확실히 알기 위해 아직도 그와 관련된 여러 단서들을 면밀히 조사하고 있다. 왜냐하면 바다에서 나온 짐승의 정체를 안다면 땅에서 나온 이 짐승은 먼저 나온 그 짐승의 하수인임이 틀림없기 때문이다.

13:13-15절, "13 큰 이적을 행하되 심지어 사람들 앞에서 불이 하늘로부터 땅에 내려오게 하고 14 짐승 앞에서 받은 바 이적을 행함으로 땅에 거하는 자들을 미혹하며 땅에 거하는 자들에게 이르기를 칼에 상하였다가 살아난

짐승을 위하여 우상을 만들라 하더라 15 저가 권세를 받아 그 짐승의 우상
에게 생기를 주어 그 짐승의 우상으로 말하게 하고 또 짐승의 우상에게 경
배하지 아니하는 자는 몇이든지 다 죽이게 하더라"

이 짐승은 먼저 나온 짐승에 충성할 뿐 아니라 마치 우상을 섬기듯 복
종하며 무슨 짓이라도 짐승이 원하는 것을 다 들어준다. 그러나 분명한
것은 그 두 짐승이 하는 일들이란 세상을 해치려는 것들이다. 그렇기에
요한은 이들을 짐승(beasts)이라고 부른 것이다.

이제 땅에서 나온 짐승은 먼저 바다에서 나온 짐승의 의도에 따라 가차
없이 많은 사람들을 죽인다. 이 두 번째 짐승은 큰 이적도 행하고 심지어
사람들 앞에서 불이 하늘로부터 땅에 내려오게 함으로 땅에 거하는 자들을
미혹하며 땅에 거하는 자들에게 짐승을 위하여 우상을 만들라고 강요한다.
그리고 자신을 따르지 않는 자들은 누구이건 또는 몇이든 다 죽이게 했다.

두 번째 짐승이 큰 이적도 행하고 불이 하늘에서 내려오게 했다는 표현
은 정말로 이적이나 불이 하늘에서 내려오게 한다는 것보다는 그만큼 세
상에서 그 누구도 이 짐승을 거역하지 못하는 위력을 떨친다는 것을 의미
한다. 이곳에서도 요한은 또 한 번 그 먼저 나온 짐승을 칼에 상하였다가
살아난 짐승이라고 13장 12절에 이어 13장 14절에서도 다시 상기시켜 준
다. 그만큼 이 단서가 중요하기 때문이다.

이제 앞에서 조사해 본 것들을 토대로 먼저 바다에서 나온 짐승의 정체
를 알아보고 이어서 땅에서 나온 짐승의 정체도 알아보자.

첫째, 이 짐승에 대해 지난 2천 년 기독교 역사 속에 수많은 해석들이
있어 왔지만 대부분 로마제국을 지목한 것이 거의 정설로 되어 있었다.

그러나 요한계시록이 기록된 서기 90년경에는 이미 로마의 전성기 시대였으므로 로마가 동시대의 강대국을 상징한 것일 수는 있어도 그로부터 2천 년이 지난 마지막 시대에 나타날 그 실제적인 짐승에 대한 예언으로는 합당치 않다. 그러므로 이 짐승이 로마는 아니다.

둘째, 교회를 핍박하는 용에 대한 묘사는 계시록 12장부터 시작된다. 이 예언의 내용은 용이 교회를 대적할 뿐 아니라 아예 말살시키려 한다는 것이다.

그래서 개혁 신학자들과 안식교 및 세대주의 교단들은 이 짐승을 가톨릭의 교황이라고 해석했다. 그러나 기독교의 타락의 주범이며 신실한 성도들에 대한 박해라는 관점에서는 그 타당성이 높지만,[38] 바다에서 나온 짐승이라는 표현과 맹수와 같다는 묘사는 다른 나라들을 침략하는 강대국을 가리키므로 가톨릭은 마지막 시대에 전세계에 전쟁을 불러 일으킬 만한 능력을 가진 국가일 수 없다. 그러므로 바다에서 나온 짐승은 가톨릭이 아니다.

셋째, 중국은 역사적으로 일찍이 주변의 언어와 풍습이 다른 여러 나라들을 흡수 합병하여 동양의 대국으로 자처했으나(국명도 '지구의 중심지'라는 뜻), 1860년 영국과 프랑스 등의 연합군에 의해 나라가 패망했다. 그 후에 다시 오늘날의 강대국이 될 때까지 중국은 나라의 문을 굳게 닫은 채 약 100년 이상을 죽의 장막(the Bamboo Curtain)이란 별명처럼 스

---

38 나중에 다루겠지만 가톨릭에 관해서는, 계시록 17장과 18장에 나오듯이 짐승이라기보다는 음녀라고 보는 것이 더욱 타당성을 갖는다. (『웨스트민스터 대요리문답』 25조 6항은 교회의 머리로서 가톨릭 교황이 적그리스도라고 지적한다. 당시 개혁자들이 성경에서 이같이 부패한 가톨릭을 개혁해야 하는 이유와 의미를 발견하고 용감하게 지적한 것은 놀라운 일이다.)

스로 세계와 고립되어 세상에서 최빈국으로 지내 왔다.

그러다 1990년 북경 아시안 게임 때부터 나라의 문호를 개방하면서 중국은 갑자기 그리고 순식간에 전 세계의 강대국이 되었다. 그 100년이라는 죽어 있던 기간 동안은 완전히 거지의 나라였지만 전 세계의 부국들이 값싼 노동력을 찾아 중국에 들어가 각종 공장들을 지으면서 중국은 자신이 노력하지도 않았으면서 졸지에 온갖 물건을 다 만들어 내는 세계의 공장이 된다. 그리고 빠른 기간 안에 전 세계의 강대국이자 부국으로 재등장한다.

이것은 결코 인간의 뜻이나 계획으로 된 것이 아니고 그렇게 될 수도 없고, 또한 그 이전에 어느 누구도 예측하지 못했고 거슬리지도 못한 역사적 사실이다.

넷째, 요한계시록은 이 짐승의 정체를 용(12장 7절), 옛 뱀(12장 9절), 붉은색(12장 3절), 곰(13장 2절), 무신론자(13장 6절), 초강대국(13장 7-8절), 그리고 죽게 된 상처가 나은 다종족 국가(13장 1-3절, 12절)[39]로 그 특징을 묘사한다.

이것을 좀 더 자세히 설명하자면, 중국은 거대한 뱀인 용(dragon)을 국가의 상징으로 여기고, 붉은색을 국기와 국가적 공식 표기에 사용하며, 곰(panda)을 국가의 마스코트로 정하고, 초강대국이고, 무신론 공산주의이며, 또한 죽게 된 상처가 나은 후 다시 등장한 다종족(multi-ethinic) 국가인 것이다. 이같이 용, 옛 뱀, 붉은색, 곰, 무신론자, 초강대국, 그리고 죽게 된 상처가 나은 국가라는 이러한 여섯 가지 독특한 조건들과 특징을 동시에 갖고 있는 나라는 지구상에서 중국이라는 나라 하나뿐이다.

---

39 중국 초기의 전국 7웅 시대는 진, 초, 제, 연, 한, 위, 조 7국들이 서로 다투었고 진시황 때 통일되었다.

21세기에 철저히 해부한 요한계시록의 비밀들

이 예언의 계시가 지금부터 2천 년 전에 성경에 기록되어 있었다는 사실은 그저 놀랍기만 하다. 그러나 아직은 계시의 비밀이 작동하고 있는 기간이기에 이 짐승에 대해 더 자세한 해석은 드러낼 수 없으나 중국은 가까운 미래에 기독교 말살 정책을 본격적으로 그리고 무자비하게 펼칠 것이다.

왜냐하면 13장 5-8절에 사탄으로부터 권세를 받아서 하나님과 그의 장막을 훼방하고 마흔두 달 동안 성도들을 박해하며 열방들을 다스릴 것인데 구원받지 못한 자들은 모두 짐승에게 경배했다고 예언되어 있기 때문이다. 그 짐승은 여기에서 만족하지 못하고 세계정복의 야망을 그치지 않을 것이기에 그 끝 모르는 야욕으로 인해 언젠가 스스로 멸망의 길로 가게 될 것이다.

본문(13:16-18): "666" 그 짐승의 숫자

"16 저가 모든 자 곧 작은 자나 큰 자나 부자나 빈궁한 자나 자유한 자나 종들로 그 오른손에나 이마에 표를 받게 하고 17 누구든지 이 표를 가진 자 외에는 매매를 못하게 하니 이 표는 곧 짐승의 이름이나 그 이름의 수라 18 지혜가 여기 있으니 총명 있는 자는 그 짐승의 수를 세어 보라 그 수는 사람의 수니 육백육십육이니라"

✦ 해설

13:16-17절, "16 저가 모든 자 곧 작은 자나 큰 자나 부자나 빈궁한 자나 자

유한 자나 종들에게 그 오른손에나 이마에 표를 받게 하고 17 누구든지 이 표를 가진 자 외에는 매매를 못하게 하니 이 표는 곧 짐승의 이름이나 그 이름의 수라"

한편, 땅에서 나온 두 번째 짐승은 먼저 나온 짐승을 위해 표를 만들고 그 표를 머리에나 이마라는 의미인 신분증명서로 사용했다. 그리고 이 표가 없이는 누구도 물건을 사고팔 수도 없는 세계적인 공포 상황으로 만들어 갔다.

21세기의 세계는 두 번째 짐승이 만든 표를 신분증으로 사용했던 사실과 그리고 그 표가 없으면 여행도 못 하고 물건을 사고팔 수도 없는 것을 경험했다. 앞으로는 전자칩이나 베리칩 등 그보다 발전된 형태의 표와 신분증들을 만들어서 전 세계를 더 강제적으로 억압하고 자신들의 속박 아래 두려고 할 것이다.

13:18절 상, "18 지혜가 여기 있으니 총명 있는 자는 그 짐승의 수를 세어 보라"

요한은 그 짐승을 묘사하기 위해 여기까지 수많은 단서들과 표현들을 제공한 후에 마지막으로 그 짐승의 수를 세어 보라고 한다. 사실 이 정도의 단서들과 묘사들에 의해서 그 짐승의 정체는 이미 드러난 것이다. 그러나 이것은 너무도 중요한 비밀이기 때문에 요한은 이 짐승을 확인해 볼 수 있는 단서 하나를 더 제공해 주려고 그 짐승의 숫자를 세어 보라고 한다.

그 짐승의 숫자를 세어 보기 전에 우선 본 주석이 앞에서 조사했던 자료들을 토대로 두 번째 짐승의 정체를 먼저 알아보자. 요한계시록은 13장 11절에서 이 두 번째 짐승이 "땅에서 올라오니 새끼 양같이 두 뿔이 있고 용처럼 말하더라"고 묘사하고 있다.

이 표현들은 두 번째 짐승의 정체를 이해하는 데 아주 분명한 자료를 제공한다. 바다에서 올라온 것이 아니고 땅에서 올라왔다고 했으므로 이 짐승은 그 어떤 국가가 아니다. 그런데 요한은 이 짐승을 새끼 양(개역한글 참고) 같다고 했으므로 이 짐승은 온순하고 깨끗한 것처럼 위장하여 마치 사람을 해치지 않는 새끼 양 같은 모습으로 나타나지만 그 실체는 사람을 해치는 용과 같은 부류로서 사탄의 수하이다. 그렇기에 계시록은 이 존재를 첫 번째 짐승과 동종의 짐승(another Beast)으로 표현했다.

본 주석은 이것을 유엔의 세계보건기구인 WHO를 의미한다고 본다. 유엔의 많은 산하기관 중에 세계의 재난적 질병을 다루며 인류를 질병에서 보호하려는 취지의 기관이 바로 WHO인데, WHO는 어느 때인가 암암리에 중국과 연루되어 전폭적으로 중국을 지원하는 비인도적 국제기구로 변질된다.

겉으로는 세계의 질병을 담당하는 가장 숭고한 임무를 수행하는 척하지만 뒤로는 야수 중국의 계획대로 전 세계를 질병의 노예로 만드는 데 앞장서서 움직이는 그야말로 겉으로는 새끼 양 같지만 뒤로는 용처럼 말하는 강력한 살생의 권력기관이 되는 것이다.

요한계시록에 기록된 예언들 가운데 전쟁뿐 아니라 세계적인 질병 또는 독종의 재앙들도 많이 표현되어 있음을 보게 되는데 그것은 마지막 시대에 창궐하게 될 질병들이 최후에 벌어질 세계의 전쟁과 어떤 의도적인 관계가 있음을 암시해 준다.

여기에서 우리가 빠뜨리지 말아야 할 매우 중요한 단서가 있는데 그것은 요한이 요한계시록 19장 20절에 "짐승이 잡히고 그 앞에서 표적을 행하던 거짓 선지자도 함께 잡혔으니 이는 짐승의 표를 받고 그의 우상에게 경배하던 자들을 표적으로 미혹하던 자라"고 함으로써 둘째 짐승에 대한 다른 표현으로써 거짓 선지자라고 한 것이다.

그런데 이 거짓 선지자는 혼자 나타나지 않고 요한계시록 20장 10절에서나 16장 13절에서 보듯이 언제나 짐승과 함께 등장한다. 이것은 거짓 선지자가 짐승과 각별한 관계가 있음을 나타낸다. 특히 요한이 둘째 짐승을 거짓 선지자라고 부른 이유는 16장 13절에 "개구리 같은 세 더러운 영이 용의 입과 짐승의 입과 거짓 선지자의 입에서 나오니"라고 자세히 묘사된 것처럼 첫째 짐승의 의도대로 세상을 거짓말로 속이는 역할을 할 것이기 때문이다.

이러한 예언들을 볼 때 국가가 아닌 국제기구로서 세계적인 질병을 통제하는 임무를 맡았던 WHO가 비밀리에 중국과 가장 긴밀히 연결되어 오히려 인류를 질병의 노예로 종속시키려는 거짓의 도구가 되는 것은 절대로 우연일 수 없다.

더욱 중요한 것은 이 둘째 짐승은 첫째 짐승의 세계 정복 야욕에 따라 세계의 정치 및 경제적 위기 상황의 시기에 맞춰 새로운 팬데믹을 계속 조장함으로써 우선적으로 첫째 짐승의 가장 강력한 적대국들, 예를 들면 미국이나 인도 또는 일본 등을 총 한 발 쏘지 않고도 약화시키거나 스스로 붕괴하도록 만들어 나갈 것이라는 점이다.

물론 WHO의 세계 질병 지침들이 전부 거짓은 아니고 오래 전부터 해오던 올바른 방침이나 제시들도 많이 있을 것이다. 그러나 뒤에서는 중국의 미생물 및 화학전을 위한 협력이 아무도 모르게 비밀리에 이루어질 것이다.

두 짐승들의 이러한 속임수가 계속 효력을 나타낼 수 있는 이유는 세상에는 이들의 속임수에 속는 사람들이 속지 않는 사람들보다 훨씬 많기 때문이다.[40]

더욱이 중국의 무력과 WHO의 기존의 신뢰를 악용한 거짓의 힘이 워낙 강력하기 때문에 두 짐승이 공동 합작으로 세계 재난급 질병을 수없이 제조하고 퍼뜨려도 모든 나라들을 무력화하여 자신들의 세계 거대 단일 정부를 만들고자 하는 이 짐승의 야망을 그 어느 나라도 막지 못할 뿐 아니라 저항조차 하지 못한다.

각국의 지도자들 중에는 짐승의 편을 들 뿐 아니라 오히려 자국 내의 질병들의 창궐을 자신들의 정권 강화로 이용하는 악한 자들도 있을 것이고, 반대로 이 질병들의 방비 미숙을 이유로 국민들의 비난을 받아 실권하는 어리석은 지도자들도 발생하게 될 것이다.

이제 모두가 궁금해하던 계시록 13장 18절에 기록된 그 짐승을 나타내는 비밀의 숫자를 해석해 보자.

13:18절 하, "18 그 수는 사람의 수니 육백육십육이니라"

오랜 세월 그리고 지금까지도 많은 학자들은 이 숫자에 대한 해석으로서 주로 gematria인 히브리 숫자나 로마 숫자들을 근거로 제시해 왔다.

---

40 딤후 3:13.

그래서 세상의 거의 모든 주석들이 앞에서 살펴본 것처럼 그 짐승을 기독교의 박해자로서 주로 로마 황제 네로나 도미티아누스 등의 폭군들을 의미한다고 해석해 왔고, 그 외에도 수많은 주석가들에 의해 수많은 후보자들이(어느 누군가의 농담처럼 666의 후보자가 666명이나 된다고 할 정도로 많이) 제시되어 왔다.

이렇듯 짐승의 수를 사람을 나타내는 수로 오해하게 된 이유 중 하나는 모든 고대 헬라에 사본들에 *"ton arithmon tou theriou arithmos gar anthropou estin kai o arithmos autou"* 라고 써있는데 거의 모든 버젼들이 *"o arithmos autou"* 를 "어떤 사람(또는 한 사람)의 수"라고 번역해 놓은 것이다. 그러나 이러한 해석들은 일단 성경 자체적으로 맞지 않는다. 왜냐하면 우리가 앞의 13장 1절에서 살펴보았듯이 요한은 다니엘서 7장에서와 같이 그 짐승을 일개 개인이 아닌 하나의 국가라고 했기 때문이다.

이러한 오류에 대해 조금 더 자세히 설명하자면, *arithmos*는 남성 명사인데 뒤에 나오는 인칭대명사 *autou*는 남성도 되고 중성도 된다. *autou*가 남성으로 해석될 때는 그 어떤 사람의 수가 맞지만 중성으로 해석이 될 때에는 사람이 아닌 사물을 의미한다. 그렇기에 대다수의 version들이 "his number"라고 번역했는데 다행히도 Darby's English Translation과 몇몇 번역본들은 "its number"라고 번역해 놓았다.

그런데 결정적인 단서는 아람어 Peshitta 신약성서가 두 가지로 해석될 수 있는 *autou*가 아닌 *DKIUTA*(그 짐승)라고 분명히 명기함으로써 요한이 계시록 13장 1절에서 그 짐승을 일개 개인이 아닌 하나의 국가라고 한 것을 확인시켜 준다.[41] 그러므로 이 666의 숫자는 절대로 어떤 사람을 가리키는 것이 아니다.

한편, 요한계시록이 기록된 때인 서기 90년대에서 생각해 보면 앞으로 먼 훗날 마지막 시대에 일어날 일에 대한 비밀의 예언이 되기에는 히브리 숫자는 너무 구시대적이고, 요한계시록이 헬라어로 기록된 점을 고려해 보면 라틴어로 비밀을 표시했다는 것은 어울리지도 않고 이해하기도 어렵다. 그러므로 히브리 숫자나 라틴어의 숫자로 짐승의 비밀을 알려고 한 모든 시도는 의미가 없다.

이 숫자는 히브리어도 아니고 라틴어도 아닌 요한이 사용한 언어인 헬라어의 숫자로서 Isopsephy를 표시한 것이므로 13장 18절의 숫자의 비밀은 gematria가 아닌 Isopsephy로 풀어야 하는 것이다.

그러면 666이란 숫자는 무엇을 나타낸 것일까? 그것은 중국을 가리킨다. 중국(China)의 현대 헬라어 국명은 Kina이다. 그러나 이것은 오늘날의 헬라어 국명이고 2천 년 전 요한이 계시록을 기록할 때에는 China라는 나라는 세상에 없었다. 그러므로 China의 isopsephy는 현대식 국명이 아닌 고전 헬라어의 음역으로 계산을 해야 한다. 왜냐하면 고전 헬라어에는 영어 ch가 χ로 표기되기 때문이다.

따라서 중국(China)의 헬라식 음역은 Χina(또는 Χinea)인데 다종족 국가(multi-ethnic)라는 개념을 고려하면 Χinea로서 이것을 isopsephy로 환산해 볼 때 $\chi(600)+i(10)+n(50)+e(5)+a(1)=666$이 된다.

이러한 음역의 표기는 몇몇 유사한 예가 계시록에 자주 등장한다. 요한

---

41 God's Word Translation은 아예 "The beast's number"로 번역했다.

은 계시록 9장 11절에서 황충들에 관해 설명을 하면서 그들의 왕의 이름을 "히브리어로는 아바돈이요 헬라어로는 아볼루온이더라"라고 했지만 아랍이든 이스라엘이든 그런 이름을 가진 왕이 없다. 그것은 오랜 후에 발생할 황충들의 왕의 이름에 대한 가능한 음역(transliteration)을 표시한 것이었기 때문이다. 그것은 아주 놀라운 예언이다. 아랍의 역사를 공부한 사람들은 그 음역이 누구를 가리키는지 쉽게 알게 된다.[42]

또한 일곱 교회들의 이름에 들어 있는 그 뜻깊은 예언과 계시들도 전부 음역으로 표기되었다.[43] 원래 요한계시록이라는 책 자체가 수천 년의 많은 시대들을 넘어서 예언들과 계시들을 전달하려는 것이었기에 현대의 국명이나 지명이나 인명이 그 당시의 것들과 정확히 같을 수가 없다.

그러므로 짐승의 정체를 이 숫자 하나로 확정하려 해서는 안 된다. 요한도 이 숫자 하나로 짐승의 정체를 그대로 꼭 집어서 밝히고자 한 것이 아니고 앞에서의 모든 객관적인 관련 증거들을 다 제시한 후에 또 하나의 참고적인 자료를 제공함으로써 지혜 있는 자들에게 숫자만이 아니고 그 짐승에 대한 깊은 연구를 해 보도록 촉구한 것이기 때문이다.

놀라운 것은 이미 앞에서 자세히 조사해 보았듯이, 그 짐승의 정체를 알아낼 수 있는 여러 특징적인 묘사와 표현들을 종합해 볼 때 믿기 어려울 정도로 그 모든 조건들이 오직 하나의 특정 국에 귀결된다는 점이다.

요한계시록이 기록된지 2천 년이라는 그 긴 세계 역사의 시공간을 뛰어 넘어 그 어떤 존재 하나를 향한 이 여러 예언들이 이토록 완벽하게 적

---

42 이 왕의 이름의 풀이는 본 요한계시록 해설 9장 12절에 자세히 설명되어 있다.
43 이 일곱 교회들의 이름의 음역에 대해서는 본 요한계시록 해설 2장과 3장에 걸쳐 자세히 설명되어 있다.

응되는 것은 절대로 우연일 수 없다. 이것은 역사를 주관하시는 하나님의 예언과 계시의 말씀이 얼마나 세밀하고 정확한 것인지 경이롭도록 깨닫게 한다.

그런데 이제까지 이 예언의 비밀을 풀지 못했던 것은 그 인을 뗄 지혜 있는 자들이 없어서가 아니라 오랜 기간 두 짐승의 때가 이르지 아니했기에 그들의 정체가 세상에 드러날 때까지 그 비밀을 보존해 두고자 했던 성경의 의도였다(다니엘서 12장 4절, 요한계시록 5장 1-5절 참고).

이 일곱째 인이 떼어진 것은 마지막 시대가 이미 왔으므로 이제 세상이 그 짐승의 정체를 알아야 할 때가 온 것을 의미하는 것이다.

제14장

본문(14:1-7): 십사만 사천

"1 또 내가 보니 보라 어린 양이 시온 산에 섰고 그와 함께 십사만 사천이 서 있는데 그들의 이마에는 어린 양의 이름과 그 아버지의 이름을 쓴 것이 있더라 2 내가 하늘에서 나는 소리를 들으니 많은 물 소리와도 같고 큰 우렛소리와도 같은데 내가 들은 소리는 거문고 타는 자들이 그 거문고를 타는 것 같더라 3 그들이 보좌 앞과 네 생물과 장로들 앞에서 새 노래를 부르니 땅에서 속량함을 받은 십사만 사천 밖에는 능히 이 노래를 배울 자가 없더라 4 이 사람들은 여자와 더불어 더럽히지 아니하고 순결한 자라 어린 양이 어디로 인도하든지 따라가는 자며 사람 가운데에서 속량함을 받아 처음 익은 열매로 하나님과 어린 양에게 속한 자들이니 5 그 입에 거짓말이 없고 흠이 없는 자들이더라 6 또 보니 다른 천사가 공중에 날아가는데 땅에 거주하는 자들 곧 모든 민족과 종족과 방언과 백성에게 전할 영원한 복음을 가졌더라 7 그가 큰 음성으로 이르되 하나님을 두려워하며 그에게 영광을 돌리라 이는 그의 심판의 시간이 이르렀음이니 하늘과 땅과 바다와 물들의 근원을 만드신 이를 경배하라 하더라"

✦ 해설

14:1절, "1 또 내가 보니 보라 어린 양이 시온 산에 섰고 그와 함께 십사만 사천이 서 있는데 그들의 이마에는 어린 양의 이름과 그 아버지의 이름을 쓴 것이 있더라"

요한계시록 7장에서 이미 선을 보였던 십사만 사천에 대한 계시가 13장에서 두 짐승에 대해 예언한 후에 이어서 또다시 이곳에 등장한다. 그런데 요한이 요한계시록 7장에서 십사만 사천에 대해서 기록한 것은 잠시 소개 정도였고 오히려 흰 옷을 입은 큰 무리에 대해 설명을 많이 했다. 그러나 이곳 14장에서는 오직 십사만 사천에 대해서만 기록한다. 그만큼 십사만 사천의 의미가 큰데다 요한이 짐승의 정체성을 상세히 묘사한 후에 바로 이어서 십사만 사천에 대해 기록한 것은 무엇인가 짐승과 대결하는 세력을 암시하고 있음을 알 수 있다.

14:2-3절, "2 내가 하늘에서 나는 소리를 들으니 많은 물 소리와도 같고 큰 우렛소리와도 같은데 내가 들은 소리는 거문고 타는 자들이 그 거문고를 타는 것 같더라 3 그들이 보좌 앞과 네 생물과 장로들 앞에서 새 노래를 부르니 땅에서 속량함을 받은 십사만 사천 밖에는 능히 이 노래를 배울 자가 없더라"

성경 속에 하늘에서 보인 이런 아름다운 장면은 신구약 어느 곳에서도 없었다. 그런 것이 있었다 해도 그것은 하늘의 천사들의 모습뿐이었다.

그러나 이곳에서 표현되고 묘사된 십사만 사천은 천사들이 아니고 하나님을 아버지라고 부르는 성도들이며 그들의 모습은 천사들보다도 더 아름다운 모습으로 나타난다. 이들이 부르는 새 노래는 이들 외에는 하늘에서나 땅에서 배울 자도 부를 자도 없었다.

14:4-5절, "4 이 사람들은 여자와 더불어 더럽히지 아니하고 순결한 자라 어린 양이 어디로 인도하든지 따라가는 자며 사람 가운데에서 속량함을 받아 처음 익은 열매로 하나님과 어린 양에게 속한 자들이니 5 그 입에 거짓말이 없고 흠이 없는 자들이더라"

여기에 십사만 사천의 특징과 선발 자격이 기록되어 있다. 이같이 십사만 사천의 존재는 성경의 마지막 장면에 등장하면서도 하나님은 그들의 의미와 가치를 이 요한계시록에서 그 누구보다도 가장 높게 평가하고 있었음을 보게 된다.

이제 십사만 사천에 대해 좀 더 자세히 살펴보도록 하자.

첫째, 요한이 14장에서 십사만 사천을 묘사한 것은 바로 앞인 13장의 바다에서 나온 짐승과 극심한 대조를 이룬다. 우선 짐승의 이마에는 13장 1절의 표현과 같이 하나님을 모독하는 이름들이 써 있었지만, 십사만 사천의 이마에는 14장 1절에서와 같이 어린 양의 이름과 하나님의 이름이 쓰여 있다.

둘째, 13장 2절의 짐승의 묘사는 사람을 해치는 사나운 맹수였지만, 14장 2-3절에서의 십사만 사천의 분위기는 하나님 찬양의 맑은 모드로 바꾸어져 있다.

셋째, 13장 14절에서 두 번째 짐승은 첫 번째 짐승이 시키는 모든 것들을 다 시행하는 하수인이지만, 14장 4절에서의 십사만 사천은 오직 어린 양만을 따라가는 자들이었다.

넷째, 13장의 짐승들은 거짓을 말하고 속이고 포악하지만, 14장의 십사만 사천은 그 입에 거짓이 없고 흠도 없었다.

다섯째, 13장 5절에서 짐승들은 하늘을 훼방하고 자신들을 경배하지 않는 사람들을 수없이 죽이지만, 14장 6-7절의 십사만 사천은 모든 민족과 족속에게 영원한 복음과 생명의 길을 전하며 세상의 때가 다 되었으므로 오직 참되신 하나님만을 경배하라고 증언했다.

14:6-7절, "6 또 보니 다른 천사가 공중에 날아가는데 땅에 거주하는 자들 곧 모든 민족과 종족과 방언과 백성에게 전할 영원한 복음을 가졌더라 7 그가 큰 음성으로 이르되 하나님을 두려워하며 그에게 영광을 돌리라 이는 그의 심판의 시간이 이르렀음이니 하늘과 땅과 바다와 물들의 근원을 만드신 이를 경배하라 하더라"

여기에 우리는 요한계시록 여러 부분에서 나타난 복음에 관한 기록들을 종합해 보면서 예수의 초림 때부터 세상의 마지막 순간까지 변함없이 전해야 할 그 영원한 복음이 무엇인지 결론을 내려야 할 시점이 왔다.

요한계시록 7장 10절, 7장 17절, 10장 7절, 10장 11절, 12장 10-11절, 12장 17절, 14장 6-7절 등에서 공통적으로 표현된 내용들은 그 영원한 복음이 "하나님의 나라"임을 나타낸다.

많은 사람들은 복음의 핵심이 구원이라고 생각할 것이다. 그것은 옳은 답이다. 그런데 그 구원이 무엇이고 왜 구원을 받아야 하는가?

구원은 목적이 아니고 목적으로 가는 길이다. 예수를 믿는 것과 속죄와 구원도 전부 최종 목적지가 아니고 수단이고 길이다. 다시 말하면 예수를 믿는 것, 속죄를 받고 구원을 얻는 것은 하나님의 나라에 들어가기 위한 전제 조건인 것이다. 최종 목적지는 하나님의 나라이다. 하나님의 나라에 들어가기 위해 예수도 영접하고 속죄도 받고 구원도 얻는 것이다. 더 확실하게 말한다면 우리가 영원히 살아갈 그 하나님의 나라가 없다면 예수를 믿는 이유도 속죄도 구원도 아무 의미가 없는 것이다.

그러면 왜 하나님의 나라의 복음이 마지막 시대에 이를수록 다시 전해야 하는 사명이 되는 것인가? 그것은 요한계시록 14장 7절에 쓰여 있듯이 마지막 심판의 날 그리고 세상의 멸망의 날이 가까이 왔기 있기 때문이다.

구원의 때는 언제나 열려 있지 않다. 요한계시록 3장 7절에서 보았듯이, 그리고 예수께서 열 처녀의 비유에서 말씀하셨듯이 구원의 문은 한 번 닫치면 다시는 열리지 않기 때문이다.

그러므로 신약성경의 주제와 예수께서 전하신 복음의 내용이 바로 "회개와 하나님의 나라의 임하심"이었던 것처럼[44] 마지막 시대에도 십사만 사천뿐아니라 모든 성도들의 사명이 눈 앞에 다가온 "심판에 관한 회개와 하나님의 나라의 임하심"을 세상 끝 날까지 온 세상에 전하는 것이다.

본문(14:8-13)

"8 또 다른 천사 곧 둘째가 그 뒤를 따라 말하되 무너졌도다 무너졌도다 큰

---

44 마 4:17, 막 1:15, "회개하라 하나님의 나라가 가까이 왔느니라".

성 바벨론이여 모든 나라에게 그의 음행으로 말미암아 진노의 포도주를 먹이던 자로다 하더라 9 또 다른 천사 곧 셋째가 그 뒤를 따라 큰 음성으로 이르되 만일 누구든지 짐승과 그의 우상에게 경배하고 이마에나 손에 표를 받으면 10 그도 하나님의 진노의 포도주를 마시리니 그 진노의 잔에 섞인 것이 없이 부은 포도주라 거룩한 천사들 앞과 어린 양 앞에서 불과 유황으로 고난을 받으리니 11 그 고난의 연기가 세세토록 올라가리로다 짐승과 그의 우상에게 경배하고 그의 이름 표를 받는 자는 누구든지 밤낮 쉼을 얻지 못하리라 하더라 12 성도들의 인내가 여기 있나니 그들은 하나님의 계명과 예수에 대한 믿음을 지키는 자니라 13 또 내가 들으니 하늘에서 음성이 나서 이르되 기록하라 지금 이후로 주 안에서 죽는 자들은 복이 있도다 하시매 성령이 이르시되 그러하다 그들이 수고를 그치고 쉬리니 이는 그들의 행한 일이 따름이라 하시더라"

♦ 해설

14:8절, "8 또 다른 천사 곧 둘째가 그 뒤를 따라 말하되 무너졌도다 무너졌도다 큰 성 바벨론이여 모든 나라에게 그의 음행으로 말미암아 진노의 포도주를 먹이던 자로다 하더라"

이 예언은 이미 시작이 되었고 지금도 진행 중이며 앞으로도 끝까지 계속될 것이다. 이곳에서 바벨론이란 겉으로는 로마를 가리킨 것이었지만 내용으로는 배교한 로마 가톨릭을 의미한다. 음행이라는 말은 더러운 육체적 결합을 가리키듯이 영적 음행도 진리가 아닌 불법의 신앙들과의 결합을 말하는데 8절의 "그의 음행으로 말미암아 진노의 포도주를 먹이던 자로다"라는 표현이 그것을 강력히 시사한다.

14:9-10절, "9 또 다른 천사 곧 셋째가 그 뒤를 따라 큰 음성으로 이르되 만일 누구든지 짐승과 그의 우상에게 경배하고 이마에나 손에 표를 받으면 10 그도 하나님의 진노의 포도주를 마시리니 그 진노의 잔에 섞인 것이 없이 부은 포도주라 거룩한 천사들 앞과 어린 양 앞에서 불과 유황으로 고난을 받으리니"

왜 요한은 포도주 앞에 하나님의 진노라는 수식어를 붙였을까? 이 표현은 계시록 14장에서만 나오는 것이 아니고 16장 19절, 17장 2절, 18장 3절, 19장 15절에서 계속적으로 나타난다. 그러면 포도주가 왜 하나님의 진노를 일으키는 것이 되었을까? 그 이유는 14장 8절과 17장 2절에서 언급되듯이 음행과 관계가 있다.

이 "진노의 포도주"에 대해서는 계 17장과 18장에 걸쳐 주요 주제로 나오는데 그 여러 관련 구절에서 자세히 설명한다.

14:11-12절, "11 그 고난의 연기가 세세토록 올라가리로다 짐승과 그의 우상에게 경배하고 그의 이름 표를 받는 자는 누구든지 밤낮 쉼을 얻지 못하리라 하더라 12 성도들의 인내가 여기 있나니 그들은 하나님의 계명과 예수에 대한 믿음을 지키는 자니라"

계시록의 예언들이 직선형만이 아닌 순환형으로 반복되기도 하는 것이므로, 과거의 가톨릭이 면죄부라는 가증스러운 표를 만들었듯이 새로운 짐승은 더 가혹한 또 다른 표를 만들어서 자신들을 따르도록 강요할 것이다. 그러나 성도들의 인내는 하나님의 계명과 예수에 대한 믿음을 지키는 것이라고 권면한다.

14:13절, "13 또 내가 들으니 하늘에서 음성이 나서 이르되 기록하라 지금 이후로 주 안에서 죽는 자들은 복이 있도다 하시매 성령이 이르시되 그러하다 그들이 수고를 그치고 쉬리니 이는 그들의 행한 일이 따름이라 하시더라"

여기에서 요한은 "지금 이후로 주 안에서 죽는 자들은 복이 있도다 하시매 성령이 이르시되 그러하다 그들이 수고를 그치고 쉬리니 이는 그들의 행한 일이 따름이라"라는 성령의 위로를 전한다.

순교는 아무나 할 수 있는 것이 아니고 아무나 하는 것도 아니다. 그것은 사람의 힘이나 능력으로 하는 것이 아니고 하나님이 주신 사명과 택하심이 있어야 하는 것이다. 그러므로 모든 성도들은 하나님이 나누어 주시고 또한 맡기신 사명과 그 분량에 따라 끝까지 믿음을 지키고 충성하면 되는 것이다.

본문(14:14-20)

"14 또 내가 보니 흰 구름이 있고 구름 위에 인자와 같은 이가 앉으셨는데 그 머리에는 금 면류관이 있고 그 손에는 예리한 낫을 가졌더라 15 또 다른 천사가 성전으로부터 나와 구름 위에 앉은 이를 향하여 큰 음성으로 외쳐 이르되 당신의 낫을 휘둘러 거두소서 땅의 곡식이 다 익어 거둘 때가 이르렀음이니이다 하니 16 구름 위에 앉으신 이가 낫을 땅에 휘두르매 땅의 곡식이 거두어지니라 17 또 다른 천사가 하늘에 있는 성전에서 나오는데 역시 예리한 낫을 가졌더라 18 또 불을 다스리는 다른 천사가 제단으로부터 나와 예리한 낫 가진 자를 향하여 큰 음성으로 불러 이르되 네 예리한 낫을 휘둘러 땅의 포도송이를 거두라 그 포도가 익었느니라 하더라 19 천사가 낫을 땅에 휘둘러 땅의 포도를 거두어 하나님의 진노의 큰 포도주 틀에 던지매 20 성 밖에서 그 틀이 밟히니 틀에서 피가 나서 말 굴레에까지 닿았고 천육백 스다디온에 퍼졌더라"

✦ 해설

14:14절, "14 또 내가 보니 흰 구름이 있고 구름 위에 인자와 같은 이가 앉으셨는데 그 머리에는 금 면류관이 있고 그 손에는 예리한 낫을 가졌더라"

하늘에 인자와 같은 이가 금 면류관을 쓰고 앉았는데 손에 낫을 들고 있었다. 물론 이곳의 인자와 같은 이는 예수 그리스도를 의미하고 손에 낫을 들었다는 것은 이제 추수의 때가 되었다는 것을 의미한다.

14:15-16절, "15 또 다른 천사가 성전으로부터 나와 구름 위에 앉은 이를 향하여 큰 음성으로 외쳐 이르되 당신의 낫을 휘둘러 거두소서 땅의 곡식이 다 익어 거둘 때가 이르렀음이니이다 하니 16 구름 위에 앉으신 이가 낫

을 땅에 휘두르매 땅의 곡식이 거두어지니라"

그래서 한 천사가 곡식이 다 익었으므로 거둘 때가 되었다고 말하자 구름 위에 앉으신 이가 낫을 휘둘러 곡식을 거둔다.

14:17-19절, "17 또 다른 천사가 하늘에 있는 성전에서 나오는데 역시 예리한 낫을 가졌더라 18 또 불을 다스리는 다른 천사가 제단으로부터 나와 예리한 낫 가진 자를 향하여 큰 음성으로 불러 이르되 네 예리한 낫을 휘둘러 땅의 포도송이를 거두라 그 포도가 익었느니라 하더라 19 천사가 낫을 땅에 휘둘러 땅의 포도를 거두어 하나님의 진노의 큰 포도주 틀에 던지매"

또 다른 한 천사도 낫을 들고 나왔는데 포도가 익었으니 포도를 거두라는 명령을 듣고 낫을 휘둘러 포도송이를 거둔다. 그런데 그 천사가 거둔 포도는 하나님의 진노의 포도주 틀에 던져졌다.

바로 전에 인자와 같은 이가 거둔 곡식에는 하나님의 진노의 곡식 틀이란 것이 없었는데 이곳의 다른 한 천사가 거둔 포도 곁에는 하나님의 진노의 포도주 틀이라는 것이 있었다.

14:20절, "20 성 밖에서 그 틀이 밟히니 틀에서 피가 나서 말 굴레에까지 닿았고 천육백 스다디온에 퍼졌더라"

그 포도주 틀에서 피가 나왔다는 것은 포도의 붉은 색깔을 표현함으로써 죄악으로 붉게 물든 세상을 비유한 것으로 보인다.

그런데 그 길이가 천육백 스다디온에 퍼졌다고 했는데 한 스다디온이 약 190미터 정도이므로 천육백 스다디온은 약 300키로 미터가 된다. 포도주 틀에서 흘러나온 피가 300킬로미터에 넘쳤다는 것은 그만큼 그것의 죄악의 크기가 컸음을 나타낸다. 이 포도와 진노의 포도주 틀에 관한 내용은 요한계시록 18장 3절의 해설에서 자세히 푼다.

제15장

본문(15:1-4): 일곱 재앙

"1 또 하늘에 크고 이상한 다른 이적을 보매 일곱 천사가 일곱 재앙을 가졌으니 곧 마지막 재앙이라 하나님의 진노가 이것으로 마치리로다 2 또 내가 보니 불이 섞인 유리 바다 같은 것이 있고 짐승과 그의 우상과 그의 이름의 수를 이기고 벗어난 자들이 유리 바다 가에 서서 하나님의 거문고를 가지고 3 하나님의 종 모세의 노래, 어린 양의 노래를 불러 이르되 주 하나님 곧 전능하신 이시여 하시는 일이 크고 놀라우시도다 만국의 왕이시여 주의 길이 의롭고 참되시도다 4 주여 누가 주의 이름을 두려워하지 아니하며 영화롭게 하지 아니하오리이까 오직 주만 거룩하시니이다 주의 의로우신 일이 나타났으매 만국이 와서 주께 경배하리이다 하더라"

✦ 해설

15:1절, "1 또 하늘에 크고 이상한 다른 이적을 보매 일곱 천사가 일곱 재앙을 가졌으니 곧 마지막 재앙이라 하나님의 진노가 이것으로 마치리로다"

이제 요한이 본 것은 다른 일곱 천사가 일곱 재앙을 가졌는데 그것은 하나님의 진노가 마치게 될 곧 마지막 재앙들이었다.

15:2절, "2 또 내가 보니 불이 섞인 유리 바다 같은 것이 있고 짐승과 그의 우상과 그의 이름의 수를 이기고 벗어난 자들이 유리 바다 가에 서서 하나님의 거문고를 가지고"

불과 같이 밝고 유리같이 투명한 바다 가에서 짐승을 이기고 그 우상을 이기고 그 이름의 수를 이기고 벗어난 자들이 맑은 바닷가에 하나님의 거문고를 가지고 왔다.

15:3-4절, "3 하나님의 종 모세의 노래, 어린 양의 노래를 불러 이르되 주 하나님 곧 전능하신 이시여 하시는 일이 크고 놀라우시도다 만국의 왕이시여 주의 길이 의롭고 참되시도다 4 주여 누가 주의 이름을 두려워하지 아니하며 영화롭게 하지 아니하오리이까 오직 주만 거룩하시니이다 주의 의로우신 일이 나타났으매 만국이 와서 주께 경배하리이다 하더라"

3절에서 구약에서의 이스라엘 백성의 인도자 모세와, 신약에서의 하나님의 백성들의 구원자 어린 양을 함께 소개한 것은 구원의 감사와 기쁨과 영광이 얼마나 큰 것이었는지 그 결과를 보았던 자들이 놀라움에서 드리던 찬양에 나타났기 때문이다. 이들은 자신만이 아니고 세상의 모든 자들과 그 감격과 기쁨과 영광의 구원을 함께 누리기를 원했던 것이다.

"5 또 이 일 후에 내가 보니 하늘에 증거 장막의 성전이 열리며 6 일곱 재앙을 가진 일곱 천사가 성전으로부터 나와 맑고 빛난 세마포 옷을 입고 가슴에 금띠를 띠고 7 네 생물 중의 하나가 영원토록 살아 계신 하나님의 진노를 가득히 담은 금 대접 일곱을 그 일곱 천사들에게 주니 8 하나님의 영광과 능력으로 말미암아 성전에 연기가 가득 차매 일곱 천사의 일곱 재앙이 마치기까지는 성전에 능히 들어갈 자가 없더라"

✦ 해설

15:5절, "5 또 이 일 후에 내가 보니 하늘에 증거 장막의 성전이 열리며"

히브리서 8장 5절과 9장 11절은 하늘에 있는 것들이 진품(originals)이고 땅에 있는 것들은 모조품(copies)이요 그림자(shadows)라고 했으므로 이곳에서의 하늘에 열린 증거 장막의 성전이란 하늘의 참성전을 의미하는 것으로 보인다.

15:6-7절, "6 일곱 재앙을 가진 일곱 천사가 성전으로부터 나와 맑고 빛난 세마포 옷을 입고 가슴에 금띠를 띠고 7 네 생물 중의 하나가 영원토록 살아 계신 하나님의 진노를 가득히 담은 금 대접 일곱을 그 일곱 천사들에게 주니"

요한이 보니 이제 하늘의 일곱 천사들이 하나님의 마지막 진노의 일곱 재앙이 담긴 금 대접을 받고 땅으로 쏟아부을 준비를 하고 있었다. 그러자 이때 네 생물이 또 나타나 그 금 대접들을 천사들에게 전한다. 그렇기에 앞에서 언급했듯이 본고는 네 생물을 하나님의 제일 가까운 곳에서 하나님을 호위하는 어전 장수들이거나 또는 하나님의 명령을 하달하는 비서관들이라고 해석하게 되는 것이다.

15:8절, "8 하나님의 영광과 능력으로 말미암아 성전에 연기가 가득 차매 일곱 천사의 일곱 재앙이 마치기까지는 성전에 능히 들어갈 자가 없더라"

하나님의 마지막 진노의 대접은 하나님의 손을 떠났다. 이제는 다만 시행만 있을 뿐이다.

제16장

본문(16:1-11): 일곱 대접

"1 또 내가 들으니 성전에서 큰 음성이 나서 일곱 천사에게 말하되 너희는 가서 하나님의 진노의 일곱 대접을 땅에 쏟으라 하더라 2 첫째 천사가 가서 그 대접을 땅에 쏟으매 짐승의 표를 받은 사람들과 그 우상에게 경배하는 자들에게 악하고 독한 종기가 나더라 3 둘째 천사가 그 대접을 바다에 쏟으매 바다가 곧 죽은 자의 피 같이 되니 바다 가운데 모든 생물이 죽더라 4 셋째 천사가 그 대접을 강과 물 근원에 쏟으매 피가 되더라 5 내가 들으니 물을 차지한 천사가 이르되 전에도 계셨고 지금도 계신 거룩하신 이여 이렇게 심판하시니 의로우시도다 6 그들이 성도들과 선지자들의 피를 흘렸으므로 그들에게 피를 마시게 하신 것이 합당하니이다 하더라 7 또 내가 들으니 제단이 말하기를 그러하다 주 하나님 곧 전능하신 이시여 심판하시는 것이 참되시고 의로우시도다 하더라 8 넷째 천사가 그 대접을 해에 쏟으매 해가 권세를 받아 불로 사람들을 태우니 9 사람들이 크게 태움에 태워진지라 이 재앙들을 행하는 권세를 가지신 하나님의 이름을 비방하며 또 회개하지 아니하고 주께 영광을 돌리지 아니하더라 10 또 다섯째 천사가 그 대접을 짐승의 왕좌에 쏟으니 그 나라가 곧 어두워지며 사람들이 아파서 자기 혀를 깨물고 11 아픈 것과 종기로 말미암아 하늘의 하나님을 비방하고 그들의 행위를 회개하지 아니하더라"

✦ 해설

16:1절, "1 또 내가 들으니 성전에서 큰 음성이 나서 일곱 천사에게 말하되 너희는 가서 하나님의 진노의 일곱 대접을 땅에 쏟으라 하더라"

드디어 일곱 천사가 하나님의 진노를 담은 일곱 대접을 하나씩 땅에 쏟기 시작한다.

16:2절, "2 첫째 천사가 가서 그 대접을 땅에 쏟으매 짐승의 표를 받은 사람들과 그 우상에게 경배하는 자들에게 악하고 독한 종기가 나더라"

첫째 천사가 첫째 대접을 쏟자 짐승의 표를 받은 사람들과 우상에게 경배를 하는 자들에게 악하고 독한 종기(질병)가 발생했다. 따라서 첫째 재앙은 온 땅에 퍼질 큰 질병을 의미한 것이다. 이곳에서도 앞에서 다루었던 요한계시록 13장의 첫째 짐승과 둘째 짐승이 세상에 퍼뜨릴 질병의 재앙(화생방 포함)에 대해 예언한 것을 다시 보게 된다.

16:3-5절, "3 둘째 천사가 그 대접을 바다에 쏟으매 바다가 곧 죽은 자의 피 같이 되니 바다 가운데 모든 생물이 죽더라 4 셋째 천사가 그 대접을 강과 물 근원에 쏟으매 피가 되더라 5 내가 들으니 물을 차지한 천사가 이르되 전

에도 계셨고 지금도 계신 거룩하신 이여 이렇게 심판하시니 의로우시도다"

둘째와 셋째 대접은 바다와 강 및 물 근원들에 대한 재앙인데 모든 물들이 죽은 자들이 흘린 피 같았다라고 표현된 것으로 보아 큰 전쟁에서 군대들이 싸우다 흘린 피가 바다와 강들을 덮게 될 것을 예언한 것으로 보인다.

16:6-7절, "6 그들이 성도들과 선지자들의 피를 흘렸으므로 그들에게 피를 마시게 하신 것이 합당하니이다 하더라 7 또 내가 들으니 제단이 말하기를 그러하다 주 하나님 곧 전능하신 이시여 심판하시는 것이 참되시고 의로우시도다 하더라"

이것은 하나님의 종들이 세상을 살릴 복음을 증거한 것 외에는 아무 죄도 없이 흘린 피에 대해 하나님이 대신해서 온 세상의 박해자들에게 그 보답을 해 주려는 것이었다.

16:8-9절, "8 넷째 천사가 그 대접을 해에 쏟으매 해가 권세를 받아 불로 사람들을 태우니 9 사람들이 크게 태움에 태워진지라 이 재앙들을 행하는 권세를 가지신 하나님의 이름을 비방하며 또 회개하지 아니하고 주께 영광을 돌리지 아니하더라"

넷째 대접은 해가 불처럼 되어서 땅을 태우는 재앙이었다. 이것도 전쟁의 포화(원자폭탄 포함)들이 온 땅을 다 태워 버리는 계시이다.

16:10-11절, "10 또 다섯째 천사가 그 대접을 짐승의 왕좌에 쏟으니 그 나라가 곧 어두워지며 사람들이 아파서 자기 혀를 깨물고 11 아픈 것과 종기로 말미암아 하늘의 하나님을 비방하고 그들의 행위를 회개하지 아니하더라"

다섯째 대접은 드디어 짐승에게 재앙을 퍼붓는 것이다. 이것은 짐승에게 패배만 해 오던 반짐승 연합군이 거꾸로 짐승의 본토에 쏟아붓는 반격의 포격을 의미한 것일 수 있다. 이처럼 첫째 대접에서부터 다섯 대접까지의 다섯 재앙들은 전부 전쟁에 따른 질병과 기근과 피 흘리고 죽고 부숴지고 파괴되는 재해들을 예언한 것이다.

이것들을 하나님의 진로의 대접이라고 부른 이유는 하나님이 그동안 오래 인내하고 참아 오셨던 진노 즉, 자신의 종들이 겪었던 고난과 아픔들을 갚아 주려는 것이었기 때문이다. 그러나 짐승과 그의 추종자들은 회개하지 않았고 하나님께 경배하지도 않았다.

본문(16:12-16): 큰 전쟁

"12 또 여섯째 천사가 그 대접을 큰 강 유브라데에 쏟으매 강물이 말라서 동방에서 오는 왕들의 길이 예비되었더라 13 또 내가 보매 개구리 같은 세 더러운 영이 용의 입과 짐승의 입과 거짓 선지자의 입에서 나오니 14 그들은 귀신의 영이라 이적을 행하여 온 천하 왕들에게 가서 하나님 곧 전능하신 이의 큰 날에 있을 전쟁을 위하여 그들을 모으더라 15 보라 내가 도둑 같이 오리니 누구든지 깨어 자기 옷을 지켜 벌거벗고 다니지 아니하며 자기의 부끄러움을 보이지 아니하는 자는 복이 있도다 16 세 영이 히브리어로 아마겟돈이라 하는 곳으로 왕들을 모으더라"

✦ 해설

16:12절, "12 또 여섯째 천사가 그 대접을 큰 강 유브라데에 쏟으매 강물이 말라서 동방에서 오는 왕들의 길이 예비되었더라"

이 여섯째와 일곱째 대접은 마지막 전쟁에 대한 예언이다. 요한은 이 마지막 전쟁의 장소로서 큰 강 유브라데라고 예언했다. 따라서 그 전쟁은 유브라데강 지역에서 발발할 것이다. 그런데 전쟁을 일으킬 국가들이 동방에서 왔다고 했으므로 유라시아 즉, 동부 유럽과 아시아 지역의 나라들이다.

이 전쟁에 대한 묘사를 보면 요한이 할 수 있는 만큼 자세하게 기록했음을 알 수 있다. 그만큼 이 마지막 전쟁의 예언이 13장의 짐승의 정체와 함께 요한계시록 가운데 가장 중요한 비밀이라는 의미이다.

16:13-14절, "13 또 내가 보매 개구리 같은 세 더러운 영이 용의 입과 짐승의 입과 거짓 선지자의 입에서 나오니 14 그들은 귀신의 영이라 이적을 행하여 온 천하 왕들에게 가서 하나님 곧 전능하신 이의 큰 날에 있을 전쟁을 위하여 그들을 모으더라"

여기에 개구리 같은 세 더러운 영이 용의 입과 짐승의 입과 거짓 선지자의 입에서 나왔다고 했으므로 이들은 온 세상의 악의 세 축인 용과 짐승과 거짓 선지자로써 무력과 질병 퇴치라는 고도의 속임수로 세상을 미혹시키고 속여서 전 세계의 모든 나라들로 하여금 마지막 전쟁에 참여하도록 만들어 갈 것이다.

이곳에서 주목해야 할 것은 개구리 같은, 더러운 입, 거짓 등 사람과 세상을 속이는 의미로서의 표현들이다. 용은 사탄이고 짐승은 13장에서 살펴본 바대로 중국이 가장 유력하며 거짓 선지자는 WHO로서 이들이 전세계를 장악하는 가장 큰 수법이 속임수이므로 그들의 속임수에 세상과 모든 사람들이 속는 것이다.

16:15절, "15 보라 내가 도둑 같이 오리니 누구든지 깨어 자기 옷을 지켜 벌거벗고 다니지 아니하며 자기의 부끄러움을 보이지 아니하는 자는 복이 있도다"

때가 되어 가고 있으므로 이제 라오디게아 교회 즉 마지막 시대의 성도들은 영적전쟁과 육적전쟁에서 이기고 자신들의 믿음을 지키기 위해서 뜨뜻미지근한 신앙의 상태에서 일어나 예수 그리스도로부터 정금과 안약과 흰 옷을 사서 어떤 환난에도 굽히지 않는 강한 믿음, 영적 싸움을 정확히 보는 영의 눈, 그리고 예수의 보혈로 씻은 정결함을 가져야 한다.[45]

16:16절, "16 세 영이 히브리어로 아마겟돈이라 하는 곳으로 왕들을 모으더라"

---

45 계 3:18.

히브리어로 아마겟돈(Armageddon)이란 이스라엘의 므깃도(Megiddo) 지역을 말하는데 이스라엘의 역사적으로도 실제로 이곳이 많은 격전지들 중 하나로서 그만큼 므깃도는 이스라엘의 군사적 요충지였다.

므깃도는 오늘날의 이스라엘의 이스르엘 평야 북단과 갈멜산맥 하단부에 있는 도시인데 그 위치가 오래 전부터 군사적 및 경제적으로 매우 중요한 요충지여서 역사적으로 수많은 전쟁이 발생해 왔던 곳이다.

그런데 요한계시록이 전쟁의 시발지로서 유브라데강을 그리고 격전지로서 므깃도를 지명했으므로 마지막 전쟁은 이 두 지역을 중심으로 가장 큰 싸움이 벌어지게 될 것이다.

본문(16:17-21)

"17 일곱째 천사가 그 대접을 공중에 쏟으매 큰 음성이 성전에서 보좌로부터 나서 이르되 되었다 하시니 18 번개와 음성들과 우렛소리가 있고 또 큰 지진이 있어 얼마나 큰지 사람이 땅에 있어 온 이래로 이같이 큰 지진이 없었더라 19 큰 성이 세 갈래로 갈라지고 만국의 성들도 무너지니 큰 성 바벨론이 하나님 앞에 기억하신 바 되어 그의 맹렬한 진노의 포도주 잔을 받으매 20 각 섬도 없어지고 산악도 간 데 없더라 21 또 무게가 한 달란트나 되는 큰 우박이 하늘로부터 사람들에게 내리매 사람들이 그 우박의 재앙 때문에 하나님을 비방하니 그 재앙이 심히 큼이러라"

16:17절, "17 일곱째 천사가 그 대접을 공중에 쏟으매 큰 음성이 성전에서 보좌로부터 나서 이르되 되었다 하시니"

이 전쟁과 함께 지구와 인류의 역사는 종말을 맞게 된다. 아름다운 하나님의 창조의 세계가 사탄이 가져온 죄악과 탐욕과 거짓으로 인해 인류가 함께 물들었던 그 죗값으로 받아야 하는 운명의 결과였다.

16:18절, "18 번개와 음성들과 우렛소리가 있고 또 큰 지진이 있어 얼마나 큰지 사람이 땅에 있어 온 이래로 이같이 큰 지진이 없었더라"

그 전쟁의 규모가 얼마나 큰지 이전에 있어 왔던 땅이 갈라지고 산이 무너지던 지진들과 비교가 안 될 정도로 엄청난 무기들의 파괴력이 세상의 모든 것들을 부수는 장면을 묘사한다.

16:19절, "19 큰 성이 세 갈래로 갈라지고 만국의 성들도 무너지니 큰 성 바벨론이 하나님 앞에 기억하신 바 되어 그의 맹렬한 진노의 포도주 잔을 받으매"

모든 도시들도 파괴되고 지구상 최악의 도시의 대명사인 바벨론 성도 세 갈래로 무너지게 된다. 이 바벨론 성과 진노의 포도주에 대해서는 계시록 18장에서 자세히 설명한다.

16:20-21절, "20 각 섬도 없어지고 산악도 간 데 없더라 21 또 무게가 한 달
란트나 되는 큰 우박이 하늘로부터 사람들에게 내리매 사람들이 그 우박의
재앙 때문에 하나님을 비방하니 그 재앙이 심히 큼이러라"

그 무서운 살상의 무기들은 도시들뿐 아니라 산들과 심지어 섬들도 다
파괴시킬 것이다. 무게가 한 달란트나 되는 포탄들이 사람들의 머리 위
로 떨어지게 될 것이기 때문이다. 한 달란트의 무게란 약 35킬로 그램인
데 2천 년 전에 우박의 무게를 포탄의 무게로 표현한 것이므로 현대전에
서의 미사일의 규모로써는 말할 수 없이 큰 것임을 나타낸다. 그러나 세
상은 자신들의 죄악은 돌아보지 않고 재앙이 클수록 오히려 하나님을 더
욱 비방했다고 했다.

〈세 재앙 해석〉

이제까지 우리가 살펴본 바 대로 세 가지 재앙은 첫 번째가 계시록 6장
에 나오는 일곱 인, 두 번째가 8장과 9장에 나오는 일곱 나팔, 그리고 세 번
째가 16장에 나오는 일곱 대접인데 각각 일곱 천사들에 의해 일곱 번의 재
앙들이 내려졌다. 그런데 세 재앙들을 자세히 조사해 보면 서로 많은 공통
점들을 발견하게 되는데 그 공통점들은 이 세 가지 재앙이 다른 것들이 아
니고 다음과 같이 하나의 재앙의 점진적 발전이라는 것을 알게 된다.

첫째, 일곱 인의 주제는 전쟁이다. 요한계시록 6장 2절의 시작부터 전
쟁이 비유적으로 묘사되고 있다. 일곱 나팔도 전쟁의 소식이다. 9장 16절
에 마병대라는 간접적인 표현에서 앞에 있는 이야기들이 전쟁을 뜻하고

있음을 말해 준다. 또한 일곱 대접의 주제도 전쟁이다. 16장 14절은 아예 전쟁이라는 직접적인 단어를 사용한다.

좀 더 자세히 설명하자면, 일곱 인의 경우는 전쟁에 관한 비유를, 일곱 나팔의 경우는 전쟁의 간접적인 묘사를, 그리고 일곱 대접에서는 직접적으로 전쟁을 표현한다. 그러므로 세 재앙은 모두가 어느 전쟁에 관한 것이다.

둘째, 전쟁의 규모나 피해정도가 점차 커져 간다. 6장 8절에 그들은 땅 사분의 일의 권세를 얻어 사람들을 죽였다고 했다. 8장 8절과 8장 10절, 그리고 8장 12절에는 땅의 삼분의 일이 타격을 입는다. 16장 3절에는 모든 생물이 죽는다고 했다.

셋째, 사용하는 단어들이 같다. 일곱 나팔의 둘째 천사와 일곱 대접의 둘째 천사의 재앙이 같은 내용이고, 일곱 나팔의 셋째 천사와 일곱 대접의 셋째 천사의 재앙 또한 서로 같다.

넷째, 일곱 나팔의 다섯째 천사의 이야기와 일곱 대접의 다섯 번째 천사의 이야기도 그 대상이 짐승으로 같다.

다섯째, 일곱 나팔의 여섯째 천사와 일곱 대접의 여섯째 천사의 예언이 큰 강 유브라데로 같다. 이것은 원어인 헬라어의 문장에서도 똑같이 쓰여 있다.

여섯째, 일곱 인의 마지막 예언과 일곱 대접의 마지막 예언이 각 산과 섬이 없어졌다는 데에 일치한다.

이러한 자세한 묘사들의 공통은 절대로 우연이 아니다. 이것은 저자의 의도가 있는 것이다. 바로 마지막 전쟁에 대한 점진적 표현이었던 것이다.

제17장

본문(17:1-5): 큰 음녀

"1 또 일곱 대접을 가진 일곱 천사 중 하나가 와서 내게 말하여 이르되 이리로 오라 많은 물 위에 앉은 큰 음녀가 받을 심판을 네게 보이리라 2 땅의 임금들도 그와 더불어 음행하였고 땅에 사는 자들도 그 음행의 포도주에 취하였다 하고 3 곧 성령으로 나를 데리고 광야로 가니라 내가 보니 여자가 붉은 빛 짐승을 탔는데 그 짐승의 몸에 하나님을 모독하는 이름들이 가득하고 일곱 머리와 열 뿔이 있으며 4 그 여자는 자주 빛과 붉은 빛 옷을 입고 금과 보석과 진주로 꾸미고 손에 금 잔을 가졌는데 가증한 물건과 그의 음행의 더러운 것들이 가득하더라 5 그의 이마에 이름이 기록되었으니 비밀이라, 큰 바벨론이라, 땅의 음녀들과 가증한 것들의 어미라 하였더라"

✦ 해설

17:1-2절, "1 또 일곱 대접을 가진 일곱 천사 중 하나가 와서 내게 말하여 이르되 이리로 오라 많은 물 위에 앉은 큰 음녀가 받을 심판을 네게 보이리라 2 땅의 임금들도 그와 더불어 음행하였고 땅에 사는 자들도 그 음행의 포도

주에 취하였다 하고"

    요한은 이제 큰 음녀의 비밀을 말하기 시작한다. 그 음녀가 받을 심판의 날이 다가왔기 때문이다. 우선 음녀의 정체에 대해서 17장 1절은 음녀가 많은 물 위에 앉아 있었다고 했다. 17장 15절에서는 네가 본 바 음녀가 앉아 있는 물은 백성과 무리와 열국과 방언들이라고 했으므로 이 음녀는 여러 나라들 위에 군림해 온 존재임을 말하고 있다. 17장 2절에도 이 음녀가 포도주로써 땅의 왕들과 세상을 취하게 하여 행음하게 했다는 것이 그것을 뒷받침해 준다.

    그런데 13장 1절의 그 짐승과 17장 1절의 이 음녀는 다르다. 13장의 짐승은 바다에서 나왔고 17장의 음녀는 많은 물 위에 앉았다고 했다. 이 둘의 차이는 그 짐승은 바다에서 나온 것(출신)이고, 이 음녀는 그 많은 물 위에 앉은(그 많은 물을 이용한) 것이므로 둘은 전혀 다른 존재들이다.

    17:3절, "3 곧 성령으로 나를 데리고 광야로 가니라 내가 보니 여자가 붉은 빛 짐승을 탔는데 그 짐승의 몸에 하나님을 모독하는 이름들이 가득하고 일곱 머리와 열 뿔이 있으며"

    그 음녀는 붉은 빛 짐승을 탔는데 그 짐승의 몸에 하나님을 모독하는 이름들이 가득하고 일곱 머리와 열 뿔이 있었다 했으므로 그 짐승은 앞에서 살펴보았듯이 13장 1절의 바다에서 나온 짐승을 의미하는 것이 분명하다.

    그런데 여기에서 이상한 장면이 펼쳐진다. 그 음녀가 붉은 빛 짐승을 올라타고 다닌 것이다. 이것은 두 개의 서로 다른 시대의 예언이 중복되어 있다. 하나는 중세 가톨릭의 전성기이고 다른 하나는 마지막 때인 짐승의 전성기의 예언이다.

중세 가톨릭의 전성기에 실제로 이 음녀는 당시의 로마를 등에 업고 기독교계는 물론이고 주변국의 왕들보다 더 높고 막강한 최고의 권력을 갖게 되어 일부 왕들은 종교의 세력에 눌려서 자국의 왕들의 임명과 파면권조차 음녀에게 위임했다.[46] 그와 같이 마지막 시대의 짐승의 전성기에도 이 음녀는 짐승을 타고(이용하고) 다닐 것이다.

17:4절, "4 그 여자는 자주 빛과 붉은 빛 옷을 입고 금과 보석과 진주로 꾸미고 손에 금 잔을 가졌는데 가증한 물건과 그의 음행의 더러운 것들이 가득하더라"

요한은 자신이 계시에서 보았던 그 음녀의 모습을 자주색과 붉은색 옷을 입고 온갖 보석으로 자신을 꾸미고 손에 금 잔을 가졌다고 증언한다. 그런데 그 안에 가증한 것들과 음행의 더러운 것들이 가득했다. 그러므로 이 음녀의 치장들과 기물들 그리고 입은 옷들을 보면 붉은 보라색과 황금색이 주종을 이루고 있음을 알게 된다.

17:5절, "5 그의 이마에 이름이 기록되었으니 비밀이라, 큰 바벨론이라, 땅의 음녀들과 가증한 것들의 어미라 하였더라"

---

46 교황 인노센트 3세 시대의 유럽의 역사를 참고할 것.

음녀의 이마에는 비밀이요 큰 바벨론이요 땅의 음녀들과 가증한 것들의 어미라고 쓰여 있었다. 음녀의 이마에 쓰여진 비밀(musterion)이란 단어는 감추어진 또는 신비한이란 뜻이므로 겉과 속이 다른 그 어떤 비밀이 안에 있음을 표현하고 있으며 음녀들의 어미라는 것은 음녀가 태동하게 된 역사적 배경을 가리키는 것으로써 이 음녀의 비밀에 대해서는 17장 7절에 이어진다.

그런데 이상한 것은 요한이 로마를 바벨론으로 표현했다는 점이다. 사실 바벨론은 베드로전서 5장 13절에서 베드로가 처음으로 표현한 것인데 그 후 계시록 14장, 16장, 17장, 18장 등의 여러 구절에서 나타나고 있으며 그 뜻은 모두 로마를 의미했다.[47] 그러므로 바벨론 즉 로마를 등에 업은 그 음녀라는 의미는 처음부터 로마에서 시작했으며 로마 황제들의 후광을 입고 있었음을 말해 준다.

본문(17:6-8)

"6 또 내가 보매 이 여자가 성도들의 피와 예수의 증인들의 피에 취한지라 내가 그 여자를 보고 놀랍게 여기고 크게 놀랍게 여기니 7 천사가 이르되 왜 놀랍게 여기느냐 내가 여자와 그가 탄 일곱 머리와 열 뿔 가진 짐승의 비밀을 네게 이르리라 8 네가 본 짐승은 전에 있었다가 지금은 없으나 장차 무저갱으로부터 올라와 멸망으로 들어갈 자니 땅에 사는 자들로서 창세 이후로 그 이름이 생명책에 기록되지 못한 자들이 이전에 있었다가 지금은 없으나 장차 나올 짐승을 보고 놀랍게 여기리라"

---

47 벧전 5:13, 계 14:8, 16:19, 17:5, 18:2, 18:10, 18:14, 18:15, 18:21, etc.

✦ 해설

17:6절, "6 또 내가 보매 이 여자가 성도들의 피와 예수의 증인들의 피에 취한지라 내가 그 여자를 보고 놀랍게 여기고 크게 놀랍게 여기니"

요한은 이 음녀가 성도들의 피와 예수의 증인들의 피에 취했다고 했다. 이 세상에서 돈과 명예와 권력이면 무엇이든 다 이루어지는 것만 보았던 음녀는 죽음으로도 꺾지 못하는 예수의 증인들의 피를 보고 혼란스러웠을 것이다. 요한도 음녀의 미혹의 포도주와 음행에 동참하지 않고 더욱이 자신들의 죽음조차 두려워하지 않으며 우상숭배와 간음의 더러운 죄악에 대항하는 성도들과 예수의 증인들의 믿음을 보고 놀랐다.

17:7-8절, "7 천사가 이르되 왜 놀랍게 여기느냐 내가 여자와 그가 탄 일곱 머리와 열 뿔 가진 짐승의 비밀을 네게 이르리라 8 네가 본 짐승은 전에 있었다가 지금은 없으나 장차 무저갱으로부터 올라와 멸망으로 들어갈 자니 땅에 사는 자들로서 창세 이후로 그 이름이 생명책에 기록되지 못한 자들이 이전에 있었다가 지금은 없으나 장차 나올 짐승을 보고 놀랍게 여기리라"

그러자 한 천사가 그 음녀가 탄 짐승의 비밀을 말해 주었는데 지금은 없으나 장차 무저갱으로부터 올라와 멸망으로 들어갈 자니 땅에 사는 자들로서 창세 이후로 그 이름이 생명책에 기록되지 못한 자들이 이전에 있었다가 지금은 없으나 장차 나올 짐승을 보고 놀랍게 여기리라고 했다. 이 표현은 13장 8절에서의 바다에서 나온 짐승에 대한 묘사와 같은 것이다.

이와 같이 처음에 로마제국의 거대한 영토와 로마 황제의 권력을 배경으로 커 온 음녀는 후에는 과거의 로마제국보다 더 막강한 힘으로 전 세계에 나타날 그 짐승을 이용할 것이다. 왜냐하면 그 짐승은 마지막 시대에 등장하기로 예언이 되어 있기 때문이다. 따라서 세계의 마지막 이전에 그 짐승은 이미 등장하기 시작할 것이고 그의 전성의 때가 곧 이를 것이다.

요한계시록은 이처럼 여러 구절들에서 이 음녀가 마지막 시대에 또다시 등장하여 큰 힘을 발휘할 짐승을 이용하게 되고 그 둘은 서로의 유익을 위해 아무도 모르는 물밑 거래를 하면서 세계 정복을 위해 힘을 합치게 될 것이라는 암시를 주고 있다. 이제까지 본 주석을 읽어 온 독자들은 이미 짐승과 음녀의 비밀의 정체를 발견했을 것이다.

본문(17:9-15)

"9 지혜 있는 뜻이 여기 있으니 그 일곱 머리는 여자가 앉은 일곱 산이요 10 또 일곱 왕이라 다섯은 망하였고 하나는 있고 다른 하나는 아직 이르지 아니하였으나 이르면 반드시 잠시 동안 머무르리라 11 전에 있었다가 지금 없어진 짐승은 여덟째 왕이니 일곱 중에 속한 자라 그가 멸망으로 들어가리라 12 네가 보던 열 뿔은 열 왕이니 아직 나라를 얻지 못하였으나 다만 짐승과 더불어 임금처럼 한동안 권세를 받으리라 13 그들이 한 뜻을 가지고 자기의 능력과 권세를 짐승에게 주더라 14 그들이 어린 양과 더불어 싸우려니와 어린 양은 만주의 주시요 만왕의 왕이시므로 그들을 이기실 터이요 또 그와 함께 있는 자들 곧 부르심을 받고 택하심을 받은 진실한 자들도 이기

리로다 15 또 천사가 내게 말하되 네가 본 바 음녀가 앉아 있는 물은 백성과
무리와 열국과 방언들이니라"

✦ 해설

17:9-11절, "9 지혜 있는 뜻이 여기 있으니 그 일곱 머리는 여자가 앉은 일
곱 산이요 10 또 일곱 왕이라 다섯은 망하였고 하나는 있고 다른 하나는 아
직 이르지 아니하였으나 이르면 반드시 잠시 동안 머무르리라 11 전에 있었
다가 지금 없어진 짐승은 여덟째 왕이니 일곱 중에 속한 자라 그가 멸망으
로 들어가리라"

요한은 음녀가 타고 있는 요한계시록 13장의 짐승에 대해 다시 말하고
있다. 이제 요한은 자신이 받은 비밀의 계시들을 거의 다 드러내고 있는
것이다. 세상의 마지막 때가 되어 가고 있으므로 이제는 소수의 남은 비
밀들 외에는 더 이상 감출 필요가 없기 때문이다.

그런데 그 짐승이 갖고 있던 일곱 머리나 열 뿔 등은 이미 앞의 예언들에
서 요한이 말했던 바 있다. 그러므로 이것은 중국을 가리키고 10절과 11절
의 예언은 중국의 국가 발전의 과정과 끝의 모습을 묘사하고 있는 것이다.

요한계시록 13장에서 살펴보았듯이 중국이 원래 다민족이 모여 하나
의 국가가 되었는데 어느 때부터 중국은 공산주의를 국가의 이념으로 갖
는 무교주의가 된다. 사실 원래부터 중국이 무교주의국은 아니었고 불교
를 국교로 한 적이 있었고 유교를 숭배한 적도 있었다.

그러다 공산주의 국가가 되면서 모든 종교를 부정했고 국가 체제도 달

라졌으며 최고 지도자의 위치도 달라진다. 그 중국에서 기독교 말살 정책을 실시할 자가 나타날 것인데 그가 11절의 여덟째 왕이다.

> **17:12-13절,** "12 네가 보던 열 뿔은 열 왕이니 아직 나라를 얻지 못하였으나 다만 짐승과 더불어 임금처럼 한동안 권세를 받으리라 13 그들이 한 뜻을 가지고 자기의 능력과 권세를 짐승에게 주더라"

12절에 예언이 되어 있는 것처럼 마지막 때에 중국이 잠시 분열될 것이다. 그러나 국가자체가 쪼개지는 것을 말하는 것이 아니고 막강한 중앙권력이 힘을 숨겨 오던 여러 지방 세력으로 나누어질 것을 말하는데 그럼에도 13절에 기록된 것처럼 기독교 말살 정책에서는 모두 하나가 된다.

> **17:14절,** "14 그들이 어린 양과 더불어 싸우려니와 어린 양은 만주의 주시요 만왕의 왕이시므로 그들을 이기실 터이요 또 그와 함께 있는 자들 곧 부르심을 받고 택하심을 받은 진실한 자들도 이기리로다"

이 장면은 세상의 마지막 전쟁을 나타낸 것이 아니고 그 전에 먼저 있을 영적전쟁을 의미한 것으로 보인다. 그 이유는 14절에 그들이 어린 양과 싸울 것이라고 했기 때문이다.

좀 더 보충해서 설명하자면, 무신론주의 중국은 점차 기독교 핍박을 행하다가 어느 때부터는 아예 기독교 말살 정책을 펼 것이다. 그러므로 14절에서의 싸움은 아직 요한계시록 19장의 마지막 전쟁이 일어나기 전의 일이다.

그러나 어린 양은 만주의 주시요 만왕의 왕이시므로 당연히 그들을 이기실 것이지만 그와 함께 있는 자들 곧 부르심을 받고 택하심을 받은 진실한 자들도 짐승과 그 추종자들을 이길 것이라고 예언한다.

17:15절, "15 또 천사가 내게 말하되 네가 본 바 음녀가 앉아 있는 물은 백성과 무리와 열국과 방언들이니라"

이 구절은 이미 우리가 앞의 13장에서 살펴보았던 바, 짐승과 음녀의 정체를 파악하게 하는 단서로 작용한다. 그렇기에 우리가 알고 있듯이 13장 1절에서 짐승이 바다에서 나왔다는 의미는 짐승이 하나의 국가(특히 제국)였음을 뜻하는 것이었다.

본문(17:16-18)

"16 네가 본 바 이 열 뿔과 짐승은 음녀를 미워하여 망하게 하고 벌거벗게 하고 그의 살을 먹고 불로 아주 사르리라 17 이는 하나님이 자기 뜻대로 할 마음을 그들에게 주사 한 뜻을 이루게 하시고 그들의 나라를 그 짐승에게 주게 하시되 하나님의 말씀이 응하기까지 하심이라 18 또 네가 본 그 여자는 땅의 왕들을 다스리는 큰 성이라 하더라"

✦ 해설

17:16절, "16 네가 본 바 이 열 뿔과 짐승은 음녀를 미워하여 망하게 하고 벌

거벗게 하고 그의 살을 먹고 불로 아주 사르리라"

천사가 요한에게 말하되 네가 본 바 음녀가 앉아 있는 물은 백성과 무리와 열국과 방언들이라고 했고, 네가 본 바 이 열 뿔과 짐승은 음녀를 미워하여 망하게 하고 벌거벗게 하고 그의 살을 먹고 불로 아주 사르리라고 했다.

좀 더 자세히 설명하자면, 마지막 전쟁이 일어나기 전에는 바다에서 나온 짐승과 음녀는 둘이 사이좋게 서로를 이용한다. 짐승은 세계를 전쟁에 끌어 들이기위해 음녀의 종교를 이용하고, 음녀는 종교를 팔아서 짐승의 돈과 권력을 즐긴다.

그러나 짐승이 전쟁의 끝에 음녀를 미워하고 아주 없애 버린다. 왜냐하면 처음부터 짐승은 무신론자였기에 그 어떤 신도 믿지 않았으며 단지 음녀를 이용했던 것이다. 요한은 이 음녀의 정체를 재확인시켜 주기 위해 15절과 18절에 음녀의 배경이 로마였음을 상기시켜 준다.

17:17-18절, "17 이는 하나님이 자기 뜻대로 할 마음을 그들에게 주사 한 뜻을 이루게 하시고 그들의 나라를 그 짐승에게 주게 하시되 하나님의 말씀이 응하기까지 하심이라 18 또 네가 본 그 여자는 땅의 왕들을 다스리는 큰 성이라 하더라"

이러한 세계 역사들은 하나님의 뜻과 계획 그리고 섭리에 따라 이루어지는 것이다. 그러므로 어느 누구도 이 역사를 거스릴 수 없고 막을 수 없다. 하나님의 백성들은 오직 하나님의 뜻을 이루어 드리기 위해 하나님의 섭리 안에서 최선을 다할 뿐이다.

이제는 그 음녀의 정체가 무엇인지 앞에서의 자세한 조사들을 통해 이미 답이 다 나왔다. 이 음녀의 이야기는 다음 장인 18장에 더욱 자세히 묘사되고 있고 본 주석도 다음 장에 계속 이어진다.

제18장

본문(18:1-3): 바벨론

"1 이 일 후에 다른 천사가 하늘에서 내려 오는 것을 보니 큰 권세를 가졌는데 그의 영광으로 땅이 환하여지더라 2 힘찬 음성으로 외쳐 이르되 무너졌도다 무너졌도다 큰 성 바벨론이여 귀신의 처소와 각종 더러운 영이 모이는 곳과 각종 더럽고 가증한 새들이 모이는 곳이 되었도다 3 그 음행의 진노의 포도주로 말미암아 만국이 무너졌으며 또 땅의 왕들이 그와 더불어 음행하였으며 땅의 상인들도 그 사치의 세력으로 치부하였도다 하더라"

✦ 해설

18:1-2절, "1 이 일 후에 다른 천사가 하늘에서 내려 오는 것을 보니 큰 권세를 가졌는데 그의 영광으로 땅이 환하여지더라 2 힘찬 음성으로 외쳐 이르되 무너졌도다 무너졌도다 큰 성 바벨론이여 귀신의 처소와 각종 더러운 영이 모이는 곳과 각종 더럽고 가증한 새들이 모이는 곳이 되었도다"

이제 요한은 바벨론에 대한 미래를 예언한다. 한때는 큰 성이었는데 귀신의 처소와 각종 더러운 영과 가증한 새들이 모이는 곳이 되었다. 그러나 이제는 곧 무너지게 될 것이라고 말한다.

18:3절, "3 그 음행의 진노의 포도주로 말미암아 만국이 무너졌으며 또 땅의 왕들이 그와 더불어 음행하였으며 땅의 상인들도 그 사치의 세력으로 치부하였도다 하더라"

요한이 바벨론의 무너짐을 예언한 이유는 음행의 포도주로 세상을 미혹하고 왕들도 함께 음행하며 상인들이 부와 사치를 누리는 곳으로 되었기 때문이었다.

이 바벨론은 앞에서 조사해 보았듯이 로마제국을 표상했다. 그렇다면 요한의 이 표현은 이상하다. 로마가 아무리 겉으로 화려하고 웅장한 제국의 모습을 갖고 있었다 해도 뒤에 비쳐진 죄악은 너무도 추악한 것들이었다. 그러나 로마가 비록 타락했다 해도 그저 세상의 한 나라였을 뿐인데 한 나라의 부패를 종교 용어인 음행의 진노의 포도주라고 표현하는 것은 자연스럽지 않다.

그러므로 요한이 이곳에서 바벨론이라고 표현한 것은 로마라고 하는 부패한 육신적, 물질적 사회를 지적한 것이 아니고 그 내면에서 로마의 정신세계를 지배했던 타락한 로마 가톨릭교를 암시한 것으로 보인다.

왜냐하면 이 바벨론이라는 표현 뒤에는 "음행의 포도주" 또는 "진노의 포도주"라는 수식어가 늘 따라다닌 것을 보면 알 수 있다(요한계시록 14장 8절, 10절, 19절; 16장 19절; 17장 2절; 18장 3절, etc).

그 음행과 진노의 포도주는 가톨릭이 행한 성찬식을 말하는데 왜 요한이 그것을 음행의 포도주 또는 진노의 포도주라고 표현했는지 알아야 한다.

원래 인간의 속죄의 길은 오직 예수의 피 하나뿐이다. 이것을 좀더 자세히 설명하자면, 예수의 피는 자신들의 지난 죄에 대한 회개와 함께 자신들의 죄를 용서해 주신 예수 그리스도에 대한 구원의 믿음과 고백에 의해 효력이 나타난다.

그런데 로마 가톨릭은 성찬예식에서 사용하는 포도주 자체에 죄를 용서하는 효력이 있다고 가르침으로써 예수의 피가 가지고 있는 속죄의 의미보다는 아무런 능력이나 의미를 갖고 있지 않는 포도주와 화려한 금 잔으로 사람의 눈을 속이는 데 사용했고 예수의 보혈의 뜻보다는 외식적인 화려한 예식을 더욱 중시 여기는 거짓 교리를 만들어서 만국에 퍼뜨린 것이다.

이것이 로마 가톨릭의 소위 화체설(Transubstantiation, cf. trans+substance)이라고 하는 것인데 이 이론은 사람이 성찬식의 떡과 포도주를 마실 때 그 떡과 포도주가 실제로 예수의 살과 피가 되어서 먹고 마시는 사람들 자신의 살과 피로 바뀐다는 것이다. 다시 말하면, 성찬식을 통해 예수의 살과 피가 자신들의 살과 피로 바뀌게 된다는 것이다.[48]

그러나 많은 개혁주의자들은 이러한 로마 가톨릭의 화체설에 반대했다. 참된 성찬식의 의미는 예수께서 십자가에서 나를 대신해 죽으신 속죄의 의미를 기억하고 그 은혜에 동참하는 것이지 성찬식의 포도주가 속죄의 능력을 갖고 있는 것이 아니기 때문이다.

---

48 1215년에 있었던 제4차 라테란 공의회에서 교황 이노센트 3세가 공인한 화체설을 참고할 것. 또한 『가톨릭교회교리서』 제1333항(좀 더 자세한 내용은 기독신보 2014-07-22) 참고할 것.

이처럼 로마 가톨릭의 화체설은 예수 그리스도의 속죄의 희생을 미신적 의미로 바꾸어 사람들을 미혹함으로써 예수의 피와 살이라는 대속의 의미보다는 화려한 금잔에 부어지는 포도주의 능력이라는 거짓된 예식에 현혹되도록 만들었던 것이다.

권력에 눈이 먼 이 땅의 왕들은 자신들의 신앙에 관계없이 교황 앞에 머리를 숙이며 가톨릭의 거짓된 성찬식에 참여했으며 상인들은 성찬식의 각종 기물들과 자재들을 만들어 파느라고 돈을 벌었다.

이것이 요한계시록 18장 3절에 예언한 "그 음행의 진노의 포도주로 말미암아 만국이 무너졌으며 또 땅의 왕들이 그와 더불어 음행하였으며 땅의 상인들도 그 사치의 세력으로 치부하였도다"라고 말한 의미이다.

본문(18:4-8)

"4 또 내가 들으니 하늘로부터 다른 음성이 나서 이르되 내 백성아, 거기서 나와 그의 죄에 참여하지 말고 그가 받을 재앙들을 받지 말라 5 그의 죄는 하늘에 사무쳤으며 하나님은 그의 불의한 일을 기억하신지라 6 그가 준 그대로 그에게 주고 그의 행위대로 갑절을 갚아 주고 그가 섞은 잔에도 갑절이나 섞어 그에게 주라 7 그가 얼마나 자기를 영화롭게 하였으며 사치하였든지 그만큼 고통과 애통함으로 갚아 주라 그가 마음에 말하기를 나는 여왕으로 앉은 자요 과부가 아니라 결단코 애통함을 당하지 아니하리라 하니 8 그러므로 하루 동안에 그 재앙들이 이르리니 곧 사망과 애통함과 흉년이라 그가 또한 불에 살라지리니 그를 심판하시는 주 하나님은 강하신 자이심이라"

✦ 해설

18:4-5절, "4 또 내가 들으니 하늘로부터 다른 음성이 나서 이르되 내 백성아, 거기서 나와 그의 죄에 참여하지 말고 그가 받을 재앙들을 받지 말라 5 그의 죄는 하늘에 사무쳤으며 하나님은 그의 불의한 일을 기억하신지라"

이제 큰 음녀에 대한 심판이 예고되었으므로 하늘에서 음성이 들리기를 하나님의 백성들은 음녀의 죄에 참여하지 말고 그 재앙을 함께 받지 말라고 했다. 음녀의 죄는 하늘에 사무쳤던 것이다. 이러한 기막힌 미래의 비밀을 사도요한 당시에 누가 알았으랴.

18:6절, "6 그가 준 그대로 그에게 주고 그의 행위대로 갑절을 갚아 주고 그가 섞은 잔에도 갑절이나 섞어 그에게 주라"

음녀가 받을 재앙은 그녀가 한 것과 지은 죄의 두 배에 해당하는 징벌이었다. 음녀는 세상의 구원을 위해 자신을 희생하며 십자가에서 피를 흘리신 예수 그리스도를 팔아서 지난 2천 년 간 자신만을 위해 세상의 사치와 권력과 금력을 즐겨 왔던 것이다. 이제 그 죄악에 보답해 줄 때가 되었다.

18:7-8절, "7 그가 얼마나 자기를 영화롭게 하였으며 사치하였든지 그만큼 고통과 애통함으로 갚아 주라 그가 마음에 말하기를 나는 여왕으로 앉은 자요 과부가 아니라 결단코 애통함을 당하지 아니하리라 하니 8 그러므로

하루 동안에 그 재앙들이 이르리니 곧 사망과 애통함과 흉년이라 그가 또한 불에 살라지리니 그를 심판하시는 주 하나님은 강하신 자이심이라"

그러나 음녀는 자신이 지은 행위가 죄악이란 것을 아는지 모르는지 스스로 말하기를 나는 여왕이지 과부가 아니라 결단코 애통함을 당하지 아니하리라 하고 호언장담했지만 하나님은 음녀를 순식간에 그 재앙들 곧 사망과 애통함과 흉년으로 칠 것이라고 요한은 예언한다. 하나님은 음녀보다 그리고 음녀가 탄 짐승보다 강하신 분이시므로 음녀에 대한 심판은 반드시 이루어질 것이다.

본문(18:9-10)

"9 그와 함께 음행하고 사치하던 땅의 왕들이 그가 불타는 연기를 보고 위하여 울고 가슴을 치며 10 그의 고통을 무서워하여 멀리 서서 이르되 화 있도다 화 있도다 큰 성, 견고한 성 바벨론이여 한 시간에 네 심판이 이르렀다 하리로다"

✦ 해설

18:9-10절, "9 그와 함께 음행하고 사치하던 땅의 왕들이 그가 불타는 연기를 보고 위하여 울고 가슴을 치며 10 그의 고통을 무서워하여 멀리 서서 이르되 화 있도다 화 있도다 큰 성, 견교한 성 바벨론이여 한 시간에 네 심판이 이르렀다 하리로다"

음녀와 함께 음행하던 왕들은 음녀가 징벌을 받는 것을 보고 두려워했다. 그리고 아무런 영적 능력도 없는 음행의 포도주로써 세상을 속이고 미혹하던 음녀의 실체와 그 처참한 결과를 보고 그녀를 따르던 왕들이 화 있도다 큰 성, 견고한 성 바벨론이여 한 시간에 네 심판이 이르렀구나 하며 탄식을 했다. 이제 요한은 더 나아가 음녀만이 아니고 음녀의 본산지인 바벨론의 멸망도 예언하고 있다.

본문(18:11-13)

"11 땅의 상인들이 그를 위하여 울고 애통하는 것은 다시 그들의 상품을 사는 자가 없음이라 12 그 상품은 금과 은과 보석과 진주와 세마포와 자주 옷감과 비단과 붉은 옷감이요 각종 향목과 각종 상아 그릇이요 값진 나무와 구리와 철과 대리석으로 만든 각종 그릇이요 13 계피와 향료와 향과 향유와 유향과 포도주와 감람유와 고운 밀가루와 밀이요 소와 양과 말과 수레와 종들과 사람의 영혼들이라"

✦ 해설

18:11절, "11 땅의 상인들이 그를 위하여 울고 애통하는 것은 다시 그들의 상품을 사는 자가 없음이라"

그러나 왕들과는 달리 상인들은 음녀를 위하여 울었는데 그것은 음녀를 위해 운 것이 아니고 이제는 더 이상 음녀로 인해 오랫동안 부를 축적

21세기에 철저히 해부한 요한계시록의 비밀들

해 오던 사고팔 상품들을 취급하지 못하게 되었기 때문이었다.

18:12-13절, "12 그 상품은 금과 은과 보석과 진주와 세마포와 자주 옷감과
비단과 붉은 옷감이요 각종 향목과 각종 상아 그릇이요 값진 나무와 구리
와 철과 대리석으로 만든 각종 그릇이요 13 계피와 향료와 향과 향유와 유
향과 포도주와 감람유와 고운 밀가루와 밀이요 소와 양과 말과 수레와 종
들과 사람의 영혼들이라"

저들이 취급하던 상품들 중에는 각종 보석과 장식품과 값진 동물들과
음식들뿐 아니라 사람의 영혼도 돈으로 사고팔았던 것이다.

더욱이 그들이 남모르게 뒤에서 행하던 악행들 중에는 교권에 대한 매관
매직, 속죄도 돈을 주고 사는 것, 속으로는 다 썩은 신앙들의 겉으로만 화려
한 예식들, 그리고 마리아 우상숭배 등 가히 세속적일 뿐 아니라 도저히 예수
그리스도의 가르침이라고 볼 수 없는 미신적 행위들도 너무도 많이 있었다.

이 바벨론을 묘사하면서 요한은 로마가 아니고 가톨릭이라는 것을 나
타내기 위해 13절 끝에 저들이 팔고 사는 것은 세상의 물건이 아닌 사람
의 영혼이었다고 밝혔다. 저들은 하나님의 이름으로 하나님을 배반했을
뿐 아니라 하나님의 이름으로 하나님의 백성들의 영혼도 가로챘던 것이
다. 참람이란 바로 이런 것이리라!

본문(18:14-19)

"14 바벨론아 네 영혼이 탐하던 과일이 네게서 떠났으며 맛있는 것들과 빛난

것들이 다 없어졌으니 사람들이 결코 이것들을 다시 보지 못하리로다 15 바벨론으로 말미암아 치부한 이 상품의 상인들이 그의 고통을 무서워하여 멀리 서서 울고 애통하여 16 이르되 화 있도다 화 있도다 큰 성이여 세마포 옷과 자주 옷과 붉은 옷을 입고 금과 보석과 진주로 꾸민 것인데 17 그러한 부가 한 시간에 망하였도다 모든 선장과 각처를 다니는 선객들과 선원들과 바다에서 일하는 자들이 멀리 서서 18 그가 불타는 연기를 보고 외쳐 이르되 이 큰 성과 같은 성이 어디 있느냐 하며 19 티끌을 자기 머리에 뿌리고 울며 애통하여 외쳐 이르되 화 있도다 화 있도다 이 큰 성이여 바다에서 배 부리는 모든 자들이 너의 보배로운 상품으로 치부하였더니 한 시간에 망하였도다"

✦ 해설

18:14절, "14 바벨론아 네 영혼이 탐하던 과일이 네게서 떠났으며 맛있는 것들과 빛난 것들이 다 없어졌으니 사람들이 결코 이것들을 다시 보지 못하리로다"

요한이 이곳에서 바벨론을 이토록 절박하게 묘사한 것은 하나님을 성실히 섬기려는 하나님의 백성들을 속이고 이용해서 이익을 착취할 뿐 아니라 오히려 패망의 길로 가도록 영적, 정신적, 신앙적으로 해치고자 했던 그 핍박과 죄악상을 드러내어 마지막 때를 위해 바벨론에 대한 비밀의 계시들을 하나님의 백성들에게 알리려고 했기 때문이다.

18:15-16절, "15 바벨론으로 말미암아 치부한 이 상품의 상인들이 그의 고

통을 무서워하여 멀리 서서 울고 애통하여 16 이르되 화 있도다 화 있도다 큰 성이여 세마포 옷과 자주 옷과 붉은 옷을 입고 금과 보석과 진주로 꾸민 것인데"

하나님의 백성들은 저들 자신이 스스로 하나님의 사제요 교회라는 데 그대로 속았지만 하나님의 백성들 외의 상인들은 자신들이 공교히 만든 그 화려한 옷들과 기구들의 상업적 이익의 비밀에 대해 잘 알고 있었으므로 바벨론의 멸망을 두려워하면서도 애통해했다.

18:17-19절, "17 그러한 부가 한 시간에 망하였도다 모든 선장과 각처를 다니는 선객들과 선원들과 바다에서 일하는 자들이 멀리 서서 18 그가 불타는 연기를 보고 외쳐 이르되 이 큰 성과 같은 성이 어디 있느냐 하며 19 티끌을 자기 머리에 뿌리고 울며 애통하여 외쳐 이르되 화 있도다 화 있도다 이 큰 성이여 바다에서 배 부리는 모든 자들이 너의 보배로운 상품으로 치부하였더니 한 시간에 망하였도다"

요한은 이 바벨론에 의해 교회가 짓밟히는 기간에 대해 똑같은 표현인 마흔두 달(요한계시록 11장 2절, 13장 5절), 천이백육십 일(12장 6절), 한 때와 두 때와 반 때(12장 14절) 등 그 표현을 바꾸어 가며 강조함으로써 그 화려한 겉모습 안에 감추인 박해와 거짓과 죄악과 더러움을 행할 기간이 결코 짧지 않음을 예고해 왔다.

그리고 하나님의 진리의 말씀과 올바른 신앙을 지키려고 하던 무고한 사람들을 종교재판으로 잡아 가두고 죽임으로써 많은 순교의 피를 흘리게 할 것을 예언했다.

그러므로 바벨론과 음녀뿐 아니라 음녀와 함께 타락과 부정과 음행을 행하던 모든 자들은 그 누구건 상관없이 함께 징벌을 받는 것은 당연한 것이었다. 그들이 자신들만의 화려한 탑을 쌓아 간 건 오랜 기간이었지만 하나님의 징벌에 의해 멸망하는 것은 그저 일순간이 될 뿐이다.

본문(18:20-24)

"20 하늘과 성도들과 사도들과 선지자들아, 그로 말미암아 즐거워하라 하나님이 너희를 위하여 그에게 심판을 행하셨음이라 하더라 21 이에 한 힘센 천사가 큰 맷돌 같은 돌을 들어 바다에 던져 이르되 큰 성 바벨론이 이같이 비참하게 던져져 결코 다시 보이지 아니하리로다 22 또 거문고 타는 자와 풍류하는 자와 퉁소 부는 자와 나팔 부는 자들의 소리가 결코 다시 네 안에서 들리지 아니하고 어떠한 세공업자든지 결코 다시 네 안에서 보이지 아니하고 또 맷돌 소리가 결코 다시 네 안에서 들리지 아니하고 23 등불 빛이 결코 다시 네 안에서 비치지 아니하고 신랑과 신부의 음성이 결코 다시 네 안에서 들리지 아니하리로다 너의 상인들은 땅의 왕족들이라 네 복술로 말미암아 만국이 미혹되었도다 24 선지자들과 성도들과 및 땅 위에서 죽임을 당한 모든 자의 피가 그 성 중에서 발견되었느니라 하더라."

✦ 해설

18:20절, "20 하늘과 성도들과 사도들과 선지자들아, 그로 말미암아 즐거

워하라 하나님이 너희를 위하여 그에게 심판을 행하셨음이라 하더라"

이 부분은 앞에 12장 12절에서 "그러므로 하늘과 그 가운데에 거하는 자들은 즐거워하라 그러나 땅과 바다는 화 있을진저 이는 마귀가 자기의 때가 얼마 남지 않은 줄을 알므로 크게 분내어 너희에게 내려갔음이라 하더라" 했듯이 마귀의 패망의 때처럼 음녀의 패망의 때에도 하늘의 성도들과 사도들과 선지자들 모두 기뻐하고 즐거워하게 된다. 음녀와 짐승이 얼마나 하나님의 백성들을 핍박하고 괴롭혔는지를 잘 표현해 주고 있다.

18:21-24절, "21 이에 한 힘 센 천사가 큰 맷돌 같은 돌을 들어 바다에 던져 이르되 큰 성 바벨론이 이같이 비참하게 던져져 결코 다시 보이지 아니하리로다 22 또 거문고 타는 자와 풍류하는 자와 퉁소 부는 자와 나팔 부는 자들의 소리가 결코 다시 네 안에서 들리지 아니하고 어떠한 세공업자든지 결코 다시 네 안에서 보이지 아니하고 또 맷돌 소리가 결코 다시 네 안에서 들리지 아니하고 23 등불 빛이 결코 다시 네 안에서 비치지 아니하고 신랑과 신부의 음성이 결코 다시 네 안에서 들리지 아니하리로다 너의 상인들은 땅의 왕족들이라 네 복술로 말미암아 만국이 미혹되었도다 24 선지자들과 성도들과 및 땅 위에서 죽임을 당한 모든 자의 피가 그 성 중에서 발견되었느니라 하더라"

요한은 장차 음녀의 패망은 큰 돌이 바닷속에 가라앉으면 다시는 밖으로 나올 수 없듯이 일시적인 것이 아니고 영원한 멸망인 것임을 밝히고 있다.

그러면 음녀가 행했던 죄악은 무엇이었나? 그리고 음녀가 한 일들을 왜 음행이라고 했나? 또한 음녀는 왜 하나님의 말씀을 지키는 자들을 핍박한 것인가?

첫째, 음녀가 행한 죄악은 예수 그리스도의 대속의 피를 모독한 것이다. 예수 그리스도의 보혈은 죄인들이 오직 믿음과 회개를 통하여 구원을 얻게 하는 능력이 된다. 그런데 음녀는 예수 그리스도의 보혈의 능력보다는 속죄전으로 구원을 살수 있으며 또한 그리스도의 성찬이라는 예식을 통하여 예수와 한 몸이 된다고 가르쳤다. 그것을 요한은 18장 3절에 그 음행의 진노의 포도주로 말미암아 만국이 무너졌다고 묘사했다.

둘째, 음녀는 하나님의 말씀보다 인간의 관계를 이용했다. 사람들이 자신의 어머니에 대한 애정을 최고의 가치로 여기는 것을 이용해서 예수의 어머니였던 마리아를 예수보다 더 높였고 급기야 인간 마리아를 무에서 만물을 창조하신 창조주 하나님의 어머니라고 가르쳤다. 다시 말하면 마리아는 창조주 하나님을 낳은 어머니라는 것이다. 그리하여 우상을 만들거나 섬기지 말라는 하나님의 계명을 어기고 자신들이 정한 소위 하나님의 어머니라는 마리아의 동상을 만들어 그 앞에서 빌고 기도하게 했다.

셋째, 음녀는 자신이 하는 일들이 하나님의 말씀에 위배된다고 항의하는 하나님의 종들을 잡아 가두고 재판하고 죽였다.

그래서 요한은 18장 23-24절에 "23 등불 빛이 결코 다시 네 안에서 비치지 아니하고 신랑과 신부의 음성이 결코 다시 네 안에서 들리지 아니하리로다 너의 상인들은 땅의 왕족들이라 네 복술로 말미암아 만국이 미혹되었도다 24 선지자들과 성도들과 및 땅 위에서 죽임을 당한 모든 자의 피가 그 성 중에서 발견되었느니라 하더라"라고 기록한 것이다. 기독교

의 역사 속에 중세 가톨릭의 악행들이 이 예언들의 사실성을 증거하고 있
다. 이러한 가톨릭의 만행들이 당시 불의와 타협하지 않았던 신실한 믿
음의 성도들로 하여금 종교개혁을 일으키게 한 원인이기도 했다.

제**19**장

"1 이 일 후에 내가 들으니 하늘에 허다한 무리의 큰 음성 같은 것이 있어 이르되 할렐루야 구원과 영광과 능력이 우리 하나님께 있도다 2 그의 심판은 참되고 의로운지라 음행으로 땅을 더럽게 한 큰 음녀를 심판하사 자기 종들의 피를 그 음녀의 손에 갚으셨도다 하고 3 두 번째로 할렐루야 하니 그 연기가 세세토록 올라가더라 4 또 이십사 장로와 네 생물이 엎드려 보좌에 앉으신 하나님께 경배하여 이르되 아멘 할렐루야 하니 5 보좌에서 음성이 나서 이르시되 하나님의 종들 곧 그를 경외하는 너희들아 작은 자나 큰 자나 다 우리 하나님께 찬송하라 하더라"

✦ 해설

19:1-3절, "1 이 일 후에 내가 들으니 하늘에 허다한 무리의 큰 음성 같은 것이 있어 이르되 할렐루야 구원과 영광과 능력이 우리 하나님께 있도다 2 그의 심판은 참되고 의로운지라 음행으로 땅을 더럽게 한 큰 음녀를 심판하사 자기 종들의 피를 그 음녀의 손에 갚으셨도다 하고 3 두 번째로 할렐

루야 하니 그 연기가 세세토록 올라가더라"

이제 창조주 하나님의 말씀을 왜곡시키고 세상을 특히 교회를 음란한 장소로 만들어 자신들의 세상적 욕심을 차리고자 했던 음녀에 대한 심판이 이루어진다. 그 음녀를 태운 연기가 하늘에 가득하고 음녀는 영원히 사라지고 만다. 오랜 세월 음녀로부터 핍박을 받고 괴롭힘을 겪은 수많은 순교자들과 증인들이 음녀에게 의로운 심판을 행하신 하나님을 찬양한다.

19:4-5절, "4 또 이십사 장로와 네 생물이 엎드려 보좌에 앉으신 하나님께 경배하여 이르되 아멘 할렐루야 하니 5 보좌에서 음성이 나서 이르시되 하나님의 종들 곧 그를 경외하는 너희들아 작은 자나 큰 자나 다 우리 하나님께 찬송하라 하더라"

하늘에서는 이십사 장로와 네 생물도 함께 하나님께 경배를 드린다. 음녀를 심판한 후에 하늘에서 소리가 들리기를 하나님의 종들 곧 하나님을 경외하는 자들아 하나님을 찬양하라고 했다. 음녀는 하나님의 종이 아니었고 사기꾼이었다. 이제 진실이 밝혀지고 보니 오랜 세월 음녀는 스스로 높아져서 하나님의 성전에 앉아 자기를 가리켜 하나님이라고 불렀던 것이다.[49]

---

49 살후 2:4, "저는 대적하는 자라 범사에 일컫는 하나님이나 숭배함을 받는 자 위에 뛰어나 자존하여 하나님 성전에 앉아 자기를 보여 하나님이라 하느니라".

"6 또 내가 들으니 허다한 무리의 음성과도 같고 많은 물 소리와도 같고 큰 우렛소리와도 같은 소리로 이르되 할렐루야 주 우리 하나님 곧 전능하신 이가 통치하시도다 7 우리가 즐거워하고 크게 기뻐하며 그에게 영광을 돌리세 어린 양의 혼인 기약이 이르렀고 그의 아내가 자신을 준비하였으므로 8 그에게 빛나고 깨끗한 세마포 옷을 입도록 허락하셨으니 이 세마포 옷은 성도들의 옳은 행실이로다 하더라 9 천사가 내게 말하기를 기록하라 어린 양의 혼인 잔치에 청함을 받은 자들은 복이 있도다 하고 또 내게 말하되 이 것은 하나님의 참되신 말씀이라 하기로 10 내가 그 발 앞에 엎드려 경배하려 하니 그가 나에게 말하기를 나는 너와 및 예수의 증언을 받은 네 형제들과 같이 된 종이니 삼가 그리하지 말고 오직 하나님께 경배하라 예수의 증언은 예언의 영이라 하더라"

✦ 해설

19:6-7절, "6 또 내가 들으니 허다한 무리의 음성과도 같고 많은 물 소리와도 같고 큰 우렛소리와도 같은 소리로 이르되 할렐루야 주 우리 하나님 곧 전능하신 이가 통치하시도다 7 우리가 즐거워하고 크게 기뻐하며 그에게 영광을 돌리세 어린 양의 혼인 기약이 이르렀고 그의 아내가 자신을 준비하였으므로"

하나님의 심판의 목적은 죄와 더러움을 깨끗게 한다는 의미도 있지만 그보다는 하나님의 공의가 살아있음을 보여 주는 데에 더 큰 목적이 있다. 이제 요한은 세상을 영적으로 어지럽히던 음녀의 심판 후에 드디어 어린 양의 혼인잔치를 준비하고 있는 모습을 기록하고 있다. 어린 양의 신부인 교회가 혼인잔치를 위해 빛나고 깨끗한 옷으로 단장을 하는 장면이다.[50]

> **19:8-9절,** "8 그에게 빛나고 깨끗한 세마포 옷을 입도록 허락하셨으니 이 세마포 옷은 성도들의 옳은 행실이로다 하더라 9 천사가 내게 말하기를 기록하라 어린 양의 혼인 잔치에 청함을 받은 자들은 복이 있도다 하고 또 내게 말하되 이것은 하나님의 참되신 말씀이라 하기로"

이때 입은 흰 세마포 옷은 성도들의 옳은 행실을 의미했는데 그렇기에 이 어린 양의 혼인잔치에 초대를 받은 자들은 복이 있는 것이다. 왜냐하면 혼인잔치에 초대받은 자들은 비록 죄가 있을지라도 빛나고 깨끗한 세마포 옷을 입도록 허락이 되었기 때문이다. 더욱이 이 혼인잔치는 우주 역사 속에 가장 큰 잔치이자 영원한 하나님의 나라가 시작되는 건국일의 잔치이므로 그 규모가 이루 말할 수 없을 것이다. 이후로 하나님의 백성들은 다시는 사탄도 음녀도 죄도 고난도 없는 새로운 세상에서 순결 무구한 우주적 영광의 삶이 시작될 것이다.

> **19:10절,** "10 내가 그 발 앞에 엎드려 경배하려 하니 그가 나에게 말하기를 나는 너와 및 예수의 증언을 받은 네 형제들과 같이 된 종이니 삼가 그리하

---

50 고후 11:2, 엡 5:25, 계 21:2 & 9, etc.

지 말고 오직 하나님께 경배하라 예수의 증언은 예언의 영이라 하더라"

이 예언을 전한 천사에게 기쁘고 감사해서 요한이 엎드려 경배 하려하
자 천사는 자신은 경배의 대상이 아니고 경배의 대상은 오직 하나님 한
분뿐이라고 말한다.

그리고 그 천사는 "예수의 증언은 예언의 영"이라고 했다. 이 구절은 여
러 가지 번역의 차이를 가져온다. 헬라어 원어를 보면 다음과 같이 되어
있다.

"marturia yesou estin to pneuma tes profeteias"

이 원어의 문구를 문자 그대로 직역하면 "예수의 증거는 예언의 영"이
다. KJV과 NIV및 많은 영어번역본들은 헬라어 원어를 따라서 똑같이
"the testimony of Jesus is the Spirit of prophecy"라고 번역했다.

이것을 개역한글본은 "예수의 증거는 대언의 영"이라고 번역을 했는데
그래서 한때 많은 주석들이 "성령이 예수의 대언의 증거"라고 해석을 했
다. 그 후 개역개정본은 원어 그대로 "예수의 증언은 예언의 영"이라고 번
역했으나 새번역본은 "예수의 증언은 예언의 영"이라고 했다.

한편, 이 구절에 대해 공동번역본은 "예수께서 계시하신 진리야 말로
예언자들에게 영감을 주는 것이다"라고 길게 의역을 했다. 이처럼 여러
가지의 번역과 다양한 해석들이 제시되었지만 어느 것도 완전한 해석으
로 보이지는 않는다.

본고는 여기에서 성경 해석의 가장 좋은 방법으로서 성경은 성경으로

해석한다는 법칙을 제시한다. 수많은 번역본들이나 주석들이 아무리 원어들이나 배경들을 분석해 놓았어도 그 뜻을 풀이하기 어려울 때가 많이 있는데 그럴 때에 성경은 성경으로 해석한다는 법칙을 사용할 수 있다.

좀 더 자세히 설명하자면, 이 구절과의 병행 구절은 요한계시록 22장 9절에 있는데 이 두 구절을 비교해 보면 19장 10절의 "예수의 증언을 받은 자들"과 22장 9절의 "이 두루마리의 말을 지키는 자들"이 같은 의미로 사용된 것을 알 수 있다.

따라서 "예수의 증언을 가졌다(받았다)"는 의미는 "이 예언의 말씀을 지키는 것"을 말한다. 예수의 말씀을 지키는 것이 예수를 증언하는 것이기 때문이다. 예수의 말씀을 전할 뿐 스스로 예수의 말씀을 지키지 않는 것은 진정으로 예수의 말씀을 증언하는 것이 아니다.

그러므로 "예수의 증언은 예언의 영"이란 말을 "이 예언의 말씀을 지키는 자들이 이 예언들이 예수의 계시임을 증거한다"는 의미로 해석할 때 성경을 성경으로 해석한다는 법칙을 만족시켜 주는 것이다.

본문(19:11-16): 백마를 탄 자

"11 또 내가 하늘이 열린 것을 보니 보라 백마와 그것을 탄 자가 있으니 그 이름은 충신과 진실이라 그가 공의로 심판하며 싸우더라 12 그 눈은 불꽃 같고 그 머리에는 많은 관들이 있고 또 이름 쓴 것 하나가 있으니 자기밖에 아는 자가 없고 13 또 그가 피 뿌린 옷을 입었는데 그 이름은 하나님의 말씀이라 칭하더라 14 하늘에 있는 군대들이 희고 깨끗한 세마포 옷을 입고 백마를 타고 그를 따르더라 15 그의 입에서 예리한 검이 나오니 그것으로 만국을 치겠고 친히 그들을 철장으로 다스리며 또 친히 하나님 곧 전능하신 이의 맹렬한 진노의 포도주 틀을 밟겠고 16 그 옷과 그 다리에 이름을 쓴 것이 있으니 만왕의 왕이요 만주의 주라 하였더라"

✦ 해설

19:11절, "11 또 내가 하늘이 열린 것을 보니 보라 백마와 그것을 탄 자가 있으니 그 이름은 충신과 진실이라 그가 공의로 심판하며 싸우더라"

이곳의 백마와 그것을 탄 자는 요한계시록 6장 2절에 나오는 흰 말을 탄 자와 다르다. 6장 2절에 나오는 흰 말을 탄 자는 활을 가졌고 전쟁터에 나가 이기려고만 했으나, 이곳의 백마를 탄 자는 충신과 진실이라는 이름을 가졌고 검을 찼고 피 뿌린 옷을 입었으며 하나님의 말씀의 표상이었다. 그러므로 6장 2절의 흰 말을 탄 자는 전쟁터에 나가 싸운 어느 군대의 장수를 말하지만, 이곳의 백마를 탄 자는 마지막 세계 전쟁에서 승리를 거둘 예수 그리스도인 것이다.

19:12-13절, "12 그 눈은 불꽃 같고 그 머리에는 많은 관들이 있고 또 이름 쓴 것 하나가 있으니 자기밖에 아는 자가 없고 13 또 그가 피 뿌린 옷을 입었는데 그 이름은 하나님의 말씀이라 칭하더라"

눈이 불꽃 같고 머리에 많은 관이 있는 것은 계시록 1장에 나왔고, 피 뿌린 옷을 입었다고 했으니 예수 그리스도를 가리키는 것이 분명하다.

그런데 예수 그리스도를 하나님의 말씀이라고 칭한다는 것은 요한복음 1장 1-3절의 구절을 인용한 것으로 보인다.

19:14-15절, "14 하늘에 있는 군대들이 희고 깨끗한 세마포 옷을 입고 백마를 타고 그를 따르더라 15 그의 입에서 예리한 검이 나오니 그것으로 만국을 치겠고 친히 그들을 철장으로 다스리며 또 친히 하나님 곧 전능하신 이의 맹렬한 진노의 포도주 틀을 밟겠고"

그 백마를 탄 자가 전쟁터로 나가자 하늘의 군대들이 뒤를 따라 함께 전쟁터로 달려갔다. 그는 입에서 나오는 예리한 검으로 만국을 치고 그들을 철장으로 다스리며 하나님의 심판을 베풀 것이라고 하였다.

초림의 예수께서 십자가에 달리시던 때에는 자신의 열 두 군단이 더 되는 천군들을 부르지 않았지만[51] 이제 재림 예수께서 세상을 심판하시는 때에는 친히 그 열두 군단도 더 되는 천군들을 호위하고 오심으로써 하나님이 창조하신 세상을 마치 자신들의 것인 양 마음대로 군림하고 파괴해온 자들을 징벌하시는 것이다.

그 징벌의 대상자는 진노의 포도주 틀을 밟게 한 음녀와 바벨론 그리고 그들과 함께 음행하던 모든 나라들이다. 그런데 이때 예수 그리스도께서 싸울 무기도 역시 하나님의 진리였다.[52] 하나님의 말씀이 왜곡되고 무시되고 타락한 세상을 다시 새롭게 회복시키는 길도 하나님의 진리의 말씀인 것이다. 하나님의 말씀은 영원 전부터 영원까지 세상을 살리고 정결

---

51 마 26:53.
52 사 27:1, 엡 6:17.

하게 하는 변치 않는 진리이자 해독제이기 때문이다.

19:16절, "16 그 옷과 그 다리에 이름을 쓴 것이 있으니 만왕의 왕이요 만주
의 주라 하였더라"

백마를 탄 자의 옷과 발에는 만왕의 왕이요 만주의 주라고 쓰여 있었
다. 사탄의 별칭이 많은 것 이상으로 예수 그리스도의 별칭은 훨씬 더 많
이 있다. 그러나 사탄의 별칭은 그 어떤 것이라도 세상을 속이고 더럽히
고 사람을 죽이는 것이지만, 예수 그리스도의 별칭은 그 어떤 것이라도
세상을 구원하고 사람을 살리는 것과 관계가 있다.

본문(19:17-21): 최후의 승리

"17 또 내가 보니 한 천사가 태양 안에 서서 공중에 나는 모든 새를 향하여
큰 음성으로 외쳐 이르되 와서 하나님의 큰 잔치에 모여 18 왕들의 살과 장
군들의 살과 장사들의 살과 말들과 그것을 탄 자들의 살과 자유인들이나
종들이나 작은 자나 큰 자나 모든 자의 살을 먹으라 하더라 19 또 내가 보매
그 짐승과 땅의 임금들과 그들의 군대들이 모여 그 말 탄 자와 그의 군대와
더불어 전쟁을 일으키다가 20 짐승이 잡히고 그 앞에서 표적을 행하던 거
짓 선지자도 함께 잡혔으니 이는 짐승의 표를 받고 그의 우상에게 경배하
던 자들을 표적으로 미혹하던 자라 이 둘이 산 채로 유황불 붙는 못에 던져
지고 21 그 나머지는 말 탄 자의 입으로부터 나오는 검에 죽으매 모든 새가
그들의 살로 배불리더라"

✦ 해설

19:17-18절, "17 또 내가 보니 한 천사가 태양 안에 서서 공중에 나는 모든 새를 향하여 큰 음성으로 외쳐 이르되 와서 하나님의 큰 잔치에 모여 18 왕들의 살과 장군들의 살과 장사들의 살과 말들과 그것을 탄 자들의 살과 자유인들이나 종들이나 작은 자나 큰 자나 모든 자의 살을 먹으라 하더라"

이제 한 천사가 공중의 새들을 불러 모으며 모든 죽은 자들의 시체들을 먹어 치우라고 외친다. 드디어 전쟁의 종결이 선언된 것이다. 이처럼 죽은 자들에 대한 묘사가 긴 것은 그만큼 전쟁에서 죽은 자들이 많음을 나타낸 것이다.

19:19-21절, "19 내가 보매 그 짐승과 땅의 임금들과 그들의 군대들이 모여 그 말 탄 자와 그의 군대와 더불어 전쟁을 일으키다가 20 짐승이 잡히고 그 앞에서 표적을 행하던 거짓 선지자도 함께 잡혔으니 이는 짐승의 표를 받고 그의 우상에게 경배하던 자들을 표적으로 미혹하던 자라 이 둘이 산 채로 유황불 붙는 못에 던져지고 21 그 나머지는 말 탄 자의 입으로부터 나오는 검에 죽으매 모든 새가 그들의 살로 배불리더라"

짐승과 지구상의 짐승 추종국들이 흰 말을 탄 자와 그의 군대들과 싸우다가 패하여 짐승도 잡히고 거짓 선지자도 잡히고 이 땅의 모든 왕들의 군대들도 사로잡혔다.

그런데 요한은 이곳에서 "짐승이 잡히고 그 앞에서 표적을 행하던 거짓 선지자도 함께 잡혔으니 이는 짐승의 표를 받고 그의 우상에게 경배하던 자들을 표적으로 미혹하던 자라"라고 함으로써 요한계시록 13장 11절에 나타난 땅에서 올라온 짐승을 19장 20절에서는 거짓 선지자라고 다른 표현으로 묘사한 것을 보게 된다.[53]

선지자는 미래에 대한 것을 알림으로써 사람들을 올바른 길로 가게 하는 임무를 가진 자들을 말하는 것인데 땅에서 나온 짐승은 거짓말로 세상을 속이며 사람들을 죽음의 길로 가도록 만들었기 때문에 요한이 그 짐승을 거짓 선지자라고 표현한 것은 지극히 적합한 것이었음을 알 수 있다. 이러한 여러 시각에서 두 짐승을 묘사한 표현들은 중요한 보충 단서들로써 그 짐승의 정체에 대해 더욱 확실한 해석을 가능하게 해 주는 것이다.

마지막 전쟁의 끝에까지 죽지 않고 살아 있던 바다에서 나온 짐승과 땅에서 나온 두 짐승이 마침내 잡혀서 죽는다. 이로써 세상을 온통 거짓과 조작, 음행과 부패, 배반과 타락으로 몰고간 두 짐승의 죽음과 함께 마지막 시대를 예언한 요한계시록의 계시도 곧 끝이 나게 된다.

이 시점에서 우리가 이제까지 살펴보았던 여러 주요 사건들과 등장인물들을 정리해 보도록 하자.

첫째, 요한계시록 처음에 등장하는 일곱 교회의 이야기는 마지막 시대로 가는 역사의 과정마다 그 당해 시대의 교회가 겪게 될 사건들을 예언해 놓은 것이다.

둘째, 일곱 인과 일곱 나팔과 일곱 대접에 나오는 사건들은 모두 다른

---

53 계 19:20, 20:10.

것이 아니고 같은 주제의 사건들이 시대를 통해 다른 양상으로 나타나는 순환성을 서로 다른 각도로 묘사하면서 점진적이고 구체적으로 가능한 세밀하게 증언한 것이다.

셋째, 요한계시록에서 황충의 모습으로 9장에 나타난 것은 이슬람제국이고, 마지막 시대에 바다에서 나온 13장의 짐승은 무신론 국가로서 전 세계의 초강대국이 되는 중국이라고 본다.

넷째, 땅에서 나온 짐승은 중국의 하수인으로서 세계 인류의 질병을 지킨다는 이름으로 위장하여 속이는 거짓 선지자이며 오히려 세계를 질병의 노예로 몰고 가서 중국에 종속되게 만드는 WHO(세계보건기구)라고 본다.

다섯째, 18장의 바벨론은 로마 가톨릭이고 17장의 음녀는 로마가톨릭의 교황이라고 생각된다.

이것으로 요한계시록의 모든 예언의 비밀이 거의 다 풀렸을 것이다. 그러나 요한계시록에서 남은 비밀이 아직 하나가 더 있다. 그것은 마지막 전쟁에 대한 예언으로서 요한계시록 20장의 주석에서 다룰 것이다.

제20장

본문(20:1-3): 사탄의 결박

"1 또 내가 보매 천사가 무저갱의 열쇠와 큰 쇠사슬을 그의 손에 가지고 하늘로부터 내려와서 2 용을 잡으니 곧 옛 뱀이요 마귀요 사탄이라 잡아서 천 년 동안 결박하여 3 무저갱에 던져 넣어 잠그고 그 위에 인봉하여 천 년이 차도록 다시는 만국을 미혹하지 못하게 하였는데 그 후에는 반드시 잠깐 놓이리라"

✦ 해설

20:1-2절, "1 또 내가 보매 천사가 무저갱의 열쇠와 큰 쇠사슬을 그의 손에 가지고 하늘로부터 내려와서 2 용을 잡으니 곧 옛 뱀이요 마귀요 사탄이라 잡아서 천 년 동안 결박하여"

땅에서 전쟁이 끝나고 짐승들이 잡힌 후에 드디어 온 우주의 악의 원흉인 사탄이 결박되는 장면이 펼쳐진다. 요한계시록 9장 1절에서는 사탄이 지옥을 관장할 권세를 받아 세상을 악의 구덩이로 빠뜨렸지만 이제는 사탄이 그 지옥으로 사라지는 때가 된 것이다. 사탄을 잡아넣을 천사는 무

21세기에 철저히 해부한 요한계시록의 비밀들

저갱의 열쇠만이 아니고 사탄을 묶을 쇠사슬도 함께 가지고 가서 그를 붙잡아 천 년간 무저갱 속에 넣는다.

20:3절, "3 무저갱에 던져 넣어 잠그고 그 위에 인봉하여 천 년이 차도록 다시는 만국을 미혹하지 못하게 하였는데 그 후에는 반드시 잠깐 놓이리라"

요한은 이곳에서 사탄을 지옥에 가두고 옥문을 잠그니 천 년 동안 세상을 미혹할 수 없게 되는데 그 후에 잠깐 놓인다고 썼다.

본문(20:4-6): 천년왕국

"4 또 내가 보좌들을 보니 거기에 앉은 자들이 있어 심판하는 권세를 받았더라 또 내가 보니 예수를 증언함과 하나님의 말씀 때문에 목 베임을 당한 자들의 영혼들과 또 짐승과 그의 우상에게 경배하지 아니하고 그들의 이마와 손에 그의 표를 받지 아니한 자들이 살아서 그리스도와 더불어 천 년 동안 왕 노릇 하니 5 그 나머지 죽은 자들은 그 천 년이 차기까지 살지 못하더라 이는 첫째 부활이라 6 이 첫째 부활에 참여하는 자들은 복이 있고 거룩하도다 둘째 사망이 그들을 다스리는 권세가 없고 도리어 그들이 하나님과 그리스도의 제사장이 되어 천 년 동안 그리스도와 더불어 왕 노릇 하리라"

✦ 해설

20:4절, "4 또 내가 보좌들을 보니 거기에 앉은 자들이 있어 심판하는 권세

를 받았더라 또 내가 보니 예수를 증언함과 하나님의 말씀 때문에 목 베임을 당한 자들의 영혼들과 또 짐승과 그의 우상에게 경배하지 아니하고 그들의 이마와 손에 그의 표를 받지 아니한 자들이 살아서 그리스도와 더불어 천 년 동안 왕 노릇 하니"

여기에서 요한이 보았던 보좌는 하나가 아니고 여러 보좌들이었고 또한 그 보좌들에 여러 앉은 자들이 있었다. 이들이 누구인지 설명은 없지만 앞에서 기록된 여러 구절들을 살펴볼 때 이들은 요한계시록 4장 4절에 나타난 이십사 장로들을 말하고 있다고 보인다. 그런데 그들은 심판하는 권세를 받았다고 했다.

앞에서 살펴보았듯이 이십사 장로들은 천사들이 아니다. 사람들 가운데에 하나님의 나라에 기둥들이 된 자들이다. 예수께서는 모든 것을 다 내려놓고 자신을 따르는 제자들에게 마태복음 19장 28절에서 "예수께서 가라사대 내가 진실로 너희에게 이르노니 세상이 새롭게 되어 인자가 자기 영광의 보좌에 앉을 때에 나를 좇는 너희도 열두 보좌에 앉아 이스라엘 열두 지파를 심판하리라"고 약속하셨다. 이러한 성경 기록들은 우리에게 큰 희망을 갖게 한다. 진실로 장차 오는 세상은 천사를 위한 것이 아니고 하나님의 백성들을 위해 예비된 나라인 것이다.[54]

요한이 또 보니 보좌에 앉은 자들 외에 또 다른 무리들이 있었는데 그들은 예수의 증인들로서 목 베임을 당한 (순교)자들과, 짐승 및 그의 우상에게 경배하지 않았던 자들과, 그 짐승의 표를 받지 않은 자들이 살아서

---

54 히 2:5.

그 천 년의 기간 동안 예수 그리스도와 함께 왕 노릇 했다

이들은 요한계시록 6장 9-11절에 나온 죽임을 당한 영혼들로서 다섯째 인을 떼실 때에 제단 아래에서 큰 소리로 "거룩하고 참되신 대주재여 땅에 거하는 자들을 심판하여 우리 피를 갚아 주지 아니하시기를 어느 때까지 하시려 하나이까" 하였던 자들이다. 그때 하늘에서 대답이 들리기를 "각각 그들에게 흰 두루마기를 주시며 이르시되 아직 잠시 동안 쉬되 그들의 동무 종들과 형제들도 자기처럼 죽임을 당하여 그 수가 차기까지 하라" 하였다.

그 순교자들은 물론 짐승에게 경배하지도 않고 표를 받지도 않은 자들이 살아나서(첫째 부활) 천 년 간의 왕 노릇하는 기간을 갖게 된다.

20:5-6절, "5 그 나머지 죽은 자들은 그 천 년이 차기까지 살지 못하더라 이는 첫째 부활이라 6 이 첫째 부활에 참여하는 자들은 복이 있고 거룩하도다 둘째 사망이 그들을 다스리는 권세가 없고 도리어 그들이 하나님과 그리스도의 제사장이 되어 천 년 동안 그리스도와 더불어 왕 노릇 하리라"

한편, 나머지 죽은 자들은 천 년 동안 살지 못했다고 했다. 세상의 모든 사람들은 다 죽어 있고 다만 예수를 위하여 순교를 하였거나 짐승에게 경배하지도 않고 표를 받지도 않은 자들은 첫째 부활에 참여하여 하나님과 그리스도의 제사장이 되어 천 년 동안 그리스도와 더불어 왕 노릇 할 것이 예언되어 있다.

이때 살아나서 천 년의 기간을 보낼 자들은 둘째 사망이 없으므로 20장 6절에서처럼 다시는 또 죽지 않고 그냥 계속해서 영원히 살게 된다. 이들

은 그때 다른 그 어떤 자들보다도 먼저 부활을 얻게 되는 것이다.

그렇다면 그때까지 살아 있던 자들이나 순교의 공로 없이 죽은 자들은 이러한 천 년 기간과는 관계가 없게 된다. 왜냐하면 천 년의 왕 노릇하는 기간은 오직 순교를 한 자와 짐승에게 경배하지도 표를 받지도 않은 자들만을 위한 보상이기 때문이다.

이제 우리는 소위 천년왕국이라는 기간이 예언되어 있는 곳에 와 있다. 그런데 천년왕국에 대한 문제는 2천 년 기독교 역사 속에 아직도 풀지 못한 여러 숙제들 중의 하나이다.

그 이유는 천년왕국에 대한 기록이 성경에 오직 이곳 요한계시록 20장 1-6절 단 한 군데뿐이고 그 기록 앞뒤의 여러 예언 및 상황들이 서로 공유하지 못하는 내용들이 많기 때문이다. 가장 큰 문제는 이 천년왕국이 예수의 재림 및 새 하늘과 새 땅과 어떻게 맞물려 있는지 어떤 견해도 확실하게 설명하지 못한다는 점이다.

그러나 기독교 역사 속에 천년왕국과 하나님의 나라와의 관계를 올바로 이해한 적이 없었고 지금도 그 둘의 관계에 대한 올바른 해석이 정립되어 있지 않고 있기에 본 주석에서 하나님의 나라와 천년왕국의 관계에 대해 좀 더 깊게 논의를 할 필요가 있다.

우선 천년왕국에 대한 내용을 이미 알고 있지만 잘 모르는 독자들이나 또는 전혀 알지 못하고 있는 독자들을 위해 간단히 설명하면 다음과 같다.

오랫동안 학자들 사이에 논의되어 온 천년설이란 계시록 20장에 나오는 것처럼 천 년이라는 기간 동안 성도들이 왕 노릇 한다는 기록에 관한 것인데 예수의 재림이 그 천 년과 어떤 순서에 놓이느냐에 따라 분류한 것으로서 전천년설, 후천년설, 무천년설 등 세 가지가 주류를 이룬다.

먼저 전천년설이란 예수의 재림이 천년왕국 전에 이루어지는 것을 의미한다. 따라서 예수의 재림이 먼저 발생하고 그 후에 천년왕국이 시작된다고 주장하는 것이다. 이 같은 전천년설에는 크게 세대주의적 전천년설과 역사적 전천년설이 있다. 세대주의적 전천년설은 예수의 1차 공중재림과 휴거, 7년 대환난, 예수의 2차 지상재림, 마지막 심판, 그리고 새하늘과 새 땅의 순서로 진행되며 예수의 1차 재림 후에 천년왕국이 있다는 것이고, 역사적 전천년설은 예수의 1차, 2차의 재림이 아닌 단지 1회의 재림이 있은 후에 천년왕국이 시작되고 마지막 전쟁을 끝으로 마지막심판과 새 하늘과 새 땅이 열린다는 것이 다르다.

후천년설은 예수의 재림이 천년왕국 후에 이루어지는 것을 의미하는데 즉, 천년왕국이 끝나고 나서 예수께서 재림하신다는 것이다. 그런데이 후천년설에서의 천년왕국이란 특정한 기간이 아니고 그리스도의 지상사역의 성취로써 교회와 복음의 전성기를 맞이하게 되는 것을 의미하며 그 기간이 지나면 예수의 재림이 있다는 것이다.

무천년설은 천 년이라는 기간이 실제 기간이 아니고 상징적인 숫자이므로 어느 기간 동안 지구상에 평안함이 있을 것을 의미했고 별도의 천년왕국이란 것은 없다는 관점을 말한다.

이러한 서로 다른 관점들은 모두 저마다 관련 성경 구절들을 조사하고인용한 후에 각자의 의견을 내놓은 것들이다. 따라서 어느 것도 완벽한정답은 아닐지라도 모든 것이 전부 틀린 것은 아니고 다만 부분적으로 옳은 해석과 오류적 해석들이 섞여 있는 것이다.

그런데 계시록 19장과 20장을 자세히 분석, 비교해 보면 이 두 장의 내용들이 서로 다른 것이 아니고 동일한 사건을 다르게 표현한 것에 지나지 않는다는 것을 알 수 있다. 다시 말하면, 19장과 20장은 같은 것을 서로 보충하고 반복해서 설명한 것이고 다만 표현의 차이가 있을 뿐인 것이다.

그것은 본고가 계시록 19장과 20장을 함께 표로 만들어 비교해 놓았으므로 다음의 표 2에서 그 두 장을 함께 보면 그 사실을 분명히 알게 된다.

[표 2] 요한계시록 19장과 20장의 비교

계시록 19장	계시록 20장
19:1 이 일 후에 내가 들으니 하늘에 허다한 무리의 큰 음성 같은 것이 있어 이르되 할렐루야 구원과 영광과 능력이 우리 하나님께 있도다	20:1 또 내가 보매 천사가 무저갱의 열쇠와 큰 쇠사슬을 그의 손에 가지고 하늘로부터 내려와서
19:2 그의 심판은 참되고 의로운지라 음행으로 땅을 더럽게 한 큰 음녀를 심판하사 자기 종들의 피를 그 음녀의 손에 갚으셨도다 하고	20:2 용을 잡으니 곧 옛 뱀이요 마귀요 사탄이라 잡아서 천 년 동안 결박하여 20:3 무저갱에 던져 넣어 잠그고 그 위에 인봉하여 천 년이 차도록 다시는 만국을 미혹하지 못하게 하였는데 그 후에는 반드시 잠깐 놓이리라
19:3 두 번째로 할렐루야 하니 그 연기가 세세토록 올라가더라	
19:4 **또 이십사 장로와 네 생물이 엎드려 보좌에 앉으신 하나님께 경배하여 이르되 아멘 할렐루야 하니** 19:5 보좌에서 음성이 나서 이르시되 하나님의 종들 곧 그를 경외하는 너희들아 작은 자나 큰 자나 다 우리 하나님께 찬송하라 하더라 19:6 또 내가 들으니 허다한 무리의 음성과도 같고 많은 물 소리와도 같고 큰 우렛소리와도 같은 소리로 이르되 할렐루야 주 우리 하나님 곧 전능하신 이가 통치하시도다	20:4 **또 내가 보좌들을 보니 거기에 앉은 자들이 있어 심판하는 권세를 받았더라** 또 내가 보니 예수를 증언함과 하나님의 말씀 때문에 목 베임을 당한 자들의 영혼들과 또 짐승과 그의 우상에게 경배하지 아니하고 그들의 이마와 손에 그의 표를 받지 아니한 자들이 살아서 그리스도와 더불어 천 년 동안 왕 노릇 하니 20:5 그 나머지 죽은 자들은 그 천 년이 차기까지 살지 못하더라 이는 첫째 부활이라

19:7 우리가 즐거워하고 크게 기뻐하며 그에게 영광을 돌리세 **어린 양의 혼인 기약이 이르렀고 그의 아내가 자신을 준비하였으므로**

19:8 그에게 빛나고 깨끗한 세마포 옷을 입도록 허락하셨으니 이 세마포 옷은 성도들의 옳은 행실이로다 하더라

19:9 천사가 내게 말하기를 기록하라 어린 양의 혼인 잔치에 청함을 받은 자들은 복이 있도다 하고 또 내게 말하되 이것은 하나님의 참되신 말씀이라 하기로

19:10 내가 그 발 앞에 엎드려 경배하려 하니 그가 나에게 말하기를 나는 너와 및 예수의 증언을 받은 네 형제들과 같이 된 종이니 삼가 그리하지 말고 오직 하나님께 경배하라 예수의 증언은 예언의 영이라 하더라

19:11 또 내가 하늘이 열린 것을 보니 보라 백마와 그것을 탄 자가 있으니 그 이름은 충신과 진실이라 그가 공의로 심판하며 싸우더라

19:12 그 눈은 불꽃 같고 그 머리에는 많은 관들이 있고 또 이름 쓴 것 하나가 있으니 자기밖에 아는 자가 없고

19:13 또 그가 피 뿌린 옷을 입었는데 그 이름은 하나님의 말씀이라 칭하더라

19:14 하늘에 있는 군대들이 희고 깨끗한 세마포 옷을 입고 백마를 타고 그를 따르더라

19:15 그의 입에서 예리한 검이 나오니 그것으로 만국을 치겠고 친히 그들을 철장으로 다스리며 또 친히 하나님 곧 전능하신 이의 맹렬한 진노의 포도주 틀을 밟겠고

20:6 이 첫째 부활에 참여하는 자들은 복이 있고 거룩하도다 둘째 사망이 그들을 다스리는 권세가 없고 도리어 **그들이 하나님과 그리스도의 제사장이 되어 천 년 동안 그리스도와 더불어 왕 노릇 하리라**

19:16 그 옷과 그 다리에 이름을 쓴 것이 있으니 만왕의 왕이요 만주의 주라 하였더라

19:17 또 내가 보니 한 천사가 태양 안에서서 공중에 나는 모든 새를 향하여 큰 음성으로 외쳐 이르되 와서 하나님의 큰 잔치에 모여

19:18 왕들의 살과 장군들의 살과 장사들의 살과 말들과 그것을 탄 자들의 살과 자유인들이나 종들이나 작은 자나 큰 자나 모든 자의 살을 먹으라 하더라

19:19 또 내가 보매 그 짐승과 땅의 임금들과 그들의 군대들이 모여 그 말 탄 자와 그의 군대와 더불어 전쟁을 일으키다가

19:20 **짐승이 잡히고 그 앞에서 표적을 행하던 거짓 선지자도 함께 잡혔으니** 이는 짐승의 표를 받고 그의 우상에게 경배하던 자들을 표적으로 미혹하던 자라 **이 둘이 산 채로 유황불 붙는 못에 던져지고**

19:21 그 나머지는 말 탄 자의 입으로부터 나오는 검에 죽으매 모든 새가 그들의 살로 배불리더라

20:7 천 년이 차매 사탄이 그 옥에서 놓여

20:8 나와서 땅의 사방 백성 곧 곡과 마곡을 미혹하고 모아 싸움을 붙이리니 그 수가 바다의 모래 같으리라

20:9 그들이 지면에 널리 퍼져 성도들의 진과 사랑하시는 성을 두르매 하늘에서 불이 내려와 그들을 태워버리고

20:10 **또 그들을 미혹하는 마귀가 불과 유황 못에 던져지니 거기는 그 짐승과 거짓 선지자도 있어 세세토록 밤낮 괴로움을 받으리라**

20:11 또 내가 크고 흰 보좌와 그 위에 앉으신 이를 보니 땅과 하늘이 그 앞에서 피하여 간 데 없더라

20:12 또 내가 보니 죽은 자들이 큰 자나 작은 자나 그 보좌 앞에 서 있는데 책들이 펴 있고 또 다른 책이 펴졌으니 곧 생명책이라 죽은 자들이 자기 행위를 따라 책들에 기록된 대로 심판을 받으니

20:13 바다가 그 가운데에서 죽은 자들을 내주고 또 사망과 음부도 그 가운데에서 죽은 자들을 내주매 각 사람이 자기의 행위대로 심판을 받고

20:14 사망과 음부도 불못에 던져지니 이것은 둘째 사망 곧 불못이라

20:15 누구든지 생명책에 기록되지 못한 자는 불못에 던져지더라

21세기에 철저히 해부한 요한계시록의 비밀들

이처럼 요한계시록 19장과 20장을 함께 비교해 봤을 때 요한은 같은 사건의 같은 내용을 서로 다른 각도에서 그리고 19장에서 좀 더 자세한 설명을 하고 있음을 알게 된다.

이것은 지구와 인류 종말의 마지막 전쟁에 관한 예언으로서 하늘과 땅에서 일어날 일들, 다시 말하면, 하나님의 나라를 세우려는 세력과 하나님의 나라를 무너뜨리려는 두 세력 간의 하늘(영의 세계)과 땅(육의 세계)에서의 최후의 승부의 장면들로 나누어 설명한 것이다. 이것을 하나씩 정리해 보면 다음과 같다.

첫째, 하늘에서의 장면인데 19장 1-2절에서의 짐승과 음녀에 의해 피를 흘린 하나님의 종들에 대한 복수로서 20장 1-3절에 용을 지옥으로 결박하여 끌고 가는 것이 연속적인 장면으로 이어지고 있다.

둘째, 19장 3-6절에 하나님의 종들과 하늘의 이십사 장로들이 하나님께 경배드리는 모습이 20장 4절에 유사하게 그려져 있다.

셋째, 19장 7-10절에서는 예수를 위해 피 흘리고 죽은 자들이 살아나서 빛나고 깨끗한 세마포로 갈아입고 어린 양의 혼인잔치에 참여하기 위해 준비하는 모습인데 이것은 20장 4-6절에서의 천 년간 왕 노릇한다는 표현에서 같은 승리자들의 동일한 잔치 분위기를 갖는다. 더 확실한 단서는 계시록 21장 2절에서 "또 내가 보매 거룩한 성 새 예루살렘이 하나님께로부터 하늘에서 내려오니 그 준비한 것이 신부가 남편을 위하여 단장한 것 같더라" 하고 신부와 혼인잔치의 묘사가 다시 나타난다는 점이다. 이것은 계시록 19장, 20장, 21장이 동일한 사건들을 순서를 뛰어넘어 묘사하고 있다는 것을 알게 한다.

넷째, 땅에서 일어날 일에 대해서는 19장 11-21절에 마지막 전쟁에 대한 설명들이 길고 20장 8-9절에서는 짧지만 그 내용은 같은 것을 말하고 있는 것으로 보인다. 왜냐하면 19장 20절과 20장 10절은 그 표현뿐 아니라 "짐승과 거짓 선지자", "유황불 못에 던져진다" 등의 단어들까지도 동일하기 때문이다.

그러나 요한이 고의적으로 한 듯한 기록 순서의 변경은 20장 7-10절에서 보게 된다. 왜냐하면 사탄은 육체가 없는 영적 존재이므로 인간을 속이려면 짐승이라든지 거짓 선지자라든지 음녀 등 중개자들이 있어야 하는데 그들이 모두 19장 20-21절에 잡히고 끝난 후에 20장 8절에 어떻게 사탄이 인간 세상에 직접 나타나서 세상의 누구를 미혹한다는 것인가? 그 중개자들이 모두 19장 20절뿐 아니라 20장 10절에서도 벌써 유황불 못에 던져져 있고 당시에 싸우던 만국의 모든 자들이 19장 18절과 21절에 이미 다 죽었는데.

이같이 19장과 20장을 함께 놓고 비교해 보았을 때 19장과 20장은 같은 사건을 반복해서 다룬 것으로서 그 이유는 그만큼 이 사건이 크고 중요한 것이기 때문에 두 챕터를 할애한 것으로 보인다.

이제 우리는 이러한 세밀한 조사들에 따라 소위 천년왕국에 대한 견해와 그 결론을 다음과 같이 내릴 수 있다.

계시록 20장에 기록된 천년왕국은 하나님의 말씀과 예수의 증거를 위해 죽은 자(순교자)들이 큰 상급을 누리게 되는 것을 말하며, 21장 2절의 새 예루살렘 성의 도래와 그곳에서 19장 7절의 어린 양의 혼인잔치의 축제가 함께 진행될 것이고, 예수 그리스도와 함께 왕 노릇 한다고 하는 틀에서 이것은 도래하는 천국의 모습과 흡사한 개념을 갖는다. 그러므로 요한이 말한 천년왕국은 다름 아닌 마태가 말한 도래하는 그 천국(the kingdom of heaven)을 의미한 것으로 보게 된다.

이 경우 요한계시록에서의 천년왕국이란 창세기의 에덴동산, 바울이 말한 셋째 하늘, 그리고 예수께서 말씀하신 낙원과 함께 서로 다른 것들이 아니고 모두가 동일한 하나의 천국을 가리켰던 유사 용어들이었음을 알게 된다.

따라서 본고는 천년왕국과 예수의 재림의 관계에 있어서 단 한 번 재림하시는 관점에서는 역사적 전천년설과 맥을 같이 하되 예수께서 천년왕국(즉, 도래하는 천국)과 함께 오시는 동시천년설(Simultaneous Millennialism)을 제안한다. 그리고 그 바로 직전에 계시록 19장의 마지막 전쟁이 20장의 곡과 마곡의 전쟁과 연결되어 인류와 세상의 역사가 끝나게 됨을 결론으로 내리게 된다.

이 해석으로써 천년설의 문제와 함께 복잡하게 얽혀져 있는 계시록 20장의 이해에 아무런 이슈가 없어지고 자연스럽게 21장으로 넘어가게 되는 것이다.

본문(20:7-10): 곡과 마곡의 비밀

"7 천 년이 차매 사탄이 그 옥에서 놓여 8 나와서 땅의 사방 백성 곧 곡과 마곡을 미혹하고 모아 싸움을 붙이리니 그 수가 바다의 모래 같으리라 9 그들이 지면에 널리 퍼져 성도들의 진과 사랑하시는 성을 두르매 하늘에서 불이 내려와 그들을 태워버리고 10 또 그들을 미혹하는 마귀가 불과 유황 못에 던져지니 거기는 그 짐승과 거짓 선지자도 있어 세세토록 밤낮 괴로움을 받으리라"

✦ 해설

20:7-8절, "7 천 년이 차매 사탄이 그 옥에서 놓여 8 나와서 땅의 사방 백성 곧 곡과 마곡을 미혹하고 모아 싸움을 붙이리니 그 수가 바다의 모래 같으리라"

그 천 년이 지나고 사탄이 옥에서 잠시 나와 땅의 사방 나라들인 곡과 마곡을 미혹시켜 전쟁을 일으키는데 그 수가 바다의 모래 같으리라고 했다. 이 천 년에 대해서는 앞에서 충분히 설명이 된 것으로 생각한다. 이제 남은 것은 곡과 마곡의 비밀뿐이다.

20:9-10절, "9 그들이 지면에 널리 퍼져 성도들의 진과 사랑하시는 성을 두르매 하늘에서 불이 내려와 그들을 태워버리고 10 또 그들을 미혹하는 마귀가 불과 유황 못에 던져지니 거기는 그 짐승과 거짓 선지자도 있어 세세토록 밤낮 괴로움을 받으리라"

사탄이 성도들의 진을 포위했을 때 하늘에서 불이 내려와 사탄 및 땅의 사방의 백성들을 모두 태워 버렸다. 그리고 사탄을 불 못에 던졌는데 그 곳에는 이미 짐승과 거짓 선지자도 잡혀 있었다.

이 구절 또한 오랜 기간 뜨거운 논쟁을 일으킨 문제의 예언이기도 하다. 왜냐하면 이 사건을 요한계시록의 위치대로만 본다면 천 년 기간 후에 발생하는 것이 되고 그 천 년이 지나서 잠시 사탄이 옥에서 다시 나와 온 세상에 마지막 전쟁을 일으키는 것으로 되어 있기 때문이다.

그래서 앞에서 살펴본 바대로 전천년설이 나오게 되었고 전천년설은 다시 환난전 천년설과 환난후 천년설로 또 나뉘어지게 된 것인데, 요한계 시록 20장을 자세히 살펴봐도 천년왕국의 기록 어디에도 하늘이든 땅이 든 그 장소를 명확하게 제시하지 않고 있다. 그러므로 천년왕국이 반드 시 땅에서 이루어진다는 확실한 개념이 성립되지 않는다.

또한 천 년이라는 기간도 영원하다는 의미인지 문자적으로 꼭 천 년이 라는 정해진 기간을 말하는 것인지 그 뜻이 분명하지 않다. 왜냐하면 꼭 천 년 동안만 존재하다 없어지는 그런 천년왕국이란 것은 생각하기 어렵 고 더욱이 죽은 자들이 살아난 부활의 몸은 시공간을 초월한 존재가 되는 것인데 그때 천 년이라는 시간이나 기간은 의미가 없게 된다.

따라서 이 천년왕국이라는 개념은 문자적으로 꼭 천 년의 기간만을 의 미한 것이 아니고 영원하다는 뜻으로써 누가복음 22장 29-30절에서 예수 께서 말씀하신 그 천국을 의미한 것으로 보아야 한다.

그러면 요한이 천 년이라는 기간을 이곳에서 써 놓은 이유가 무엇일 까? 우리는 이 구절의 앞뒤를 자세히 분석해 보아야 한다.

계시록 19장 19-21절에, "또 내가 보매 그 짐승과 땅의 임금들과 그들의 군대들이 모여 그 말 탄 자와 그의 군대와 더불어 전쟁을 일으키다가, 짐 승이 잡히고 그 앞에서 표적을 행하던 거짓 선지자도 함께 잡혔으니 이는 짐승의 표를 받고 그의 우상에게 경배하던 자들을 표적으로 미혹하던 자 라 이 둘이 산 채로 유황불 붙는 못에 던져지고, 그 나머지는 말 탄 자의 입으로부터 나오는 검에 죽으매 모든 새가 그들의 살로 배불리더라"라고 기록이 되어 있다.

이 마지막 전쟁은 이미 19장에 기록되어 있어서 19장 20절에는 짐승도 잡히고 거짓 선지자도 잡혀서 유황불 못에 던져졌다고 했다. 그런데 그 똑같은 표현이 20장 10절에 다시 나온다. 이때는 19장 21절에 그 나머지는 이미 모두 죽었고 지구상의 왕들과 군대들은 모두 사라진 후이다. 즉, 마지막 전쟁은 이미 끝난 것이다.

이제 지구상에서 인간들이 다 사라진 후인데 어떻게 20장 8-9절에 또 사탄이 다시 새삼스럽게 전쟁을 위해 어떤 세상의 누구들을 불러 모으도록 미혹할 수 있을까? 다시 말하건대 인류와 세상의 역사는 19장에서 이미 끝난 거다. 그러므로 이것은 도저히 앞뒤가 맞지 않는다.

그러면 이 기록은 무엇을 의미하는 것일까?

그것은 천년왕국 후에 또다시 세상에서 전쟁이 일어날 것을 말하는 것이 아니고 앞의 19장 19-21절에 기록된 최후의 전쟁에서 단 하나의 남은 비밀을 뒤로 빼서 마지막 전쟁이 일어날 때 발생할 곡과 마곡의 비밀을 마지막 최후까지 보존하려 함과 동시에 세상의 마지막 사건을 최후로 배치하여 더 이상 이 지구상에 인류가 존재하지 않는다는 것을 강조하려 한 것으로 보인다.

좀 더 자세히 설명하면 이 세상의 마지막 전쟁은 앞의 계시에서 그 예언이 이미 끝났기 때문에(이것은 실제로 그 마지막 전쟁이 이미 종료되었다는 것이 아니고 그것이 예언되어졌기 때문에 그대로 시행될 것이라는 의미이고) 요한계시록의 마지막 비밀은 이제 곡과 마곡의 비밀 하나만 남아 있음으로써 곡과 마곡의 비밀이 이루어지는 날이 인류 역사의 대단원의 막을 내리는 날이 되는 것이다.

본고는 곡과 마곡의 비밀을 이곳에서 더 이상 다루지 않는다. 왜냐하면 성경이 그것을 마지막 전쟁이 일어나기 직전까지 비밀로 하고 있기 때문에 그 비밀만큼은 절대로 짐승이 알아서는 안 되는 것이다.

다만 20장 7-8절에 "천 년이 차매 사탄이 그 옥에서 놓여 나와서 땅의 사방 백성 곧 곡과 마곡을 미혹하고 모아 싸움을 붙이리니"라고 했으므로 다음과 같이 유추해 볼 수는 있다.

즉, 요한이 곡과 마곡을 세상의 국가들이라고 했고, 16장 12절에 "또 여섯째 천사가 그 대접을 큰 강 유브라데에 쏟으매 강물이 말라서 동방에서 오는 왕들의 길이 예비되었더라"고 했으므로 이스라엘에서 볼 때 동방에 위치한 나라들일 것이다.

또한 짐승이 그 국가들로 하여금 싸움에 참여시키는 방법이 미혹이라고 했으므로 지정학적으로 또는 정치군사적으로 곡과 마곡이라는 나라가 어떤 나라들을 말하는 것인지 그리고 어떤 미혹이 그 나라들을 전쟁으로 몰아갈 것인지 그때 어떤 양상으로 전쟁이 전개될지 그러한 극적 변화가 비밀의 단서가 된다는 것만 알 수 있는 것이다. 이 비밀은 아직 무엇도 밝힐 때가 되지 않았다. 이미 그 나라들이 하나님의 계획에 따라 존재하고 있기 때문이다.

이 마지막 전쟁 이전에 죽은 자들은 아직 죽은 상태로 있을 것이고, 그때까지 살아남아 있던 자들은 이 세상의 마지막 전쟁을 겪을 것이다. 그 전쟁을 끝으로 지구상에는 더 이상 살아 있는 사람은 하나도 없게 된다.

본문(20:11-15): 최후의 심판

"11 또 내가 크고 흰 보좌와 그 위에 앉으신 이를 보니 땅과 하늘이 그 앞에서 피하여 간 데 없더라 12 또 내가 보니 죽은 자들이 큰 자나 작은 자나 그 보좌 앞에 서 있는데 책들이 펴 있고 또 다른 책이 펴졌으니 곧 생명책이라 죽은 자들이 자기 행위를 따라 책들에 기록된 대로 심판을 받으니 13 바다가 그 가운데에서 죽은 자들을 내주고 또 사망과 음부도 그 가운데에서 죽은 자들을 내주매 각 사람이 자기의 행위대로 심판을 받고 14 사망과 음부도 불못에 던져지니 이것은 둘째 사망 곧 불못이라 15 누구든지 생명책에 기록되지 못한 자는 불못에 던져지더라."

✦ 해설

20:11절, "11 또 내가 크고 흰 보좌와 그 위에 앉으신 이를 보니 땅과 하늘이 그 앞에서 피하여 간 데 없더라"

앞절에서 마지막 전쟁으로 지구상의 모든 사람이 다 죽은 후에 드디어 하나님의 공의의 집행인 최후의 심판이 열리며 그동안 악인들에게 짓밟히고 무시당했던 하나님의 공의가 살아 있었음이 온 우주에 공개된다. 사탄의 미혹에 의해 세상에 죄가 만연되었어도 악인들에게 내려지지 않았던 심판이 이제 시행된다. 오랜 기간 산 자든 죽은 자든 하나님의 백성들이 인내하며 기다려 온 그 공의의 심판인 것이다.

20:12절, "12 또 내가 보니 죽은 자들이 큰 자나 작은 자나 그 보좌 앞에 서 있는데 책들이 펴 있고 또 다른 책이 펴졌으니 곧 생명책이라 죽은 자들이 자기 행위를 따라 책들에 기록된 대로 심판을 받으니"

이때에는 지구상에 살아 있는 사람은 없다. 이미 이전 세상의 역사는 끝났다. 그렇기에 이곳에서는 산 자와 죽은 자가 아니고 큰 자든 작은 자든 죽은 자들만 나온다. 지금부터는 새로운 세상의 출발과 이 전 세상에 대한 정산으로써 최후의 심판이 시행되는 것이다.

20:13-14절, "13 바다가 그 가운데에서 죽은 자들을 내주고 또 사망과 음부도 그 가운데에서 죽은 자들을 내주매 각 사람이 자기의 행위대로 심판을 받고 14 사망과 음부도 불못에 던져지니 이것은 둘째 사망 곧 불못이라"

지구상에서 죽은 모든 자들은 바다에서 죽었든 어디에서 죽었든 다시 일어나 자기의 행위에 따라 심판을 받은 후에 영생을 얻도록 된 자들은 영원히 살게 되고 영생을 얻지 못한 자들은 둘째 사망으로 영원히 사라진다. 이것을 14절에서 둘째 사망이라고 했다.

그렇기에 이제는 사망도 음부도 그리고 첫째 세상에서 존재했던 그 모든 시한부의 삶과 죽음 그 자체가 전부 다 사라지게 된다. 예수를 믿음으로 죄사함을 받아 영생을 얻은 사람들 즉, 새 하늘과 새 땅인 새로운 세상에서 영원히 살게 된 사람들에게는 또다시 죽음이 없는 것이다. 새로운 세상은 이전 것들과는 전혀 다른 그야말로 새로운 세계인 것이다.

20:15절, "15 누구든지 생명책에 기록되지 못한 자는 불못에 던져지더라"

요한은 구원을 받지 못한 자들 즉, 생명책에 기록되지 못한 자들은 모두 불 못에 던져질 것을 예언한다. 그런데 이곳에서 "누구든지 생명책에 기록되지 못한 자"라는 번역은 의문을 가질 수 있다.

새번역은 이 구절을 개역개정과 유사하게 해석했지만 공동번역은 "이 생명의 책에 그 이름이 올라 있지 않은 사람은"이라고 번역했다.

그런데 고대 사본들은 *"tis ouc eureqe en te biblo tes zoes gegram-menos"*라고 쓰여 있어서 거의 모든 영어번역본들은 "생명책에 기록된 것으로 발견되지 않은 자"들이라고 직역되어 있다. 이것이 왜 문제가 될 수 있는 것인가 하면 번역에 따라 애당초 생명책에 기록이 되어 있지 않은 자들과 처음에는 기록이 되어 있었으나 중간에서 그 이름이 지워진 자들이라는 의미를 함께 포함할 수 있기 때문이다.

그러나 21장 27절에는 *"ei me oi gegrammenoi en to biblio tes zoes"*라고 되어 있어서 이 구절은 애당초 이름이 기록되어 있는 자들만 들어간다는 뜻을 갖게 된다. 이것은 매우 중요한 내용이다. 왜냐하면 한 번 구원받은 자들은 그 이름이 생명책에서 지워지지 않는다는 것을 암시하게 되는 것이기 때문이다.

제**21**장

"1 또 내가 새 하늘과 새 땅을 보니 처음 하늘과 처음 땅이 없어졌고 바다도 다시 있지 않더라 2 또 내가 보매 거룩한 성 새 예루살렘이 하나님께로부터 하늘에서 내려오니 그 준비한 것이 신부가 남편을 위하여 단장한 것 같더라"

✦ 해설

21:1절, "1 또 내가 새 하늘과 새 땅을 보니 처음 하늘과 처음 땅이 없어졌고 바다도 다시 있지 않더라"

이제 요한계시록은 그 장면과 분위기가 완전히 바뀌어서 더 이상 이전 세상의 모습이 아니다. 이제 처음 하늘과 땅과 바다는 없어졌다. 바야흐로 새 하늘과 새 땅이 펼쳐진 것이다.

21:2절, "2 또 내가 보매 거룩한 성 새 예루살렘이 하나님께로부터 하늘에서 내려오니 그 준비한 것이 신부가 남편을 위하여 단장한 것 같더라"

이때 요한이 하늘을 보니 새 예루살렘 성이 위로 하나님으로부터 내려오고 있었는데 마치 신부가 남편을 위해 단장한 것처럼 빛나고 깨끗하고 화사한 모습이었다.

본문(21:3-4)

"3 내가 들으니 보좌에서 큰 음성이 나서 이르되 보라 하나님의 장막이 사람들과 함께 있으매 하나님이 그들과 함께 계시리니 그들은 하나님의 백성이 되고 하나님은 친히 그들과 함께 계셔서 4 모든 눈물을 그 눈에서 닦아 주시니 다시는 사망이 없고 애통하는 것이나 곡하는 것이나 아픈 것이 다시 있지 아니하리니 처음 것들이 다 지나갔음이러라"

✦ 해설

21:3절, "3 내가 들으니 보좌에서 큰 음성이 나서 이르되 보라 하나님의 장막이 사람들과 함께 있으매 하나님이 그들과 함께 계시리니 그들은 하나님의 백성이 되고 하나님은 친히 그들과 함께 계셔서"

요한은 하늘에서 나는 소리를 들었는데 이제부터 하나님의 처소가 사람과 함께 있을 것이며 저들은 하나님의 백성이 되고 하나님은 그들과 함께 거하실 것이라고 말한다.

21:4절, "4 모든 눈물을 그 눈에서 닦아 주시니 다시는 사망이 없고 애통하

는 것이나 곡하는 것이나 아픈 것이 다시 있지 아니하리니 처음 것들이 다
지나갔음이러라"

더 이상 사망이나 애통이나 곡소리나 아픈 것이 있지 않을 것인데 그것
은 처음의 것들이 지나갔기 때문이다. 그리고 하나님은 친히 모든 백성
들의 눈물을 그 눈에서 닦아 주실 것이라고 했다. 하나님은 사랑의 본체
이시다.

본문(21:5-8)

"5 보좌에 앉으신 이가 이르시되 보라 내가 만물을 새롭게 하노라 하시고
또 이르시되 이 말은 신실하고 참되니 기록하라 하시고 6 또 내게 말씀하시
되 이루었도다 나는 알파와 오메가요 처음과 마지막이라 내가 생명수 샘물
을 목마른 자에게 값없이 주리니 7 이기는 자는 이것들을 상속으로 받으리
라 나는 그의 하나님이 되고 그는 내 아들이 되리라 8 그러나 두려워하는
자들과 믿지 아니하는 자들과 흉악한 자들과 살인자들과 음행하는 자들과
점술가들과 우상 숭배자들과 거짓말하는 모든 자들은 불과 유황으로 타는
못에 던져지리니 이것이 둘째 사망이라"

✦ 해설

21:5절, "5 보좌에 앉으신 이가 이르시되 보라 내가 만물을 새롭게 하노라
하시고 또 이르시되 이 말은 신실하고 참되니 기록하라 하시고"

보좌에 앉으신 하나님이 만물을 새롭게 하시겠다고 하시며 이 말은 신실하고 참되다고 말씀하신다. 현존하는 우주와 만물도 그 규모가 엄청난데 모든 만물들을 새롭게 하신다는 계획과 약속은 가히 설명이나 상상조차 하기 어려운 규모의 거대하고 새로운 창조의 세계가 될 것이다.

21:6-7절, "6 또 내게 말씀하시되 이루었도다 나는 알파와 오메가요 처음과 마지막이라 내가 생명수 샘물을 목마른 자에게 값없이 주리니 7 이기는 자는 이것들을 상속으로 받으리라 나는 그의 하나님이 되고 그는 내 아들이 되리라"

하나님은 알파와 오메가 즉 이 세상 만물과 모든 존재들의 처음이자 마지막인 분이시며 생명수 샘물을 원하는 모든 자들에게 무상으로 주시는 분이다.

계시록 2장과 3장의 일곱 교회에 관한 예언에서부터 계시록 여러 곳에 반복해서 기록이 되어 있듯이 이기는 자들은 하나님의 나라에서 많은 상급들을 상속으로 받을 것이다. 하나님은 변함없이 그들의 아버지가 되고 그들은 하나님의 자녀들이 되기 때문이다.

21:8절, "8 그러나 두려워하는 자들과 믿지 아니하는 자들과 흉악한 자들과 살인자들과 음행하는 자들과 점술가들과 우상 숭배자들과 거짓말하는 모든 자들은 불과 유황으로 타는 못에 던져지리니 이것이 둘째 사망이라"

세상의 종말의 때까지 예수를 믿지 않고 죽었던 자들과 각종 죄악으로 물든 자들은 최후의 심판을 받기 위해 깨어났다가 영원한 죽음의 판결을 받고 불못에 던져지는데 이것이 둘째 사망이니 이로써 이들은 죽음을 두 번 맛보게 되는 것이다. 이것은 이미 앞장인 20장 11-15절에 잘 설명이 되어 있다.

본문(21:9-11)

"9 일곱 대접을 가지고 마지막 일곱 재앙을 담은 일곱 천사 중 하나가 나아와서 내게 말하여 이르되 이리 오라 내가 신부 곧 어린 양의 아내를 네게 보이리라 하고 10 성령으로 나를 데리고 크고 높은 산으로 올라가 하나님께로부터 하늘에서 내려오는 거룩한 성 예루살렘을 보이니 11 하나님의 영광이 있어 그 성의 빛이 지극히 귀한 보석 같고 벽옥과 수정 같이 맑더라"

♦ 해설

21:9절, "9 일곱 대접을 가지고 마지막 일곱 재앙을 담은 일곱 천사 중 하나가 나아와서 내게 말하여 이르되 이리 오라 내가 신부 곧 어린 양의 아내를 네게 보이리라 하고"

하나님의 진노의 일곱 대접을 가지고 마지막 일곱 재앙을 담았던 천사 중 하나가 요한에게 어린 양의 신부인 아내를 보여 주겠다고 말한다.

그때 일곱 대접을 가지고 마지막 일곱 재앙을 담았던 천사 중 하나가 음녀에게 하나님의 심판을 행했는데 그 동일한 천사가 이제는 어린 양의 신

부를 데리고 나오고 있다. 이 신부는 어린 양의 아내인 교회를 말한다.[55]

21:10절, "10 성령으로 나를 데리고 크고 높은 산으로 올라가 하나님께로
부터 하늘에서 내려오는 거룩한 성 예루살렘을 보이니"

이 대목은 마태복음 4장 1-11절에 기록된 예수의 광야 시험을 연상케
한다. 바로 세 번째 시험에서 마귀가 예수를 데리고 지극히 높은 산으로
가서 천하 만국과 그 영광을 보여 주며 만일 내게 엎드려 경배하면 이 모
든 것을 네게 주리라 했을 때 예수께서 말씀하시되 사탄아 물러가라 기록
되었으되 주 너의 하나님께 경배하고 다만 그를 섬기라 하였느니라 하셨
고 이에 마귀는 예수를 떠나고 천사들이 나아와 수종 든다.

왜 요한은 예수께서 겪은 그 광야의 시험을 여기에서 우리에게 연상케
한 것일까?

그것은 참영광과 거짓 영광, 참승리와 거짓 승리, 참축복과 거짓 축복
이 어떤 차이인 것인지 그 비교를 통해 나타내고자 했던 것이 아닐까? 잠
시 사는 이 땅에서의 세상적인 것들을 위해 천국의 영원한 상급을 잃는
자들을 보는 안타까운 시선이 아니었을까? 예수께서는 바로 그 천국의
영광과 상급을 보지 못하는 어리석을 자들에게 어떻게 그것을 얻는 것인
지 스스로 본을 보이신 것이 아닐까?

21:11절, "11 하나님의 영광이 있어 그 성의 빛이 지극히 귀한 보석 같고 벽
옥과 수정 같이 맑더라"

---

55 고후 11:1, 엡 5:25.

요한이 보았던 새로운 성 예루살렘은 하나님의 영광이 함께 있음으로써 그 빛과 모양이 벽옥 같고 수정같이 맑았다고 증언하고 있다.

본문(21:12-14)

"12 크고 높은 성곽이 있고 열두 문이 있는데 문에 열두 천사가 있고 그 문들 위에 이름을 썼으니 이스라엘 자손 열두 지파의 이름들이라 13 동쪽에 세 문, 북쪽에 세 문, 남쪽에 세 문, 서쪽에 세 문이니 14 그 성의 성곽에는 열두 기초석이 있고 그 위에는 어린 양의 열두 사도의 열두 이름이 있더라"

✦ 해설

21:12-14절, "12 크고 높은 성곽이 있고 열두 문이 있는데 문에 열두 천사가 있고 그 문들 위에 이름을 썼으니 이스라엘 자손 열두 지파의 이름들이라 13 동쪽에 세 문, 북쪽에 세 문, 남쪽에 세 문, 서쪽에 세 문이니 14 그 성의 성곽에는 열두 기초석이 있고 그 위에는 어린 양의 열두 사도의 열두 이름이 있더라"

요한이 본 새 예루살렘 성은 열두 문이 있었는데 동쪽에 세 문, 서쪽에 세 문, 북쪽에 세 문, 남쪽에 세 문으로 되어 있었으며 문마다 각각 열두 지파 이름이 쓰여 있었다. 성의 성곽에는 열두 기초석이 있었고 그 기초석 위에는 각각 열두 사도의 이름이 적혀 있었다.

이곳에서 우리는 또 하나의 구약과 신약의 연속성을 보게 된다. 하나님의 나라에 대한 섭리와 계획은 창세로부터 지구의 마지막 그리고 새 하늘과 새 땅에 이르도록 구약과 신약에 지속적으로 흘러온 연속선상의 과정인 것이다.

그런데 이 예루살렘 성의 열두 문과 성곽의 열두 기초석에 대한 문구들을 자세히 살펴보면 무엇인가 차이가 있다. 열두 문에는 열두 지파들의 이름이 있었고, 성곽의 열두 기초석에는 열두 사도들의 이름이 있었던 것이다.

이것은 무엇을 의미한 것일까? 다시 말하면, 왜 요한은 구약의 열두 지파의 의미와 신약의 열두 사도의 의미를 성전의 문과 성곽의 기초석으로 서로 구별 지어 말한 것일까?

구원은 오직 창조주 하나님의 선택의 은총이어서 이것은 자신들의 의지가 아니며 주어진 것을 거절할 수도 없다. 어느 가정의 자녀로 태어나는 것은 본인들의 의사와 관계가 없고 거절할 수도 없는 것이다. 구약의 열두 지파는 오직 하나님의 선택이었다.

그러나 복음전파는 하나님의 백성들에게 주어진 사명이다. 열두 사도 또한 예수에게 선택된 것이었다 해도 그들이 주어진 사명을 감당하는 것은 각자의 노력에 달려 있는 것이다. 그런데 예수의 열두 사도들은 유배당한 요한 외에 모두 순교했다. 이것이 오직 하나님의 택하심의 은혜로 들어가는 구원의 문, 그리고 성곽의 지경을 넓히는 복음의 전파를 각각 의미한 것이리라.

본문(21:15-17)

"15 내게 말하는 자가 그 성과 그 문들과 성곽을 측량하려고 금 갈대 자를 가졌더라 16 그 성은 네모가 반듯하여 길이와 너비가 같은지라 그 갈대 자로 그 성을 측량하니 만 이천 스다디온이요 길이와 너비와 높이가 같더라 17 그 성곽을 측량하매 백사십사 규빗이니 사람의 측량 곧 천사의 측량이라"

♦ 해설

21:15절, "15 내게 말하는 자가 그 성과 그 문들과 성곽을 측량하려고 금 갈대 자를 가졌더라"

여기서의 측량은 건축 심사를 위한 측량이 아니고 새 예루살렘 성이 얼마나 큰지 그 완성된 규모를 알아보기 위한 측량이었다. 그 자가 금으로 만들어졌다고 한 것은 그 자 자체가 불순물이 빠져 있는 것으로서 부정이나 착오 없는 정확한 측량임을 나타낸 것으로 생각된다.

21:16절, "16 그 성은 네모가 반듯하여 길이와 너비가 같은지라 그 갈대 자로 그 성을 측량하니 만 이천 스다디온이요 길이와 너비와 높이가 같더라"

그런데 그 성은 가로, 세로 높이가 똑같은 장방형이었고 각변의 길이는 만 이천 스다디온이었다.

한 스다디온은 약 200미터이므로 한 변의 길이가 만 이천 스다디온이면 약 2,400 킬로미터가 된다. 그것이 정사각형이므로 넓이는 5,760,000 제곱 킬로미터가 된다. 이 크기는 호주 면적과 비슷한 크기이다. 아마도 이천 년 전의 그 작은 밧모섬 유배지에서 요한이 계시에서 본 새 예루살

렘 성의 크기가 어마어마하게 느껴졌을 것이다. 그러나 새 하늘과 새 땅
은 우주를 총망라한 크기이므로 이러한 인간의 측량으로는 표기가 불가
능할 것이다.

21:17절, "17 그 성곽을 측량하매 백사십사 규빗이니 사람의 측량 곧 천사의
측량이라"

한편, 성곽은 백사십사 규빗이라고 했으니 길이로 환산하면 약 75미터
인데 이것이 길이인지 폭인지 높이인지에 대한 별도 언급이 없지만 NIV
는 두께로 번역을 했다. 새 예루살렘 성의 크기에 비하면 성곽 75미터가
어울릴 만한 길이는 오직 두께였을 것이다. 성곽의 두께가 75미터이면
만리장성의 두께보다 열 배는 더 크다. 전세계 어느 성곽의 두께도 이 정
도만 한 것은 없을 것이다.

요한은 성곽을 측량한 후에 이 길이는 사람의 측량이자 천사의 측량이
라고 했다. 그래서 많은 주석들이 사람이 옳다고 본 것이 천사가 옳다고
본 것과 같은 것이라고 해석했다.

그런데 이 문맥을 잘 살펴보면 15절의 이 측량은 천사가 한 것이다. 다
시 말하면 사람이 잰 것이 아니고 천사가 잰 것이다. 그런데 그 길이는 천
사의 길이가 아니고 사람의 길이로 표시된 것이다. 그러면 사람의 측량
이 천사의 측량이란 무슨 뜻일까?

인간이 이 세상에서 육체로 살아가는 동안 육신의 안목과 판단이 항
상 전부 옳을 수가 없다. 사람은 착시도 생기고 실수도 하고 영적으로 미
숙하기도 하고 하나님의 법에 온전하지도 못하다. 그런데 어떻게 사람의

21세기에 철저히 해부한 요한계시록의 비밀들

측량이 천사의 측량이 되는가?

본 구절을 다시 읽어 보건대 이 예언은 이 땅에서의 이야기가 아니고 새 예루살렘 성이 내려온 후의 새로운 세계에서의 이야기이다.

새 예루살렘성의 때에는 사람과 천사가 영적 존재냐 육적 존재냐의 구별의 의미가 없어지는 것이다. 모든 구원받은 하나님의 백성들은 새로운 몸으로 갈아입고 부활하신 예수 그리스도와 같은 모습으로 살아갈 것이기 때문에 천사들처럼 문들이 닫혔는데 들어가고 하늘을 날아서 올라 다닐 것이다.

그러므로 새로운 세상에서는 새로운 존재로서 온전하게 된 사람의 측량과 영적 존재인 천사의 측량에 아무런 차이가 없는 전혀 동일한 것이 된다.[56]

본문(21:18-21): 성곽과 열두 문

"18 그 성곽은 벽옥으로 쌓였고 그 성은 정금인데 맑은 유리 같더라 19 그 성의 성곽의 기초석은 각색 보석으로 꾸몄는데 첫째 기초석은 벽옥이요 둘째는 남보석이요 셋째는 옥수요 넷째는 녹보석이요 20 다섯째는 홍마노요 여섯째는 홍보석이요 일곱째는 황옥이요 여덟째는 녹옥이요 아홉째는 담황옥이요 열째는 비취옥이요 열한째는 청옥이요 열두째는 자수정이라 21 그 열두 문은 열두 진주니 각 문마다 한 개의 진주로 되어 있고 성의 길은 맑은 유리 같은 정금이더라"

---

56 히 12:22-23.

✦ 해설

21:18절, "18 그 성곽은 벽옥으로 쌓였고 그 성은 정금인데 맑은 유리 같더라"

하늘에서 내려온 새 예루살렘 성이 각종 진귀한 보석들로 구성되어 있는 것을 보고 요한이 놀랐음에 틀림없다.

21:19-21절, "19 그 성의 성곽의 기초석은 각색 보석으로 꾸몄는데 첫째 기초석은 벽옥이요 둘째는 남보석이요 셋째는 옥수요 넷째는 녹보석이요 20 다섯째는 홍마노요 여섯째는 홍보석이요 일곱째는 황옥이요 여덟째는 녹옥이요 아홉째는 담황옥이요 열째는 비취옥이요 열한째는 청옥이요 열두째는 자수정이라 21 그 열두 문은 열두 진주니 각 문마다 한 개의 진주로 되어 있고 성의 길은 맑은 유리 같은 정금이더라"

성곽의 열두 기초석이 모두 다이아몬드급 보석들이고 성의 길은 정금으로 깔렸고 성의 문들은 문마다 하나의 통 진주로 되어 있었으니 그 규모나 화려함은 이 세상 어느 왕의 궁전도 이렇지 못했을 것이다. 세상에서 볼 수 있는 작은 규모의 실내 보석들이 아니고 새 예루살렘 성 전체의 건축 재료가 각종 보석들이었던 것이다.

우리는 이 이상 새 예루살렘 성의 모습을 묘사할 수 없다. 인간이 상상할 수 있는 범위를 넘어가는 것이기 때문이다.

"22 성 안에서 내가 성전을 보지 못하였으니 이는 주 하나님 곧 전능하신 이와 및 어린 양이 그 성전이심이라 23 그 성은 해나 달의 비침이 쓸 데 없으니 이는 하나님의 영광이 비치고 어린 양이 그 등불이 되심이라 24 만국이 그 빛 가운데로 다니고 땅의 왕들이 자기 영광을 가지고 그리로 들어가리라 25 낮에 성문들을 도무지 닫지 아니하리니 거기에는 밤이 없음이라 26 사람들이 만국의 영광과 존귀를 가지고 그리로 들어가겠고 27 무엇이든지 속된 것이나 가증한 일 또는 거짓말하는 자는 결코 그리로 들어가지 못하되 오직 어린 양의 생명책에 기록된 자들만 들어가리라"

✦ 해설

21:22-23절, "22 성 안에서 내가 성전을 보지 못하였으니 이는 주 하나님 곧 전능하신 이와 및 어린 양이 그 성전이심이라 23 그 성은 해나 달의 비침이 쓸 데 없으니 이는 하나님의 영광이 비치고 어린 양이 그 등불이 되심이라"

성의 안은 성의 밖보다 더 영광스러웠다. 그 이유는 성 안에 빛을 발하는 조명이 필요 없었으니 빛의 본체이신 하나님과 어린 양이 그 성전 자체였기 때문이다. 어쩌면 이러한 새 예루살렘의 묘사는 상상의 산물이라고 느껴질지 모른다. 육신의 세상에서만 살아오던 인간들의 관점에서는 영의 세계의 모습이 상상조차 되지 않기 때문이다.

그저 인간의 언어로 표현되어 그 새 예루살렘은 이 정도로 크고 이 정도로 화려할 것이라고 상상하면서 하나님께 감사를 드리는 것으로 족해야 할지 모른다. 우리 인간의 육적 그리고 한시적인 존재로는 창조주 하나님의 광대하심과 영원하심을 다 가늠할 수 없는 것이다.

21:24절, "24 만국이 그 빛 가운데로 다니고 땅의 왕들이 자기 영광을 가지고 그리로 들어가리라"

이곳에서 땅의 왕들이 자기 영광을 가지고 그리로 들어가리라는 표현은 이제 마지막 전쟁 후에는 더 이상 세상의 왕들이 없는 때이므로 하나님의 나라의 왕자와 공주들인 하나님의 자녀들을 의미했다고 본다. 이것은 땅에서 권세와 탐욕과 부패로 얼룩진 이 세상의 왕들이 새로운 예루살렘 성으로 들어갈 것이라는 의미가 결코 될 수 없기 때문이다. 그러므로 땅의 왕들이란 하나님 나라의 왕자와 공주들인 하나님의 자녀들을 의미했다고 보게 되는 것이다.

베드로전서 2장 9절에, "그러나 너희는 택하신 족속이요 왕 같은 제사장들이요 거룩한 나라요 그의 소유가 된 백성이니 이는 너희를 어두운 데서 불러 내어 그의 기이한 빛에 들어가게 하신 이의 아름다운 덕을 선포하게 하려 하심이라"고 한 구절이 그것을 뒷받침한다.

21:25-27절, "25 낮에 성문들을 도무지 닫지 아니하리니 거기에는 밤이 없음이라 26 사람들이 만국의 영광과 존귀를 가지고 그리로 들어가겠고 27 무엇이든지 속된 것이나 가증한 일 또는 거짓말하는 자는 결코 그리로 들어가지 못하되 오직 어린 양의 생명책에 기록된 자들만 들어가리라"

새로운 세상에서는 밤도 낮도 없고 낮이나 밤이나 문도 닫지 않고 항상 밝음만 있을 것을 예언하고 있다.

이러한 표현은 구약 또는 요한계시록에서만 있는 것이 아니고 신약성경 곳곳에서 예수께서 설파하신 하나님의 나라의 비유에서 나타난다. 창세 이전부터 빛의 근원은 하나님이시기 때문이다. 다만 구원받지 못한 자들은 그 성에 들어가지 못할 것이고 오직 어린 양의 생명책에 기록된 자들만 그리로 들어갈 것이다.

제22장

본문(22:1-5): 생명수강과 생명나무

"1 또 그가 수정 같이 맑은 생명수의 강을 내게 보이니 하나님과 및 어린 양의 보좌로부터 나와서 2 길 가운데로 흐르더라 강 좌우에 생명나무가 있어 열두 가지 열매를 맺되 달마다 그 열매를 맺고 그 나무 잎사귀들은 만국을 치료하기 위하여 있더라 3 다시 저주가 없으며 하나님과 그 어린 양의 보좌가 그 가운데에 있으리니 그의 종들이 그를 섬기며 4 그의 얼굴을 볼 터이요 그의 이름도 그들의 이마에 있으리라 5 다시 밤이 없겠고 등불과 햇빛이 쓸 데 없으니 이는 주 하나님이 그들에게 비치심이라 그들이 세세토록 왕 노릇 하리로다"

♦ 해설

22:1-2절, "1 또 그가 수정 같이 맑은 생명수의 강을 내게 보이니 하나님과 및 어린 양의 보좌로부터 나와서 2 길 가운데로 흐르더라 강 좌우에 생명나무가 있어 열두 가지 열매를 맺되 달마다 그 열매를 맺고 그 나무 잎사귀들은 만국을 치료하기 위하여 있더라"

이 생명수 강은 창세기 2장 8-14절에 기록된 에덴에서 흘러내리던 강을 재연하고 있다. 인간이 죄를 범하기 전에 하나님의 동산을 함께 거닐던 때였고 생명나무도 에덴 동산에 있었다.

요한이 계시록 22장의 새로운 세상에 대한 묘사에서 다시 그 에덴동산을 회상시킨 것은 인간의 죄로 인해 잃어버렸던 낙원을 되찾게 됨을 표현했을 것이다. 이전 세상이 끝나고 새 예루살렘성이 하늘에서 내려온 후에 요한이 보았던 새로운 세상의 모습이 바로 그 창세기의 낙원이었다면 어쩌면 인간의 죄로 잃어버렸던 그 창세기의 낙원이 예수께서 설교하셨던 바로 천국의 모형이었을 수도 있다. 생명수의 강과 생명나무의 용어들이 바로 창세기 2장에서의 에덴동산의 묘사와 같기 때문이다.

그런데 그 나무의 잎사귀들은 만국을 소성하기 위해 있었다고 했는데 예수 그리스도 한 분의 희생으로 온 인류가 낙원을 되찾게 된 것을 의미한 것으로 보인다.

22:3-5절, "3 다시 저주가 없으며 하나님과 그 어린 양의 보좌가 그 가운데에 있으리니 그의 종들이 그를 섬기며 4 그의 얼굴을 볼 터이요 그의 이름도 그들의 이마에 있으리라 5 다시 밤이 없겠고 등불과 햇빛이 쓸 데 없으니 이는 주 하나님이 그들에게 비치심이라 그들이 세세토록 왕 노릇 하리로다"

다시는 세상에서 있었던 고난, 고통, 고생, 저주가 없을 것이고 오직 하나님과 함께 왕 노릇 하며 영원히 낙원에 거할 것이다. 앞으로는 영원히 매일 하나님과 예수 그리스도를 친히 뵐 것이고 그곳에는 밤도 없을 터인데 빛이신 하나님이 참빛으로 자신을 드러내실 것이기 때문이다. 그리고 모든 성도들은 왕과 같은 삶을 살아갈 것이다.

본문(22:6-9)

"6 또 그가 내게 말하기를 이 말은 신실하고 참된지라 주 곧 선지자들의 영의 하나님이 그의 종들에게 반드시 속히 되어질 일을 보이시려고 그의 천사를 보내셨도다 7 보라 내가 속히 오리니 이 두루마리의 예언의 말씀을 지키는 자는 복이 있으리라 하더라 8 이것들을 보고 들은 자는 나 요한이니 내가 듣고 볼 때에 이 일을 내게 보이던 천사의 발 앞에 경배하려고 엎드렸더니 9 그가 내게 말하기를 나는 너와 네 형제 선지자들과 또 이 두루마리의 말을 지키는 자들과 함께 된 종이니 그리하지 말고 하나님께 경배하라 하더라"

✦ 해설

22:6절, "6 또 그가 내게 말하기를 이 말은 신실하고 참된지라 주 곧 선지자들의 영의 하나님이 그의 종들에게 반드시 속히 되어질 일을 보이시려고 그의 천사를 보내셨도다"

요한은 이 계시된 예언의 말씀들이 신실하고 참되므로 반드시 그리고 속히 이루어질 것을 다시 확인한다. 이곳에서 한글번역본들과 NIV 등은 전부 "주 곧 선지자들의 영의 하나님"으로 번역한 반면, KJV은 "거룩한 선지자들의 주 하나님"이라고 번역했다. 이것은 특별한 차이가 있는 것은 아니고 알렉산드리아 사본(Alexandrian Codex)과 비잔틴 사본(Byzantine Majority)에 *"ton pneumaton ton profeton"*이라고 되어 있는데 소위 공인본문(Textus Receptus)이 *"ton agion profeton"*이라고 했기 때문이다. 중요한 것은 "선지자들의 영의 하나님"이라는 낱말 속에 들어 있는 이 예언의 사실성과 확실성의 강조이다.

22:7절, "7 보라 내가 속히 오리니 이 두루마리의 예언의 말씀을 지키는 자는 복이 있으리라 하더라"

요한이 계시를 전해 준 천사에게 직접 들은 말은 "보라 내가 속히 오리니 이 두루마리의 예언의 말씀을 지키는 자는 복이 있으리라"라는 예수 그리스도의 전언이었다.

이곳에서의 두루마리도 앞에서 여러 차례 조사해 본 바대로 성경 전체를 가리키는 것이 아니고 요한계시록에 기록된 예언들을 국한해서 말하는 것이다. 이제 때가 가까이 왔기 때문에 마지막 시대에 대한 예언의 중요성을 일깨워 주시는 것이다.

22:8-9절, "8 이것들을 보고 들은 자는 나 요한이니 내가 듣고 볼 때에 이 일을 내게 보이던 천사의 발 앞에 경배하려고 엎드렸더니 9 그가 내게 말하기를 나는 너와 네 형제 선지자들과 또 이 두루마리의 말을 지키는 자들과 함께 된 종이니 그리하지 말고 하나님께 경배하라 하더라"

요한이 천사의 화사한 모습을 보고 경배하려 했더니 "나는 너와 네 형제 선지자들과 또 이 두루마리의 말을 지키는 자들과 함께 된 종이니 그리하지 말고 하나님께 경배하라"고 한다.

이 두루마리의 말을 지키는 자들이라는 병행 구절로 인해 또다시 계시록 19장 10절의 말씀이 올바로 해석이 된다. 성경은 성경으로 푼다는 성경 해석법이 다시 적용되는 것이다. 이 구절은 19장 10절의 해설에서 설명했다.

본문(22:10-15)

"10 또 내게 말하되 이 두루마리의 예언의 말씀을 인봉하지 말라 때가 가까우니라 11 불의를 행하는 자는 그대로 불의를 행하고 더러운 자는 그대로 더럽고 의로운 자는 그대로 의를 행하고 거룩한 자는 그대로 거룩하게 하라 12 보라 내가 속히 오리니 내가 줄 상이 내게 있어 각 사람에게 그가 행한 대로 갚아 주리라 13 나는 알파와 오메가요 처음과 마지막이요 시작과 마침이라 14 자기 두루마기를 빠는 자들은 복이 있으니 이는 그들이 생명나무에 나아가며 문들을 통하여 성에 들어갈 권세를 받으려 함이로다 15 개들과 점술가들과 음행하는 자들과 살인자들과 우상 숭배자들과 및 거짓말을 좋아하며 지어내는 자는 다 성 밖에 있으리라"

♦ 해설

22:10절, "10 또 내게 말하되 이 두루마리의 예언의 말씀을 인봉하지 말라

때가 가까우니라"

이 구절이야말로 이제까지의 요한의 기록을 확실히 규명하는 말씀이 된다. 다니엘서 12장 4절에서 봉했던 마지막 예언이 신약에서 그대로 이루어졌듯이, 이제는 계시록 6장 1절에 기록된 그 오랜 세월 봉해져 있던 마지막 시대에 관한 비밀들의 인이 떼어지는 때가 이미 온 것이다. 그러므로 이제는 이 비밀의 계시들을 감추는 것이 아니고 세상에 알려야 하는 때이다.

22:11절, "11 불의를 행하는 자는 그대로 불의를 행하고 더러운 자는 그대로 더럽고 의로운 자는 그대로 의를 행하고 거룩한 자는 그대로 거룩하게 하라"

구원의 문은 열려 있을 때까지만 유효한 것이고 일단 닫히면 다시는 열려지지 않는다고 마태복음 25장에 나오는 열 처녀의 비유를 통해서 예수께서 이미 말씀하셨다.

그러므로 계시록은 이제부터는 불의를 행하는 자는 그대로 불의를 행하고 더러운 자는 그대로 더럽고 의로운 자는 그대로 의를 행하고 거룩한 자는 그대로 거룩하게 하라고 한다. 구원의 문이 닫혀가고 있는 것이다. 마지막 때에는 성경도 더 이상 구원을 위해 강요하지 않는다.

22:12-13절, "12 보라 내가 속히 오리니 내가 줄 상이 내게 있어 각 사람에게 그가 행한 대로 갚아 주리라 13 나는 알파와 오메가요 처음과 마지막이요 시작과 마침이라"

그러므로 회개를 할 것이 있다면 미루어서는 안 된다. 왜냐하면 마지막 콜은 이미 발효되었고[57] 구원의 마감 시간이 다가오고 있기 때문이다. 이제 앞으로는 예수께서 속히 오셔서 줄 상과 벌을 각각 행한 대로 갚아 주실 것만 남게 된다.

이 글을 읽는 독자들은 재림 예수로부터 받을 상급들이 있는가? 아니면 남모르게 받을 징벌들이 있는가?

예수 그리스도는 알파와 오메가요 처음과 마지막이요 시작과 마침이다. 시작하신 분도 예수 그리스도고 끝을 보시는 분도 예수 그리스도이다. 그러므로 자신의 상급이 없다고 생각되는 성도들은 이제부터 상급을 준비하고 징벌을 받을 사람들은 신속이 회개를 해야 한다.

22:14-15절, "14 자기 두루마기를 빠는 자들은 복이 있으니 이는 그들이 생명나무에 나아가며 문들을 통하여 성에 들어갈 권세를 받으려 함이로다 15 개들과 점술가들과 음행하는 자들과 살인자들과 우상 숭배자들과 및 거짓말을 좋아하며 지어내는 자는 다 성 밖에 있으리라"

끝까지 자신의 두루마기를 빠는 자들은 복이 있는데 이는 그들이 생명나무에 나아가며 문들을 통하여 성에 들어갈 권세를 받을 수 있기 때문이다. 그러나 개들과 점술가들과 음행하는 자들과 살인자들과 우상 숭배자들과 및 거짓말을 좋아하며 지어내는 자는 다 성 밖에 있을 것이다.

이곳에 두루마리를 빠는 자를 복된 자라고 다시 강조한 이유는 새 예루

---

57 계 3:20.

살렘 성에 들어갈 수 있는 마지막 기회를 주려는 것이다. 결국 마지막에 복 있는 자들과 영원한 멸망으로 갈 자들의 구분은 회개함에 달려 있다.

15절에서 사용된 *exo*는 out, without, outside 등의 뜻을 갖는데 14절에서 두루마리를 희게 빤 사람들은 새 예루살렘 성으로 들어가고 더러운 자들은 성 밖에 있을 것이라는 뜻이 아니라 아예 새로운 세상에 있지 않을 것이라는 의미이다. 새로운 세상은 지난 세상과는 전혀 다른 세상으로서 악인과 죄인들은 다시는 그곳에 있지 않을 것이다.

본문(22:16-21)

"16 나 예수는 교회들을 위하여 내 사자를 보내어 이것들을 너희에게 증언하게 하였노라 나는 다윗의 뿌리요 자손이니 곧 광명한 새벽 별이라 하시더라 17 성령과 신부가 말씀하시기를 오라 하시는도다 듣는 자도 오라 할 것이요 목마른 자도 올 것이요 또 원하는 자는 값없이 생명수를 받으라 하시더라 18 내가 이 두루마리의 예언의 말씀을 듣는 모든 사람에게 증언하노니 만일 누구든지 이것들 외에 더하면 하나님이 이 두루마리에 기록된 재앙들을 그에게 더하실 것이요 19 만일 누구든지 이 두루마리의 예언의 말씀에서 제하여 버리면 하나님이 이 두루마리에 기록된 생명나무와 및 거룩한 성에 참여함을 제하여 버리시리라 20 이것들을 증언하신 이가 이르시되 내가 진실로 속히 오리라 하시거늘 아멘 주 예수여 오시옵소서 21 주 예수의 은혜가 모든 자들에게 있을지어다 아멘"

✦ 해설

22:16-17절, "16 나 예수는 교회들을 위하여 내 사자를 보내어 이것들을 너희에게 증언하게 하였노라 나는 다윗의 뿌리요 자손이니 곧 광명한 새벽별이라 하시더라 17 성령과 신부가 말씀하시기를 오라 하시는도다 듣는 자도 오라 할 것이요 목마른 자도 올 것이요 또 원하는 자는 값없이 생명수를 받으라 하시더라"

요한계시록의 처음이 제1장에서부터 3장까지 교회에 대한 계시로 시작했듯이 계시록의 끝인 이 마지막 장에서도 교회에 대한 권면으로 마친다. 또한 17절의 성령과 신부가 말씀한다는 구절에서 이 예언의 말씀이 교회에 주시는 메시지였음을 다시 확인시키고 있다.

이것은 요한계시록 처음의 일곱 교회에 대한 기록이 마지막 시대의 예언과 얼마나 긴밀히 연결이 되어 있는지를 시사해 준다. 이 부분에 대한 설명이 더 필요하다면 본 주석의 2장과 3장인 일곱 교회의 설명으로 돌아가서 다시 읽어 보기 바란다.

요한은 보았다. 다행히도 아직 구원의 문은 닫혀지지 않고 있었다. 지금이라도 자신의 두루마기를 빠는 자들은 복이 있으니 이는 그들에게 생명나무에 나아가며 문들을 통하여 성에 들어갈 권세를 주려 함이었다.

성령은 아무나 다 오되 누구든지 목마르거나 원하는 자들은 어서 오라고 하신다. 이 예언의 말씀을 읽는 자들과 듣는 자들은 이 마지막 콜에 응답해야 한다. 문이 닫힐 시간이 다 되어 가고 있다.

22:18-19절, "18 내가 이 두루마리의 예언의 말씀을 듣는 모든 사람에게 증언하노니 만일 누구든지 이것들 외에 더하면 하나님이 이 두루마리에 기록된 재앙들을 그에게 더하실 것이요 19 만일 누구든지 이 두루마리의 예언의 말씀에서 제하여 버리면 하나님이 이 두루마리에 기록된 생명나무와 및 거룩한 성에 참여함을 제하여 버리시리라"

여기까지 요한은 자기가 본 것을 다 기록했다. 요한은 이 계시가 완전한 것임을 증언한다. 그러므로 이 두루마리의 예언의 말씀 외에 더하면 하나님이 이 두루마리에 기록된 재앙들을 그에게 더하실 것이고 무엇이든 예언의 말씀에서 제하여 버리면 하나님이 이 두루마리에 기록된 생명나무와 및 거룩한 성에 참여함을 제하여 버리실 것이다. 왜냐하면 이 기록이 참되고 너무도 중한 예언들이기에 이 예언들은 하나도 남김없이 모두 이루어질 것이기 때문이다.

22:20-21절, "20 이것들을 증언하신 이가 이르시되 내가 진실로 속히 오리라 하시거늘 아멘 주 예수여 오시옵소서 21 주 예수의 은혜가 모든 자들에게 있을지어다 아멘"

처음부터 끝까지 이 예언을 증언하신 분은 바로 예수 그리스도이시다. 요한은 예수 그리스도께서 보여 주신 것들을 그대로 기록했을 뿐이다.

예수 그리스도께서는 끝으로 말씀하신다. "내가 속히 올 것이다! 그러하다 나는 속히 올 것이다!" 요한은 축복한다. "이 예언의 말씀을 읽는 자와 듣는 자와 그 예언의 말씀을 지키는 모든 자들에게 주 예수의 은혜가 늘 함께 있을지어다, 아멘!"

예, 우리는 성경의 모든 예언이 진리임을 믿습니다. 그리고 너무도 사랑하는 우리 주님께서 곧 다시 오실 날만을 간절히 사모하며 기다리고 있습니다.

주여 어서 오시옵소서(*ercou kurie yesou*)!

요한계시록의 결론으로서 당면한 질문들과 대답들

마지막 때의 성도들의 믿음이 무엇이며 끝까지 이기는 비결이 무엇인가? 이 질문은 요한계시록을 다 읽고 난 후에 당연히 던져야 할 질문이다. 그런데 그 답은 요한계시록 안에 있지만 마태복음에도 있다. 놀라운 것은 그 답들은 요한계시록 곳곳에 흩어져 있는 반면 마태는 이미 이 계시록의 답을 알고 있었다는 듯이 마태복음 24장 한 장 안에 모든 답을 다 적어 놓았던 것이다.

질문 1: 요한계시록에 기록된 것과 같이 세상에서 전쟁과 재앙 염병 기근 등 재난의 소식을 들을 때 어떻게 해야 합니까?

대답: 이 세상에 어떤 재난이 닥쳐도 동요되지 말고 하나님의 보호하심을 굳게 믿으면 됩니다.

"3 예수께서 감람 산 위에 앉으셨을 때에 제자들이 조용히 와서 이르되 우리에게 이르소서 어느 때에 이런 일이 있겠사오며 또 주의 임하심과 세상 끝에는 무슨 징조가 있사오리이까 4 예수께서 대답하여 이르시되 너희가 사람의 미혹을 받지 않도록 주의하라 5 많은 사람이 내 이름으로 와서 이르되 나는 그리스도라 하여 많은 사람을 미혹하리라 6 난리와 난리 소문을 듣겠으나 너희는 삼가 두려워하지 말라 이런 일이 있어야 하되 아직 끝은 아니니라

7 민족이 민족을, 나라가 나라를 대적하여 일어나겠고 곳곳에 기근과 지진이 있으리니 8 이 모든 것은 재난의 시작이니라"(마태복음 24장 3-8절)

질문 2: 십사만 사천은 누구이며 그들은 어떻게 십사만 사천이 되는 것입니까?

대답: 십사만 사천은 아무나 되는 것이 아니고 자신들이 자원한다고 되는 것도 아니고 오직 요한계시록 7장 3-8절에 예언이 되어 있는 것처럼 각 지파별(여러 분야의 사람들을 가리킴)로 하나님이 친히 천사들을 통해 비밀리에 인을 치시는 것입니다. 왜냐하면 이 십사만 사천이 짐승과 대적하는 유일의 최종 비밀 개별 저항군이기 때문입니다. 짐승은 이들을 총과 칼로 절대로 이길 수 없습니다. 이들은 죽음을 두려워하는 일반 사람들과는 달라서 죽는 것을 두려워하지 않으며 짐승이 죽인다고 위협하면 할수록 오히려 더 좋아하는 사람들이기 때문입니다. 이들은 세상의 어느 군대보다 훨씬 강한 자들입니다. 짐승은 방탄복과 최신 무기로 무장한 육적인 세상 군대에게 지는 것이 아니고 죽음을 두려워하지 않는 영적인 하나님의 군대 십사만 사천에게 지는 것입니다.

그러면 이들의 특징은 무엇입니까? 힌트를 드리자면 이들은 나약하거나 무지하거나 안일하게 잠자는 자들이 아니고 늘 깨여서 세상과 미래를 보고 있는 자들입니다.

"42 그러므로 깨어 있으라 어느 날에 너희 주가 임할는지 너희가 알지 못하니라 43 너희도 아는 바니 만일 집 주인이 도둑이 어느 시각에 올 줄을 알았더라면 깨어 있어 그 집을 뚫지 못하게 하였으리라 44 이러므로 너희도 준비하고 있으라 생각하지 않은 때에 인자가 오리라 45 충성되고 지혜 있는 종이 되어 주인에게 그 집 사람들을 맡아 때를 따라 양식을 나눠 줄 자가 누구냐 46 주인이 올 때에 그 종이 이렇게 하는 것을 보면 그 종이 복이 있으리로다 47 내가 진실로 너희에게 이르노니 주인이 그의 모든 소유를 그에게 맡기리라"(마태복음 24장 42-47절)

질문 3: 십사만 사천이 아닌 일반 성도들은 이 재난에 어떻게 대처해야 합니까?

대답: 재앙이 있는 것은 예수의 재림이 다가오고 있다는 뜻이므로 천국 믿음을 굳게 갖고 예수 재림을 기다려야 합니다. 그리고 아무리 그 무엇이 교회를 부정하고 미혹하고 박해하고 무너뜨리려 해도 끝까지 교회를 떠나지 말아야 합니다.

"24 거짓 그리스도들과 거짓 선지자들이 일어나 큰 표적과 기사를 보여 할 수만 있으면 택하신 자들도 미혹하리라 25 보라 내가 너희에게 미리 말하였노라 26 그러면 사람들이 너희에게 말하되 보라 그리스도가 광야에 있다 하여도 나가지 말고 보라 골방에 있다 하여도 믿지 말라 27 번개가 동편에서 나서 서편까지 번쩍임 같이 인자의 임함도 그러하리라"(마태복음 24장 24-27절)

* 이 이상의 답은 본 책을 통하여 스스로 찾으시기 바랍니다. 이 책 안에 거의 모든 예언들 및 계시들에 관한 궁금한 질문들의 답이 다 해설되어 있습니다.

Bibliography

Leon Morris, 『The Revelation of St. John』, William B. Eerdmans, Grand Rapids, Michigan: 1980.

Merrill C. Tenney, 『Interpreting Revelation』, Christian Literature Crusade, Seoul Korea: 1988.

Joyce. G. Baldwin, 『Daniel: An Introduction & Commentary』, Inter-Varsity Press, England: 1978.

David L. Matthewson, 『Revelation: A Handbook on the Greek Text』, Baylor University Press, 2016.

Jeff Lasseigne, 『Unlocking the Last Days: A Guide to the Book of Revelation & the Rend Times』, Baker Books: Grand Rapid, Michigan, 2011, p. 174-189.

David Hooking, 『The Coming World Leader: Understanding the Book of Revelation』, Multnomah Press, Portland, Oregon, 1988, p. 201-211.

Francis J. Moloney, 『The Apocalypse of John』, SDB, Baker Academic, Grand Rapids, Michigan, 2020, p. 189-211.

Canon Leon Morris, 『The Book of Revelation』, Inter-Varsity Press, Leister, English, 1989.

Judith Kovacs and Christopher Rowland, 『Revelation』, Blackwell Publishing, 2004.

Craig R. Koester, 『Revelation and the End of All Things』, Eerdmans Publishing Company, Grand Rapids, Michigan/Cambridge, UK, 2001.

C. Marvin Pate, 『Four Views on the Book of Revelation』, Zondervan, Grand Rapids, Michigan, 1998.

Elisabeth Schussler Fiorenza, 『Revelation: Vision of a Just World』, Fortress Press, Minneapolis, 1992.

James L. Resseguie, 『The Revelation of John: A Narrative Commentary』, Baker Academic, Grand Rapids, Michigan, 2009.

Philip Edgecumbe Hughes, 『The Book of Revelation: A Commentary』, Inter-Varsity Press, Leicester, England, 1990.

Catherine A. Cory, 『The Book of Revelation』, Liturgical Press, Collegeville, Minesota, 2006.

Ian Boxall, 『The Revelation of Saint John』, Henderickson Continuum, London & N.Y., 2006.

D.E. Aune, 『Revelation 6-16(Vol. 52B)』, Word Bible Commentary, Word Incorporated, Dallas: 1998.

William Barclay, 『The Revelation of John』, The Westminster Press, Philadelphia, 1976.

Kendell H. Easley, 『Revelation』, Holman Reference, Nashville Tennessee, 1998.

Robert L. Thomas, 『Revelation 8-22: An Exegetical Commentary』, Moody Press, Chicago, 1995.

Leonard L. Thomson, 『Revelation』, Abingdon Press, Nashville, 1998.

Isbon T. Beckwith, 『The Apocalypse of John』, Baker Book House, Grand Rapids, Michigan, 1979.

G.K. Beal with David H. Cambell, 『Revelation』, Eerdmans Publishing Company, Grand Rapids, Michigan, 2015.

21세기에 철저히 해부한
요한계시록의 비밀들

ⓒ 김성호, 2024

초판 1쇄 발행 2024년 5월 10일

지은이   김성호
펴낸이   이기봉
편집   좋은땅 편집팀
펴낸곳   도서출판 좋은땅
주소   서울특별시 마포구 양화로12길 26 지월드빌딩 (서교동 395-7)
전화   02)374-8616~7
팩스   02)374-8614
이메일   gworldbook@naver.com
홈페이지   www.g-world.co.kr

ISBN   979-11-388-3112-3 (03230)